普通高等教育新文科经济管理与航空复合型创新人才培养数字化精品教材

航空企业管理经典案例分析

主　编　◎　胡剑芬
副主编　◎　李文川　　于锦荣

华中科技大学出版社
http://press.hust.edu.cn
中国·武汉

内 容 提 要

本书编者为从教十年以上的工商管理专业教师,案例资料来源于编者的精心甄选以及相关案例作者的公开分享。本书结构体系完整,涵盖管理、营销和服务三大维度;主题突出,涉及运营模式和创新模式等企业发展的关键层面;行业特征明显,紧紧围绕国内外航空制造业和航空服务业典型案例进行分析撰写。选编案例具体涉及企业战略、商业模式、运营与供应链优化、财务管理、技术创新管理以及品牌管理等多个主题,系统阐述了航空企业如何通过积极进取、勇于开拓的创新之举,在危机中寻找生存之道,实现华丽转身的过程。

图书在版编目(CIP)数据

航空企业管理经典案例分析/胡剑芬主编.—武汉:华中科技大学出版社,2023.6
ISBN 978-7-5680-9503-7

Ⅰ.①航⋯ Ⅱ.①胡⋯ Ⅲ.①航空公司-企业管理-案例-中国 Ⅳ.①F562.6

中国国家版本馆 CIP 数据核字(2023)第 104661 号

航空企业管理经典案例分析　　　　　　　　　　　　　　　　　胡剑芬　主编
Hangkong Qiye Guanli Jingdian Anli Fenxi

策划编辑:陈培斌　周晓方　宋　焱
责任编辑:苏克超
封面设计:廖亚萍
版式设计:赵慧萍
责任校对:张汇娟
责任监印:周治超
出版发行:华中科技大学出版社(中国•武汉)　　电话:(027)81321913
　　　　　武汉市东湖新技术开发区华工科技园　　邮编:430223
录　　排:华中科技大学出版社美编室
印　　刷:武汉开心印印刷有限公司
开　　本:787mm×1092mm　1/16
印　　张:13.5
字　　数:337 千字
版　　次:2023 年 6 月第 1 版第 1 次印刷
定　　价:58.00 元

本书若有印装质量问题,请向出版社营销中心调换
全国免费服务热线:400-6679-118　竭诚为您服务
版权所有　侵权必究

普通高等教育新文科经济管理与航空复合型创新人才培养数字化精品教材

编 委 会

主 任

郭正华　　孙延鹏

副主任

王龙锋　　高长银　　王国富　　宋　斌

委　员　（以姓氏拼音为序）

邓砚谷　　胡剑芬　　黄　蕾　　计宏伟　　雷　轶

李文川　　刘元洪　　陆　音　　麦思超　　梅晓文

潘建树　　邱国斌　　舒长江　　吴桂平　　严　红

于锦荣

主 编 简 介

胡剑芬

毕业于西北工业大学，南昌航空大学经济管理学院教师，从事工商管理专业教研多年。讲授管理学、企业管理案例分析、战略管理、质量管理、企业经营决策等课程。主持完成7项教改课题及负责"管理学原理"校级精品课程建设。指导学生参加江西省举办的管理案例分析大赛并获奖。曾发表教改论文、航空主体论文多篇。围绕航空企业、临空经济和航空产业集群等方向，主持参与国家级及省部级课题研究二十余项。

总 序　　INTRODUCTION

当前，我国高等教育进入了内涵发展、提质创新的新阶段。党的十九届五中全会明确了"建设高质量教育体系"的政策导向和重点要求，并提出到2035年建成教育强国的目标。2019年，教育部、中央政法委、科技部、工业和信息化部等13个部门联合启动"六卓越一拔尖"计划2.0，全面振兴本科教育，大力推动新工科、新医科、新农科、新文科建设。2020年11月，由教育部新文科建设工作组主办的新文科建设工作会议在山东大学威海校区召开，会议发布了《新文科建设宣言》，明确了新文科建设的共识，并对新文科建设做出了全面部署。经济管理类专业作为文科的重要组成部分，其专业点数和在校学生数在新文科中占比最高、覆盖面最广，应主动在新文科建设中承担历史使命，履行时代责任，培养适应经济社会高质量发展需要的"新经管"人才。

航空产业是国家综合国力的集中体现和重要标志，是推动国防建设、科技创新和经济社会发展的战略性领域。加强航空类专业教育，培养一大批具有航空报国精神、创新意识和创新能力的专业人才，特别是经济管理类人才，服务于航空类企业管理创新，是推动我国航空事业高质量发展的重要保障和基础。从20世纪50年代到70年代，我国航空类企业逐步建立和完善了企业管理基础框架；20世纪70年代末到90年代，开始学习借鉴发达国家的先进管理理念和方法，并开展了多种管理创新活动；进入21世纪以来，为应对经济全球化、数字经济等挑战，提升企业竞争力，持续推进了管理创新工作，各种先进的管理理念、方法和工具在企业得到了更深入、更全面的应用，涌现出了各具特色的管理创新活动和实践。整体来看，经过70余年的发展，我国航空类企业的创新意识、创新能力和管理水平不断提升并达到较高水准。与此同时，国内航空类高校及职业院校纷纷创办了经济管理类学院，为我国航空类企业管理创新和航空事业快速发展输送了充裕的经管类人才。为适应"十四五"时期开启全面建设社会主义现代化国家新征程对高等教育、落实新文科建设的教材内容创新等新要求，南昌航空大学等高校立足新阶段、贯彻新理念、服务新格局，围绕新文科背景下经济管理与航空复合型创新人才的培养出版本套教材，旨在打造沟通交流平台，与业内同仁探讨、分享切实提高新文科经管类人才培养质量和水平的教材体系。

本套教材力求体现四个特色：一是立足中国高等教育"质量革命"大背景，紧扣新文科建设要求，以教材为载体，实现课程知识体系的重构；二是把握数字经济发展趋势和规律，在教材内容设计上体现航空类企业数字化转型升级和管理创新对学生知识和能力的新需求；三是将航空元素、思政元素有机融入课程知识体系和课程资源建设中，深入挖掘其中的思想价值和思想内涵，落实立德树人根本任务；四是打破传统纸质教材的局限，建设富媒体内容，加强学生与学习内容、学习资源的互动，提高学习效率和教学质量。

参与本套教材编写的有南昌航空大学、沈阳航空航天大学、郑州航空工业管理学院、桂林航天工业学院、张家界航空工业职业技术学院等院校的教师，他们具有经济管理和航空类企业管理创新领域丰富的教学和科研经验，并深刻理解高等教育内涵发展和新文科建设要求；同时得到所在高校教务处的大力支持，共同确保本套教材高质量地完成编写。

2022 年 8 月

前言　　PREFACE

本书汇集了航空工业和航空运输业的企业管理案例，包含中外航空公司的经典案例，从航空企业的管理、营销和服务三大维度，分析各公司面对不断变化的市场环境的经营之道，运用科学方法进行经营决策，实现危中寻机，曲折前行。

本书经典案例以规范性文本方式提供，以逐步深入的方式引导分析者探寻有效的管理方案。经典案例往往是多种知识的交汇点，应用到教学中有助于说明复杂深奥的原理。旨在培养和训练学习者从管理者的视角分析和解决问题的能力，能够实现多学科融合教学，用于各学科教学案例，可作为本科管理学科和经济学科等相关专业的本科生教材，还可供航空企业管理人员参考，具有较高的现实价值。

本书主要特点如下。

（1）航空主题突出，特色主线清晰。为了提供与航空元素相符的教学资源，打造一系列航空特色鲜明的教材，将案例主体设置为航空工业和航空运输业，涉及制造研发企业和航空服务业，具体包括航空工业集团、国有航空公司、民营航空公司、航空货运公司、欧美航空公司以及韩亚航空公司，选取研发、生产、销售和服务等不同角度开发案例，汇编成经典案例。

（2）理论联系实际，内容简明实用。内容上博采众家之长，充分反映了我国航空企业管理的实践经验，同时吸收国外优秀航空公司管理的成功经验。每个案例包含在管理、营销或服务等方面的创新运营模式，详细地展开论述每一种创新运营模式的产生及具体操作过程，尤其是在疫情环境下，对航空运输业造成了很大的打击，但有的航空企业通过一系列创新之举仍能一路披荆斩棘，踏难前行。

（3）思政要素突出，落实立德树人。思政要素有机融入教材资源建设，深入挖掘其中的思想价值和思想内涵，落实立德树人根本任务。中国航空公司虽然起步较晚，但奋起直追，逐渐发展成为后起之秀。本书大力宣扬了国内航空业以及航空公司追赶过程中的成功经验，增强读者的道路自信、理论自信、制度自信和文化自信，对人才培养具有现实价值，也对立足和面向行业的应用型本科教育具有较强的教育意义。

（4）数字资源丰富，满足多重需求。本书提供了配套的数字资源，如案例PPT、附录、试卷等多种内容，便于读者了解更多的信息，也可供教学和培训等多种方式使用，满足不同层次需求。

本书的出版得到学校和学院领导的大力支持，以及校内外教师的参与和帮助，在此表示衷心的感谢。编写过程中离不开各位提供案例的老师们，感谢他们的辛勤付出。案例编写主要由南昌航空大学经济管理学院工商管理系相关教师共同完成，参编老师根据各自所熟悉的领域和编写大纲进行分工，参编老师有李文川、于锦荣、严海宁、艾育红、梁小清、吴薇、严红、陈云川、龚敏、吴红梅、杨剑波和宋颖。

由于时间所限，航空企业部分内部资料主要通过网络搜索外部公开信息获取，整理及甄选过程中难免存在疏漏，敬请读者批评指正！

作　者

2023 年 2 月

目录 CONTENTS

第一篇 管理

第一章 中国商飞：C919的圆梦之路 …… 003
  第一节 引言 …… 003
  第二节 案例解析 …… 004
  第三节 小结与思考 …… 013

第二章 关键时刻——北欧航空的起死回生之术 …… 014
  第一节 引言 …… 014
  第二节 案例解析 …… 015
  第三节 小结与思考 …… 027

第三章 从韩亚航空失事事件看航空安全防范管理 …… 028
  第一节 引言 …… 028
  第二节 案例解析 …… 029
  第三节 小结与思考 …… 039

第四章 美国西南航空公司的战略性人力资源管理 …… 041
  第一节 引言 …… 041
  第二节 案例解析 …… 042
  第三节 小结与思考 …… 051

第五章 京东航空货运——"飞天的电商" …… 053
  第一节 引言 …… 053
  第二节 案例解析 …… 054
  第三节 小结与思考 …… 063

第六章 逆风飞扬——日航的阿米巴经营 …… 064
  第一节 引言 …… 064

　　　　第二节　案例解析 ———————————————————— — 065
　　　　第三节　小结与思考 ———————————————————— — 078

第七章　中国航空工业集团有限公司数字化采购平台建设 ————— — 079
　　　　第一节　引言 ———————————————————————— — 079
　　　　第二节　案例解析 ———————————————————— — 080
　　　　第三节　小结与思考 ———————————————————— — 086

第八章　中航工业：坚守航空报国初心，践行航空强国使命 ———— — 088
　　　　第一节　引言 ———————————————————————— — 088
　　　　第二节　案例解析 ———————————————————— — 089
　　　　第三节　小结与思考 ———————————————————— — 097

第九章　中国民用大飞机研制的战略选择 ————————————— — 099
　　　　第一节　引言 ———————————————————————— — 099
　　　　第二节　案例解析 ———————————————————— — 100
　　　　第三节　小结与思考 ———————————————————— — 111

第二篇　营　销

第十章　新加坡航空公司商业模式分析 —————————————— — 115
　　　　第一节　引言 ———————————————————————— — 115
　　　　第二节　案例解析 ———————————————————— — 116
　　　　第三节　小结与思考 ———————————————————— — 123

第十一章　春秋航空：国内低成本航空的领导者 —————————— — 124
　　　　第一节　引言 ———————————————————————— — 124
　　　　第二节　案例解析 ———————————————————— — 125
　　　　第三节　小结与思考 ———————————————————— — 134

第十二章　疫情冲击下航空公司的"过冬"运营模式 ———————— — 135
　　　　第一节　引言 ———————————————————————— — 135
　　　　第二节　案例解析 ———————————————————— — 136
　　　　第三节　小结与思考 ———————————————————— — 144

第三篇 服务

第十三章 阿联酋航空公司为何持续盈利？ —— 149
  第一节 引言 —— 149
  第二节 案例解析 —— 150
  第三节 小结与思考 —— 160

第十四章 厦门航空：应对行业竞争，提升服务质量 —— 161
  第一节 引言 —— 161
  第二节 案例解析 —— 162
  第三节 小结与思考 —— 173

第十五章 南方航空：特色服务创新提升服务体验 —— 175
  第一节 引言 —— 175
  第二节 案例解析 —— 176
  第三节 小结与思考 —— 187

第十六章 澳门航空：现代信息技术助推提升服务体验 —— 188
  第一节 引言 —— 188
  第二节 案例解析 —— 189
  第三节 小结与思考 —— 198

参考文献 —— 199

航空企业管理经典案例分析

第一篇　管理

第一章
中国商飞：C919 的圆梦之路

学习重点：

掌握中国商飞实现 C919 一步步走向技术成功和商业成功的过程和经验。

学习难点：

深入理解我国大飞机项目为何几起几落，以及大飞机项目经历如此多曲折背后的深层原因。

第一节 引 言

作为国之重器，中国商飞公司研制的 C919 既显著改善了我国民用航空工业发展的基础面貌，又为我国经济转型升级锻造着蕴藏巨大潜力的产业脉络。如今，以中国商飞为核心，联合中航工业，辐射全国、面向全球的，较为完整的，具有自主创新能力和自主知识产权的航空产业链正在逐渐形成。伴随着大型客机项目的推进和我国喷气客机进入批量生产，这条创新创业之路必将逐步发挥出巨大的经济潜力和示范效应。通过对本案例的学习，我们可以从国产大飞机艰难的发展历程中寻找我国航空工业企业自主创新的独特之处，为今后从事创新管理工作提供借鉴。

第二节 案例解析

一、案例摘要

民用大飞机是最能体现一个国家航空工业实力的象征,几代航空工业人为了实现国产大飞机的突破付出了艰辛的努力。本案例从运-10开始,描述了我国为实现大飞机的国产化进行了各种探索,重点对中国商飞研制C919的过程进行了全面介绍。中国商飞的C919为了与波音、空客这样顶级企业的成熟机型竞争,在安全、性能、经济、服务等各个方面都进行创新,力争实现后来居上。在经过十多年的努力后,C919已经逐渐得到世界的认可,必将从技术成功走向商业成功。

关键词: 中国商飞　C919　运-10

二、案例背景

中国飞机史上,大飞机重大专项是中共中央、国务院建设创新型国家,提高我国自主创新能力和增强国家核心竞争力的重大战略决策,是《国家中长期科学和技术发展规划纲要(2006—2020年)》确定的16个重大专项之一。让中国的大飞机飞上蓝天,是国家的意志、人民的意志。中国商用飞机有限责任公司成立于2008年,总部设在上海,是实施国家大飞机重大专项中大型客机项目的主体,员工8300多人,确定了"一个总部,六大中心"的布局。目前C919项目进展顺利,即将交付航空公司投入使用,我国几代人的国产大飞机梦实现在即。

民用航空制造业的发展水平是一个国家实力的象征,也是推动经济与科技进步的重要力量。中国人一直想拥有自己的大飞机,但是对于中国的大飞机建设者来说,梦想如何照进现实?除了取决于航天工业基础、技术水平和投资能力外,考验的更是意志、勇气、市场意识以及对无数次打击的承受能力。回顾历史,中国的大飞机研制之路走过了一段艰难、坎坷的历程。

三、案例正文

(一)运-10夭折

在飞机制造上,中国人一开始并不落后,甚至一度领先于日本。1903年,莱特兄弟发明飞机。1909年,冯如造出了中国的第一架飞机。但在当时那个动荡的年代,也只能是昙花一现。民国时期中国的重工业发展落后，直接反映到中日两国的飞机数量上。抗日战争时期，日军肆无忌惮地用飞机轰炸中国军队和城镇，以及无辜的百姓，试图摧毁中国人的抗战意志。打不倒的中国人开始思考"航空救国"路线。

1949年，新中国成立，出于国防需要，制造飞机成为必需的战略选择。1970年7月，毛泽东主席在上海视察时指出："上海工业基础这么好，可以造飞机嘛！"同年8月21日，经周恩来总理批准，国家计委、中央军委国防工业领导小组联合批复立项，史称"708"工程，也就是大型客机运-10。在当时发展社会主义科技事业路线的指引下，在"两弹一星"成功经验的鼓舞下，从全国各地各部门调集的500多名技术人员，发扬独立自主、自力更生、革命加拼命的创业精神，协作攻关，历尽艰难，终于在1978年完成了飞机设计。翼展超过42米，飞机总长近43米，高超过13米，最大起飞重量高达110吨，可达189座。1980年9月26日，参照国际先进适航标准独立自主研制、具有完全知识产权的运-10在上海机场首次试飞成功，这是中国历史上造出的最大飞机，当之无愧地成为最能代表中国航空事业的最尖端水准。运-10首先引来了国外的注意。从1979年，美国道格拉斯飞机公司先后3次来上海考察运-10。美国《国际先驱论坛报》说，中国能自行设计制造运-10，表明中国飞机制造技术已具有相当水平。英国路透社评价运-10首飞成功：在得到这种高度复杂的技术时，再也不能视中国为一个落后国家了。但运-10上海首飞成功的消息，在国内媒体几乎没有引起什么波澜。

而后由于种种原因，已经上天的运-10的2号原型机因得不到科研经费而飞不下去，该机试飞获取的科研设计数据无处可得，计划中的第3架运-10样机的半成品已配齐60%左右却被遗弃。结果是工程停下来了，成果被丢弃不用，队伍最后也七零八落。1985年2月，运-10在耗尽最后一滴油后最终停飞。中国人的第一次大飞机梦，就这样折戟沉沙。从技术上看，当时能做出堪比波音707的飞机，已经是超水平发挥。事实上由于工业基础差，运-10在很多方面做了妥协。例如，机体高强度铝合金用了抗疲劳性能较差的材料；没有巨型水压机，只能因陋就简，小块拼装、焊接蒙皮。更重要的一点，运-10从一开始就定位为领导人专机，缺乏对市场需求和燃油经济性的考虑，也没跟民航总局签过购买协议。虽然运-10取得了重大突破，但是离商业化还有很远的路要走，这样看来，运-10的夭折似乎早就注定。

（二）"三步"绝路

运-10虽然夭折了，但我国对大飞机的梦想还是没有停止，只是从自主研发的方向转为"寻求帮助"。20世纪80年代中期，中央对民航工业发展制订了"三步走"计划：第一步是部分制造和装配MD-80/90系列飞机，由美国麦道公司提供技术，提高生产制造能力；第二步是与国外合作，联合研制100座级飞机，提高设计技术水平；第三步是自己设计、制造180座级干线飞机。但到1998年秋，这些计划全部落空，三步没有走出新道路，反而成了绝路。根据"三步走"的思路，航空部向波音、麦道和空客发出邀请，只有麦道表现了诚意。在运-10的基础上，麦道选择与上飞厂合作。1985年3月，上飞厂正式与麦道签约，合作生产MD-82客机。为了给MD-82腾地方，投资过亿的运-10生产线被拆除。运-10夭折后不久，国内的专家群起上书，表示不要花巨资组装MD-82，却只等来研制干线飞机的决议。至此，自研之路被完全堵死，"市场换技术"逐渐成为决策层的共识。从1985年启动到1994年最后一架落地，MD-82一共组装了35架，其中返销美国5架。这是国内飞机制造商第一次接触到西方的大飞机生产技术。从1992年开始，中国与麦道开始合作生产90系。双方敲定了40架90系飞机的生产合同，由麦道提供图纸和原材料，中国获得了零部件的生产机会，当时的机体国产化程度已达到70%。为了与波音在中国争夺市场，1996年空客与中航工业总公司签约，准备联合设计生产100座级飞机AE-100。就在一切按照计划一步一步向好时，突生变故。1997年8月，波音兼并了麦道并宣布不再生产90系飞机。而按照合同，中国装配加工的20架90系飞机的原材料已采购入库，参与加工装配的各飞机制造厂，为了与麦道长期合作而新建的现代化厂房、购置的现代化设备、付出的人员培训成本，顿时没有了着落，直接造成损失高达5亿美元。麦道项目一结束，刚签了约的空客在范堡罗航展上正式毁约，终止研制AE-100，并宣布研制自己的支线飞机。至此，中国航空界十几年来用"市场换技术"的幻想，在波音和空客的两记重拳下，彻底破灭，整个航空工业迎来了至暗时刻。

（三）箭在弦上

20世纪90年代，中国航空工业几乎踩遍了所有的坑，摔倒又挣扎爬起几次后，最终在技术引进和自主研发的道路上，选择了自主研发。2001年2月，在北京召开的第159次香山科学会议上，数十名专家经过激辩，一致认为搞大飞机迫在眉睫。香山会议后，ARJ21支线客机经国务院批准，在上海立项。ARJ21支线客机的研制，在技术、人才、材料、制造、试航取证和项目管理等方面积累了经验，为下一步研制大飞机奠定了坚实的基础。

2003年5月，88岁的"两弹一星元勋"、两院院长王大珩在时任国务院总理温家宝来看望他时提议：中国大飞机项目非搞不可。6月，国家正式启动《国家中长期科学和技术发展规划纲要（2006—2020年）》的编制工作。11月，陆续成立了由国务院批准的国家重大专项论证组。"大飞机专项"是第一个也是论证最为艰苦的一个"重大专项"，"大飞机专项"的论证主要是解决3个方面的问题，即"中国要不要做、能不能做和怎么做"。

2006年，在王大珩等人的推动下，大飞机首次被列入《国家中长期科学和技术发展规划纲要（2006—2020年）》"重大专项"。2007年，温家宝在十届全国人大四次会议上宣布，中国将在"十一五"期间启动大型飞机研制项目。

从运-10开始，一直困扰中国航空工业的三大争议——支线与干线之争、自研与合作之争、军机与民机之争，终于尘埃落定。国家对大飞机的发展战略最终被定格为先支后干。多国停飞波音737MAX8，飞行安全再次成为全球关注的焦点。C919大型客机总设计师吴光辉在2019年全国两会上介绍说，我们全部采用了国际上最新的适航标准，从标准上来讲，我们是最安全之一。

2008年3月13日，国务院正式批准组建中国商用飞机有限责任公司（简称"中国商飞"）。据公开资料整理，注册资本190亿元的中国商飞最大股东为国务院国资委，出资60亿元；上海市政府投资成立的国盛集团出资50亿元；其余股东为中航、宝钢、中铝、中化等大型国企。5月11日，中国商飞在黄埔江边成立，随后干线飞机C919正式启动。

中国的大飞机事业，兜了30年圈子又回到起点。但基础已今非昔比。30年来，造大飞机第一次成为国家层面的共识。一度被拆分的中航总公司，重新整合为中航工业。发动机业务则被独立出来，成立航发集团，以治愈大飞机的"心脏病"。未来20年国内需要6000架新飞机的市场容量，以及模仿波音和空客打造的主制造商-供应商模式，也使得C919与封闭的运-10相比，起点高了不少。

（四）重回蓝天

在总体设计方面，C919飞机的气动设计、结构设计、系统设计需求均由中国商飞提出，因此具有完全自主知识产权。C919全机长38.90米，翼展35.80米，全机高11.95米，主轮距7.62米，前主轮距13.47米，最大载客量190人。

作为我国首款完全按照适航标准和主流市场标准研制的单通道干线飞机，C919涉及上万个配套件，同时有数百家企业参与这个重大项目。在这个过程中，针对先进的气动布局、结构材料和机载系统，科研人员攻克了飞机发动机一体化设计、电传飞控系统控制律、主动控制技术等100多项关键核心技术，形成了包括设计研发、总装制造、客户服务、适航取证、供应商管理、市场营销等在内的我国民用飞机研制核心能力。

其中，C919的机翼设计尤为显眼，采用了超临界机翼，达到世界先进水平。与传统机翼相比，超临界机翼可使飞机的巡航气动效率提高20%以上，进而使其巡航速度提高100多千米/小时。而C919所采用的铝锂合金、复合材料等先进材料是首次在国产民机的大规模应用，这些先进材料可以实现飞机减重、增加使用寿命的目标。

2017年5月5日，我国首架自主研制的国产大飞机C919在上海浦东机场的天空划过一道美丽的弧线，中国的航空事业，经过近半个世纪的发展，真正进入了产业化阶段。

2017年底，首台中国国产大型客机发动机CJ-1000A的验证机CJ-1000AX在上海装配完成，同时该发动机的核心机实现了100%设计转速稳定运转，标志着我国首个民用大涵道比涡扇发动机整机验证平台已经建立，将为后续研制工作奠定坚实基础。接下来，该款发动机将进行高密度、高强度的试验。在不久的将来，有望被用于C919。长期以来，由于极端制造能力不足，我国航空发动机核心机关键部件一直存在制造缺陷。国产航空发动机的技术突破，使我国彻底摆脱航空发动机核心部件"能设计、无法实现"的窘境。

2017年5月5日14时许，我国首款国际主流水准的国产大型客机C919在上海浦东国际机场首飞。

在发动机的轰鸣声中，飞机向前加速滑行。接着，机首轻扬，前轮抬起，后轮随即离地升空，飞机向高空顺利爬升。近80分钟后，C919完成全部预定试飞科目，15时19分稳稳降落，首飞至此取得圆满成功。

从2007年立项，2008年正式研制，到2017年5月首飞，C919可谓举全国之力、聚全球之智：中国研发、全球招标，从零件到部段，C919都有国外顶尖的供应商参与；数

十万产业人员夜以继日地参与到C919的研制过程中,只为了让属于我们自己的国产大飞机早日翱翔蓝天。

(五)试飞路上

不过,首飞成功并不意味着普通公众就能坐上C919了。与其他民用飞机一样,C919必须按照国家颁布的适航标准进行设计,必须有合适的体系保证飞机的设计满足适航标准,必须通过计算、分析、检查、试验等方式,验证其是否符合适航标准。换句话说,只有经过中国民用航空局适航审定并取得型号合格证(TC)后,C919才能正式进入市场。为此,C919在试飞之路上不断挑战各种难关。

2017年9月28日,C919再一次进行试飞,圆满完成了全部检查科目并安全着陆。11月10日,第一架C919大型客机从上海浦东机场起飞,经过约2.5小时,成功转场至1300多公里外的西安阎良航空工业试飞中心机场。12月17日,第二架C919大型客机首飞成功。

这次试飞是为了测试C919的重要系统性能,特别是以发动机为代表的飞机动力系统。除此之外,本次试飞还检测了空调、压调系统,起落架和襟副翼的收放,导航通信系统以及加减速特性等多项性能。

根据计划,C919飞机研制批共将投入6架飞机进行试飞,第1~3架飞机主要承担性能、结构、操纵性等方面试飞;第4架飞机主要进行航空电子设备、照明等方面试飞;第5架飞机主要承担舱内环境控制、客舱系统、高温高寒等试飞科目;第6架飞机主要承担客舱系统、功能可靠性等试飞科目。总的来说,6架试飞飞机需要完成1000多项符合性验证试验。

C919有一个亮点,就是其第一架飞机于2017年5月5日首飞全程,包括第二架飞机于2017年12月17日首次飞行的全程进行了直播,在飞行过程中没有发生过一起故障,甚至连告警信息也没有。其原因就是中国商飞扩展了地面试验的范围,并延长了地面试验的时间。在研制过程中,中国商飞总设计师系统和其他系统协同,将前期工作做得很细。中国商飞把所有系统的工作,都尽可能在地面完成;将所有的问题,都尽可能在地面试验中发现并解决;将所有上天后可能存在的隐患,尽可能在地面试验中排除。

扎实的前期工作和充分的地面试验,使C919的研制取得巨大成效,确保了它从下线,到滑行,到首飞,到二次试飞,以至于第二架飞机的首飞都非常完美,没有缺憾。由于在C919驾驶舱里安装的显示屏是可以实时播发的,所以在它首飞和试飞时,在地面管控中心都能实时看到显示的数据。显示屏里出现绿色数据,表示飞行正常;显示屏里出现黄色数据,表示出现了小故障;显示屏里出现琥珀色数据,表示发生了较大的故障。在首飞和第二架大飞机的首飞全程,黄色数据和琥珀色数据一次也没有出现过。C919飞机的试飞将按预定计划进行,试飞阶段将先后投入6架飞机承担试飞试验任务,投入两架飞机承担地面试验任务,总共要完成1000多项符合性验证试验、3000多小时试飞任务。经过不同条件下的反复试验试飞,充分收集试验数据,确保飞机满足适航要求、达到安全指标。

接下来的几年,中国商飞联合中国航空工业集团等,以山东东营与陕西阎良两大试飞基地为主战场,在全国多地机场展开密集试飞。全部适航验证科目完成,C919 取得了中国民用航空局(简称"中国民航局")颁发的型号合格证后,就可以获得进入市场运营的资质。当然,由于我国首次对 150 座级的干线飞机进行适航验证,因此 C919 大型客机无疑将面临我国航空工业领域等级最高的试飞验证考验,项目研制也将进入多机试飞、多地试飞、多团队参与试飞的状态,需要攻克安全、技术、协作以及人员数量、时间周期等一系列挑战。

(六)安全第一

安全性能对 C919 大飞机来说,一直是放在第一位的要素。

一方面,从对 C919 大飞机的定位上,就注定了它很高的安全性。它的定位是世界先进的大型客机,那么在质量和安全性上,当然就瞄准了国际上最新的适航标准及安全标准。如果用机动车污染物排放标准来打比方,我国民航当时施行的适航标准是"国四"标准,而从 2008 年开始推进 C919 项目时,就按照"国五""国六"标准来设计。除了满足中国民航局适航要求外,还要满足国际适航规章的要求,因此中国商飞一直在追踪国际上最新的适航标准及安全标准。只有瞄准了国际最新的适航标准,才可能为我们的 C919 大型客机赢得今后二十年甚至三十年的生命周期。当然,将标准升一个级别,绝不是一件容易的事,它是要整体提升的,确实是牵一发而动全身。C919 大型客机仅设计类标准就超过 2000 项。因此,开展大型客机国家重大专项标准化示范项目建设,是建立我国民用飞机技术标准体系的起点,将大大提高我国民用飞机设计研发的技术水平。在保证大型客机项目顺利研制的过程中,中国商飞承担着我国有关大型客机国家重大专项标准化示范项目的创建工作。在这些年来的研制过程中,中国商飞在追踪、瞄准国际最新适航标准及安全标准时,也没有将标准固化,只要符合国际航行的需求,有利于安全,即使国际适航标准尚未制定,也要做出方案。比如,在 C919 设计初期就增加了燃油惰化性要求和最小炸弹威胁的预案考虑,这些新要求都高于当时国际适航标准。

另一方面,为了确保达到世界先进水平,研制团队不仅在飞机定位、适航标准上,往最新版本的标准靠,而且在设计手段、验证手段方面,也按国际上近年推出的按飞机及复杂系统的验证流程来执行,一直做到现在,基本与国际最新最先进的飞机的做法一样。这样做,虽然增加了一些流程和成本,但是可以保证飞机的研制流程是符合质量和安全要求的,有些是高于现今通行标准的。比如,在对 C919 顶层设计中,制定了设计理念,对驾机无忧操作增加了安全性措施。按照设计通例和飞行规律,对每一个飞行设备都有一个安全性分析,都会考虑到在每一百万小时飞行中,只能允许有一次灾难性的故障发生。针对这个万一发生的故障也必须在设计中有个防范的预案。

以发动机为例,在设计中配备了两台发动机。这样一来,如果有一台发动机发生故障,另一台发动机会正常工作,保证飞机能够继续安全飞行。但万一两台发动机都意外发生故障又怎么办呢?中国商飞在飞机上还备有冲压涡轮发电机和一套辅助动力装置,在关键地方加了一个蓄电池,使得飞机在突发意外时,还会有电,飞机系统还能运转。从中可以看出,大飞机顶层设计中,一般会采用几套系统,但这样做又会增加成本,增加飞机自

身重量，又必须在确保安全需求的前提下，辩证地看待这个问题，把握好这个度。此外，中国商飞在设计中，对机上零部件都有个"时寿件"的规定，就是说它们都有一定的使用寿命，中国商飞再加一个安全系数的规定，保证它们在使用时限还没到期，就必须置换更新，以确保飞行安全。

（七）用户参与

开门研制是C919大飞机研制的一个重要特点。过去，中国商飞造飞机，更多关注飞机的性能、技术先进性，对用户的需求关注不够。这次，中国商飞在研制过程中，一直同用户需求紧密结合起来。

C919大飞机是国家重大专项，体现了国家战略和国家意志，大飞机梦是中国梦的重要组成部分，中国商飞深感使命光荣、责任重大。但同时研制大型客机又是市场行为，必须严格遵循科学技术规律、市场经济规律、航空产业发展规律，注重发挥市场机制在有效配置人才、技术、资金等方面的重要作用，使大型客机满足市场要求，具有商业竞争力。中国商飞造出来的飞机能否适应市场要求，能否受到用户欢迎，设计团队从一开始做技术方案时，首先就走访了国航、东航、南航和海航等航空公司，认真听取未来用户的意见。比如对客舱的布局，对货舱的要求，对驾驶舱设施的意愿。在顶层设计上，中国商飞非常重视客户的意见和建议，特别对首家用户，更视为"定制对象"，设计全程都用心倾听其意见，对其每一条建议都进行深入的分析、研究。

东方航空公司（简称"东航"）是C919大飞机的首家用户。在C919研制过程中，东航就有一个团队，每两周到中国商飞研发中心来一次，由东航研究院副院长、东航飞行管理部原总经理带队，飞行员、机务员、乘务员都有代表来，有时来五六位，有时来七八位。他们每次来不谈商务，只谈技术，大都围绕飞机安全性、先进性、舒适性的提升畅所欲言。这个地方怎么弄，那个地方怎么弄，飞行员、机务员、乘务员都从各自的角度，结合各自不同的经验，提出自己的意见和建议，供中国商飞设计团队参考。

几年来，中国商飞一直在倾听他们的意见，采纳他们的建议，不断对一些技术软件和设施细节进行改进。比如对C919驾驶装置是采用传统的操纵盘，还是操纵侧杆，就颇费周折。这个难题有点像开汽车，是选择手动挡还是自动挡，中国商飞设计团队从一开始就有两种意见。一种意见是坚持操纵盘，这样更适合经验丰富的资深飞行员的驾机习惯，而且操纵盘同副驾驶的操纵设施还可以联动。另一种意见是选择侧杆，因为在同航空公司30岁至40岁的飞行员接触中，他们几乎都选择侧杆。在研制过程中，中国商飞又得悉侧杆式装置也可联动的最新技术信息，这就促使商飞最后选择了侧杆方案。现在看来，这个选择完全正确，符合国际民航的技术趋势，得到业内好评。听取用户代表的意见后，中国商飞对大飞机的好几个设施都做了更改。比如驾驶舱的门锁是密码锁，不能轻易打开，一旦客舱发生情况，驾驶舱内也可反锁。但假如再出意外，两名飞行员都不行了，密码锁又怎么解开呢？自然还有解码装置。这是互相制约的一个安排。问题是这个装置安装在什么地方。经中国商飞同东航代表反复探讨，终于找到了一个既隐蔽又方便使用的位置。这样的例子很多。就说飞机上的氧气瓶吧，首先，它是必备的，同时也存在一定的安全隐患。比如充氧操作不当容易起火，或者发生氧气泄漏。那么，氧气瓶在机舱内放在什么位置较为妥当呢？东航的代表向中国商飞提了合理化建议，最后在设计中，商飞将氧气瓶的放置点安排在一个通风较好，且开舱容易的位置。

在C919设计研制过程中，让航空公司代表深度参与，不断提出改进建议的做法是非常正确的。因为航空公司的好几百架飞机，经过数万个小时的使用、维护，积累了相当丰富的经验，他们是最有发言权的。认真听取客户的意见特别是首家客户的建议，不仅是为了市场销售，更重要的是为了确保飞行安全。从这个角度讲，商飞同首家客户及其他客户的目标是一致的，因为首家客户飞好了，后边就好了；首家客户飞不好，后边也不会好。

（八）精益求精

100多年来，材料的更新一直伴随并推动着飞机的升级发展。航空结构材料百余年来大致经历了五个发展阶段。1903年，飞机问世之初，主要是木、布结构；第二阶段，飞机的结构材料以铝和钢为主；第三阶段是20世纪五六十年代，铝、钛、钢三位一体成了飞机的主要结构材料；第四阶段是20世纪七十年代之后，出现了复合材料；第五阶段是21世纪初至今，进入了以复合材料为主的时代。同时，在中短程飞机中，性能不断改进的铝合金和钛合金，则有不可或缺的地位。

而C919机身大部段，经总设计师团队的分析、比选和反复试验，决定采用第三代铝锂合金材料。这样的选择最后证明是正确的，特别是用于C919这一型号的机身，是相当合适的。当然，这种新材料在民机大规模应用还是首次。为此，中国商飞会同中航工业洪都航空，经过近3年2500件试验件的试验，终于完成稳定工艺条件下20批次的材料性能数据测试，逐步建立起型号材料规范体系和设计用性能数据体系。这些测试的数据和结果，为新材料投入大飞机应用奠定了基础，也为C919大飞机的安全性增加了砝码。由于机身大部段采用了铝锂合金新材料，从而使飞机这部分的结构减重6%，以后随着进一步改进并完善，有望达到减重10%。飞机自重减轻，当然有利于提升安全性，且能提高经济性，还有利于减排、环保。

C919大飞机的机头也是过硬的。长度为6.66米的机头部段，包括座舱前风挡、前起舱、壁板、机头地板和应急出口等几大部件。尽管负责制造C919机头项目的企业是中航工业旗下的成都飞机厂，但这个项目从设计到研制，一直是沪、蓉两地联手，由中国商飞和中航工业两大航空央企合作完成。该机头选用了4块钛合金蒙皮来增加强度，效果甚佳。在抗鸟撞实验中，可以承受2千克重的飞禽以每小时800千米的速度撞击机头，经查验没有发现机头有明显缺损。

众所周知，航电核心处理、显示、机载维护和飞行记录系统是现代客机十分关键的系统。中国商飞在C919大型客机的供应商选择上，尤其是对于关联飞行安全的航电系统采取了非常慎重的态度，并坚持严格要求，在充分考虑国际上各投标供应商提供产品的技术先进性、成熟度以及售后保障能力后进行比选，最后确定由GE公司和中航工业组成的合资公司来研制这一系统。

C919大飞机不包括机载系统，仅它自身的部段、部件，如果全部拆成零件，总共约有100万个小零件。而中国商飞在研制中对每一个零件，哪怕是一颗螺丝、一块芯片，都

要验证它是否质量合格、性能可靠。在C919的飞行控制系统中，每一个小设备都必须经过四五十项质量和安全测试，全部通过，才能贴上合格的标签。这么严苛的要求，对民用客机来说，都是必需的。民航飞机一旦投用，将搭载成千上万的乘客，将承受成千上万条生命的信任，安全飞行必须放在首位。如果没有安全的前提，任何精妙的设计、漂亮的外观、舒适的设施都将归零。正因为民用客机人命关天的特殊要求，也迫使民用客机的制造业，要上到高端装备制造业宝塔尖的位置。它是世界上最复杂最高端的工业系统，它代表着一个国家装备制造业的水平。

（九）全球合作

"主制造商—供应商"模式是目前全球大型客机制造企业普遍采用的一种运作模式，作为实施国家大型飞机重大专项里大型客机项目的主体，中国商飞也选择这一模式，走"中国设计、系统集成、全球招标、逐步提升国产化"发展道路，选择"自主研制、国际合作、国际标准"技术路线，最大限度聚集国内外资源打造中国民用飞机品牌。

大飞机面对的公众，一要安全，二要机票价格便宜。主制造商不会牺牲公众的利益而勉强用国内的供应商。民机产品需要国际化，民机都是从全球竞争上选择供应商，通过竞争，将最安全、最合适、最环保、最经济的放到飞机上。造飞机就如同一堆珍珠散落在全球各地，要把较好的拿回来，做一根绳把它们串成项链。只要有一颗珍珠有瑕疵，项链就卖不上好价钱。C919制造也是如此。过分提国产化，对飞机制造可能会产生负面影响。过度追求国产化概念，并不适合民用飞机制造。这与爱国情结、民族情结无关。

航空专家认为，C919引入许多外国系统供应商，这是大型客机研发的全球通例，也是降低项目风险、缩短项目周期的可行方式。比如，当前我国还不具备生产适合民用大型客机发动机的能力，国际民用飞机制造商的发动机也是采购自供应商。目前国际上民用航空发动机制造商主要有英国的罗·罗，美国的通用和普拉特·惠特尼，法国的斯奈克玛，以及多国合作的IAE和CFMI。航空专家认为，能用中国的发动机当然最好，但先有大飞机，才能带动民航发动机产业的发展。没有大飞机就没有需求，就不会有平台，这是产业龙头和产业链的关系。

目前，"以中国商飞为核心，联合中航工业，辐射全国，面向全球"的较为完整的具有自主创新能力和自主知识产权的产业链正在形成。国内36所高等院校、242家大中型企业、数十万产业工人参与C919大型客机研制，并推动16家国际航空企业与国内企业组建了16家合资企业，带动动力、航电、飞控、电源、燃油、起落架等机载系统产业发展。

第三节 小结与思考

一、小结

我国商用大飞机的发展经历了一条曲折的道路，在这个过程中，大飞机项目几经起落，现在我们自己的大飞机终于飞上蓝天。这个案例充分证明了创新必须自主，盲目依赖国外技术很难获得企业的持久竞争优势。同时，技术创新又必须广泛吸纳世界先进技术，搞"开门创新"，才能在全球竞争中立于不败之地。

二、思考题

1. 运-10飞机项目下马的原因是什么？
2. C919成功首飞的意义是什么？
3. 中国商飞在企业管理上有什么创新？
4. 中国商飞如何保证C919的商业成功？
5. 我国航空工业企业应该如何处理与国外同行的关系？

思考题答案

第二章
关键时刻——北欧航空的起死回生之术

学习重点：

1. 理解15秒钟理论。
2. 学习"一线员工授权"的观念。
3. 理解北欧航空的管理者行动变革。

学习难点：

1. 一线员工授权理念的执行。
2. 北欧航空的战略选择。

第一节 引 言

　　北欧航空公司（简称"北欧航空"）的起死回生成为一个传奇故事，其前总裁詹·卡尔森提出的关键时刻理念已在全球企业界流行。什么是关键时刻？它如何使一个濒临破产的北欧航空公司反败为胜，成为业界最受尊敬的航空公司之一？了解一下詹·卡尔森的关键时刻理念，或许能让我们更清醒、更沉着，明了营销的本质，企业的本源。

第二节 案例解析

 一、案例摘要

本案例记录卡尔森接管公司总裁职位后，他提出航空公司的关键时刻理念，进行了一系列的改革，通过采取以顾客为导向的经营策略，改变自上而下的官僚主义领导方式，打破金字塔式的组织结构，授权那些直接服务顾客与市场的一线员工，共同提升公司的服务水准，最终使北欧航空成为业界翘楚。

关键词：北欧航空　关键时刻　15秒钟理论

 二、案例背景

北欧航空创办于1946年8月1日，当时丹麦、瑞典及挪威的国家航空公司组成伙伴处理飞往北欧的洲际航线。1946年9月17日开始运作。

1948年，上述3家国家航空公司开始协调它们在欧洲的运作，最终在1951年合并组成今日的SAS联盟。在组成时，股权分布是SAS丹麦（28.6%）、SAS挪威（28.6%）及SAS瑞典（42.8%），一半股权由私人投资者持有，另外一半股权则由各自的政府持有。

1954年，北欧航空成为第一家在世界上开办跨极地航线的航空公司。从哥本哈根到洛杉矶，再在格陵兰停留，由于飞行时间短，好莱坞明星和制作人到欧洲旅行时非常喜欢选择该航线。该航线为航空公司带来革命，使以自由过境到其他欧洲国家为目的人会利用这条航线，因为价格很低廉。该航线在20世纪50年代的美国是非常受欢迎的。稍后就有运行跨极地航线到东亚，当时西伯利亚和中国是不允许在其领空飞行的。

1957年，北欧航空是首家提供北极环球服务的航空公司，从哥本哈根到东京。SAS联盟在1959年引入第一架喷气式飞机"快帆"。1971年，北欧航空将其首架波音747喷气式客机投入服务。

詹·卡尔森在38岁即1978年担任巨额亏损的北欧航空CEO，一年内使北欧航空成为全球利润极高的航空公司之一。他在46岁时，撰写了《关键时刻MOT》，使MOT理念风靡全球管理界和企业界。

三、案例正文

(一) 关键的 15 秒

1. 落在饭店里的机票

鲁迪·彼得斯是一位美国商人，下榻在斯德哥尔摩的格兰德饭店。这天，他和同事约好一同前往城北的阿兰达机场，搭乘北欧航空公司的班机赶往哥本哈根。当日这一航线的航班只有这一趟，而此次出行非常重要。

当他抵达机场时，突然发现机票落在了饭店里。临行前他把机票放在写字台上，穿上外套后却没有顺手把机票带走。谁都知道，在当年没有机票休想上飞机。彼得斯心想自己只能错过这班飞机了，更重要的是他还将错过哥本哈根的商务会谈。

可是，当他把情形告诉票务人员时，却得到了令人惊喜的答复。"不用担心，彼得斯先生。"票务人员面带微笑地对他说，"这是您的登机牌，里面有一张临时机票，请您把格兰德饭店的房间号及哥本哈根的通信地址告诉我，其余的事情都交给我来办。"彼得斯和同事坐在大厅候机，票务人员则拨通了饭店的电话。饭店侍者查看了房间，正如彼得斯所说，机票就放在写字台上。票务人员立刻派人赶往饭店取回机票。由于行动迅速，机票在飞机起飞前送到了。当空服人员走近彼得斯的座位，对他说"彼得斯先生，这是您的机票"时，我们不难想象，他脸上的表情有多么惊讶又多么欣喜。

如果同样的情况发生在传统的航空公司，结果会怎样？1986年前的大多数航空公司手册都写着很清楚："无机票者，不准登机"。或者票务人员向上级报告，然后肯定会让鲁迪·彼得斯先生来不及上这班飞机。北欧航空公司的做法正好相反，不仅没有耽误旅客的重要行程，更重要的是给旅客留下了美好而深刻的印象。

2. 关键时刻

从一次次实录故事，可知每一个美好，让顾客感受到了这种真心的对待，因此顾客才会不断选择该公司的服务。所有这一次次的接触就成了詹·卡尔森认为的关键时刻。

那么什么是关键时刻？詹·卡尔森给出的答案是：员工与客户接触的每一个环节，或每一个步骤的时刻。

3. 15 秒理论

詹·卡尔森认为，在航空业，关键时刻包括：当你打电话，预订一个航班；当你到达机场，检查行李；当你走进机场，把票放在检票台上；当你在门口受到欢迎；当你登机时受到空乘人员的帮助；当你在落地后受到欢送。所有这些都是关键时刻，而这些关键时刻全都由人控制。

詹·卡尔森指出，当与人发生接触的时候，每一个时刻，都是企业的关键时刻。通过这些时刻，顾客对北欧航空公司的感受，不是飞机，不是办公室，而是公司的人是怎样的。

他发现，北欧航空公司每年大约运载1000万名乘客。在乘坐航班时，每位乘客平均接触北欧航空公司5名员工。尽管每名员工每次服务旅客的时间或长或短，但至少有15秒钟是关键时刻。也就是说，这1000万名乘客每人每年都对北欧航空公司产生5次印象，全年总计5000万次。

这5000万次的15秒钟关键时刻决定了公司未来的成败。

（二）理念转变

在詹·卡尔森看来，一线员工，才是众多15秒钟关键时刻中的关键人物。要做到真正的顾客导向，公司必须彻底改变一线员工的角色。把这5000万次的15秒钟关键时刻，推广成全公司的理念，得到的观念就是：顾客比利润更重要。北欧航空公司是如何转变的？我们可从以下几个方面来看。

1. 更改整体战略

事实上，詹·卡尔森认为北欧航空公司已不能再用成本降低方式，要想转变，就必须从整体战略来思考。整体战略构建过程包括以下四个重点。第一，建立顾客以需求为导向的经营理念。第二，提高运营利润，有效地利用固定资产，让闲置的飞机出去载客。第三，提高服务水平。提高服务水平，并不是供应烤牛排与美酒，而是提供更便利的时刻表、更频繁的航班，以及更低廉的票价。第四个重点，改变一线员工的角色，授权给一线员工工作的自主权，让更多的员工分担责任，提高行政资源的使用效率，提高总体利润水平。

在1978年，瑞典已经由稳定的农业国家转变为世界经济中重要的一员，创造出了更多的旅行需求，远远超过了航空公司目前的服务。詹·卡尔森展示了整个战略的内容，包括新的经营理念、组织结构、票价，甚至还包括广告草案。这些内容十分简单，但很快便引起热烈反应。

2. 满足顾客需求

北欧航空公司是如何满足顾客需求的？詹·卡尔森采取了各种改进措施。其中收效最快的还是大幅度降低票价。詹·卡尔森指出，如果当时我们降价的幅度太小，或者宣传的力度不够，那么顶多只能稳住原有乘客，不一定会吸引新乘客。为了增加中途转机的乘客，我们必须把普通票价也大幅降低。同时，还要相应地增加广告预算。

北欧航空公司曾经针对某一条航线进行测算，结果吓人。最后，詹·卡尔森决定停止测算，而是凭借直觉行事，去满足顾客的低价飞行需求。

北欧航空公司给出的广告词简洁明了："瑞典人一律半价。"同时，北欧航空公司推出一种候补票，不论目的地远近，只要是在瑞典境内，票价一律20美元，仅相当于原来的60%～80%。

詹·卡尔森决定坚持自己的计划。在那年夏天，引来了成千上万的背包客，他们提出的"百元机票"不是仅仅吸引了 5000 人，而是整整 12.5 万人。

为什么北欧航空公司的财务专家没能估计到这样的盛况？答案很简单：没有几个人搞得懂 50 美元是什么意思，但大家都知道"百元机票"。这个故事告诉我们，商业活动并不都是那么合情合理，或者必须经过精确计算才可执行。每当我们要提出新计划时，应该首先了解顾客将对此做出怎样的心理反应。满足顾客的需要才是根本。

可以再举一个例子，就是飞机上免费的一杯咖啡和一份面包，这项开支在当时约为 40 万美元。然而，几乎所有的乘客都在抱怨咖啡和面包的品质不行。于是，北欧航空公司决定改变方法。与其供应大家都不喜欢的免费咖啡、面包，还不如换成单价 2 美元的美味早餐，价格相当于火车上同等食物的费用。结果显示，乘客很愿意支付 2 美元享受这份早餐，而北欧航空公司也赚到了一点利润。

综上所述，在第一年，北欧航空公司把票价平均降低了 11%，而营业额由 8400 万美元增至 105 亿美元。在没有增加一个人手、未添购一架飞机的条件下，实现了旅客人数增加 4% 的目标。所以，满足顾客的需求，可以带来利润。

3. 关注员工

如果员工不愿意投入更多的时间履行责任，则成功将只是纸上谈兵。尤其，在詹·卡尔森看来，员工才是公司成功的关键所在，人是公司运营的根本。那么，是什么促使员工如此热情地投入呢？詹·卡尔森认为是让员工都深刻地理解了公司的目标和长期计划的结果。

公司清晰地描述和传达了美好的愿景，从而促使员工心甘情愿地为实现目标而奋斗。员工第一次接触到如此富有挑战性的任务，并且深信成功离不开自己的努力。员工甚至仔细研读报纸上有关公司的消息，急切地想要了解事情的进展。

北欧航空公司还会通过多种办法提高员工的自尊心，包括改善他们的制服。在北欧航空公司决定以商务旅客为主要服务对象之后，便开始对原有制服的色彩及样式进行重新评估。如果把重点放在外出旅游的乘客身上，则可以设计一套颜色明快、运动感强的制服。但对于商务客机而言，则应选择不同的制服款式。于是北欧航空公司请设计师卡尔文·克莱恩设计了一套带有商务气息的制服，样式保守，以深蓝色为主。因此，关注员工从各个方面进行的小改变，才会使员工关注企业战略，有勇气与企业一起前进。

（三）颠覆传统组织结构

詹·卡尔森认为，从客户的基本需求入手，抓住员工可能与客户接触的每一个点，在这些点上尽力给客户营造美好的体验。如果每一个接触点都是体验的正向加分，那么最终必将形成企业的竞争力和核心优势。客户关系的维系，就是依靠成千上万这样的关键时刻。如果我们真心实意地针对每一位乘客的需要来提供服务的话，我们就不能完全依赖上级的指示或者死板的办事规定。传统的组织构造已不能适应这一理念需要，颠覆传统组织结构已成必然。

1. 颠倒组织结构

在与顾客交往的15秒钟内，所有人（包括票务人员、空服人员、行李搬运人员等一线员工）都应该有权做出自己的决定并采取行动。如果他们只有通过传统的指挥链向上级请示才能处理个别乘客的问题，那么，宝贵的15秒钟便会匆匆溜走，企业也将因此失去一些忠诚的乘客。

如果要做到这样，每个一线人员均应有职业的选择权，那么传统的组织结构就必须颠倒过来。北欧航空公司已经这样做了。

传统的组织有着像金字塔似的三角结构，顶端是极少数掌握大权的高层主管，中间部分是数层中层经理，而底端则是人数较多，与市场联系也较紧密的基层员工。一般说来，高层主管包括一位最高总裁和数位资深副总裁。这些副总裁均受过良好教育，分别是财务、生产、出口、销售等领域的专家。高层主管的任务是制定重要决策，确保公司正常运作。

高层主管根据一套既定的程序制定决策，中层经理则负责将决策传达到组织的每一个角落。具体而言，在一个大型组织里，中层经理的任务就是将高层主管的决策转化为指示、规定、政策和命令等，让基层员工办起事来有所依据。尽管他们被称为中层管理者，但他们实际上执行的并不是管理工作，因为真正的管理者必须享有自主决策的职权。事实上，中层经理不过是决策信息的传递者。制定决策的不是他们，而是金字塔顶端的高层主管。

位于金字塔底端的蓝领和白领员工，他们都是真正在战场上作战的士兵。每天，他们都要与顾客直接接触，因此也最了解前线的具体情况。但具有讽刺意味的是，当他们碰到特殊问题需要及时处理时，却常常无能为力。

如今，在官僚等级下形成的商业环境已经发生了改变。欧洲和北美市场供销两旺的盛况正逐渐消失，在今日的全球经济中，许多西方工业国家已经不再享有昔日的竞争优势，而在第三世界国家就可以找到低廉的原材料、人工以及先进的技术。就好比，将活牛在美国得克萨斯州宰杀，接着将牛皮送往阿根廷加工，然后再拉到韩国制成棒球手套，最后运回得克萨斯州各地的零售店出售。

产品生产优势下降使得全球经济逐渐转变为服务经济。换言之，以顾客为导向的时代已经来临，而所有企业就站在这个历史进程的十字路口。那些过去从未视自己为服务业的行业，现在也必须认真考虑服务的重要性了。

具体而言，原来需要事事请示上级的中央集权式组织，必须改为分权制，改为由上级将职权授予金字塔底端的基层员工，使他们不只是听命行事。换句话说，原来层层节制的高架式组织结构将被水平式扁平组织结构所取代。这种结构在服务业中更有必要率先施行，因为服务业的出发点不是产品，而是顾客。

在以顾客为导向的公司里，角色分工与传统不同。在这样的组织中，权力相对分散，原来位于金字塔底部、只能无条件服从的员工也将被授予责任。传统的、等级森严的公司结构为扁平结构所代替，这一点对以顾客而不是产品起家的服务业来说尤为重要。

要真正做到以顾客为导向，公司必须彻底改变一线员工的角色，这就需要从管理层开始进行变革。高层主管若想成为真正的领导者，就应该创造出一种环境，让员工建立信心与技巧，并乐于承担执行的责任。其必须与员工进行沟通，向他们描绘公司未来的愿景，倾听他们的想法，并共同去实现这一愿景。高层主管绝不再是孤立的主导者，相反，他将成为公司使命的描绘者、战略的制定者、信息的沟通者，同时还要承担导师的角色，激励员工努力达成目标。

而中层经理，应当承担分析问题、分配资源的责任。更重要的是能全力支持基层员工的工作。事实上，一群年轻、能干、受过良好教育的"新生代"已经出现，他们迫切渴望承担起这一具有挑战性的任务。我们必须让这群新生代扮演积极主动的角色，尊重他们，相信他们能承担起自己的责任。

至于基层员工，应当有权处理个别顾客的特殊问题。正如票务人员为彼得斯取回机票的故事一样，公司必须给予一线员工适当的权力，使他们能够迅速而礼貌地处理顾客的特殊需求。

这样重新分配责任之后，传统的层级结构必定颠覆，从而可以建立新的组织结构。

2. 新的组织结构

北欧航空公司采取的以顾客需求为导向的理念，对高层主管、中层经理、基层员工——进行权责重新分配，这样得到的组织结构更加扁平化，从而使得北欧航空公司的组织结构有了新的生命力。

新的组织结构有两个重心，一个是管"收"的销售部门，一个是管"支"的生产部门。基本原则是，销售部门根据市场现状总结出公司应该生产及销售什么产品，然后告知生产部门生产内容。这种做法与传统组织结构正好相反。以往，工程部门全权决定飞行班次，而不管乘客是否有需要。现在可以做到时刻关注顾客需求，服务顾客，给顾客以最好的体验。

（四）领导者变革

谁来推动员工抓住与客户的每一个接触点呢？不得不说，问题在于领导者的行为。领导力的研究学者麦克斯·韦尔说过，领导力是企业员工执行力的根源。如何进行领导者变革？北欧航空公司采取从董事会到管理各层级的思维与行为变革。

1. 董事会了解公司整体战略

管理实践中通常把董事会当作一个推卸责任的地方。事实上，董事会是十分宝贵的资源，对北欧航空公司实现高效率、以顾客为导向的目标有着十分重要的意义。

令人惊讶的是，一般的管理层很少与董事会分享整体商业，大多数公司的总裁甚至十分畏惧董事会。董事会"高压"威胁总裁，总裁只好把很多信息藏在心底，只将一点无关紧要的信息告诉董事会。

在北欧航空公司推行高水平服务时，詹·卡尔森指出，必须让董事会全程了解公司的情况。比如，公司高层预测了一下，如果购买最新型机舱专用餐车，毋庸置疑，这能提供更好的服务，新餐车能够节省许多服务时间，对短程航班来说尤为便利。可是替换费用需要200万美元，在当时公司年亏损2000万美元的情况下，又有谁会批准这一请求呢？

事实上，詹·卡尔森在加入北欧航空公司之前，餐车问题就已经困扰北欧航空公司5年之久了。管理层和董事会都在避免从自己这里做出最终决定。如果董事会心中没有一幅美丽的愿景图，又如何能够计算出公司在购买新餐车后将带来多少盈利呢？

詹·卡尔森将以顾客为导向的新战略对董事会进行了详细的描绘，董事们接受并批准了整体的商业战略。这时，购买新餐车对战略的辅助作用就显现出来了，并且这种细节问题就不用再麻烦他们了。于是，詹·卡尔森立刻做出决定采购一批新餐车。

董事会支持公司的愿景是十分重要的，这使得他们会坚定地对詹·卡尔森说："放手干吧！"如果没有董事会的授权，执行者根本不可能在市场萎缩、公司连续两年巨额亏损的情况下推行增资计划。

詹·卡尔森经常会和董事会的三位董事进行私人会面，但并不讨论执行细节，而是使他们确信北欧航空公司发展平稳。这三位董事都是北欧地区的杰出企业家，一位是银行家，另一位是工业家，还有一位是工程师兼企业家。他们的专业知识汇集在一起，就是公司难得的重要资源。詹·卡尔森在向董事会全体成员汇报之前，通常都会先探探他们的口风。

詹·卡尔森坚信，无论对任何组织或个人，使其承担责任的唯一方法是将愿景深深植入他们的内心。詹·卡尔森经常与董事会及员工分享自己对公司发展的看法。要实现这个愿景，就必须使之成为所有人心中的目标。

2. 增加管理者的综合能力

一个人之所以被任命为管理者，并不是因为他无所不知，也不是因为他有能力制定所有决策，而是因为他懂得汇集众人的智慧，并为完成工作创造条件。管理者授权给员工，让他们独立承担责任、完成日常工作。管理者就是创造条件使工作得以推进的人。今日的管理者既是倾听者，也是沟通者与教育者，他们要善于表达自己，鼓励员工发挥最大潜力，而不是单单依靠自己制定所有决策。

假如一名球员正带球冲向对方球门，快到时却突然停下来径自跑向球场边，请示教练该怎样射门，不用说，等他决定如何射门时，球早就不见了，球赛也可能就此输掉。在瞬息万变的商业环境中，位于金字塔顶端的管理者绝不可能全盘操控所有细节。因此，工作在一线的员工必须掌握相当的实权，因为他们才是对市场变化感受最深的人。公司管理者应将关注点放在经营，而不是社会关系或权力本身上。试图靠权力谋取私利的人，往往也会因人际关系恶劣、业绩低劣而遭遇淘汰的命运。过于注重社会关系的人，则可能会为了避免冲突而取事事妥协的做法。

"管理者就应该是至高无上、无所不知的，必须要随时掌控全局。"这种想法在詹·卡尔森看来，无异于把经验丰富的水手留在岸上，而自己驾着小船驶往未知的危险海域。

管理者必须要有战略思维能力，能够越过细节，纵观全盘，具有较高的领导力。其需要的管理知识不仅涉及财务、生产、技术等领域，还包括人力资源规划，增加自身的综合能力。

3. 管理者无须"事必亲躬"

人们总是期待总裁制定所有的重大决策，因此总裁整天事务缠身。而且，重大决策总是层出不穷，身为总裁，只得不分昼夜地工作，甚至还要牺牲周末和假日。我们常常听到某位高管这样抱怨："我已经4年没休过假了！"似乎只有这样才能表明他至高无上的权力和不可替代的位置。

这种典型的高管，其实就是一台决策机器：员工替他收集好原始信息，并提出几个解决方案，他只需选择一个即可。既然只有他一个人知道公司的政策方向，那么重大决策就非他不可了，其他人根本不可能参与进来。表面看来，高管似乎承担了全部责任。但不幸的是，这种做法根本是错误的。

事实上，他并没有为所有重大事件制定决策，而只是对自己视线范围内的问题做了决定。即使他是一位完美的决策者，而且公司内的所有问题都能突破障碍，引起他的注意，但他也没有时间协调每一件事并做出最英明的决策。

这样做的结果是什么？很多事情悬而未决。没有人能记住公司的"愿景"：员工记不住，因为这些与他们无关；主管记不住，因为他们忙于制定决策。员工开始消极怠工，因为他们相信，就算提出好的创意，领导也不可能让他们这么做。

高管认为，传统的做事方式是全部事情——发号施令，必须放弃假的拼命加班。但詹·卡尔森提出，一个真正的管理者的关键并不是"事必躬亲"。

没有人会把成功的战略方案放在桌上，等着管理者来定。公司愿景一旦确定，就需要动员一切员工达成目标。除此之外，还要拟定符合目标的商业计划，为此，必须由工会及全体员工通过这一计划。同时，将更多的责权给一线员工，创造出有保障的工作环境，使员工乐于接受新的责任。从根本上，要把组织建设成能达成目标的一个有机机构，并建立起科学的机制，确保行进方向不偏离正轨。

上述工作比起"事必躬亲"来更有难度。在詹·卡尔森刚刚接管北欧航空公司时，就犯过类似的错误。尽管客运是公司的事业重心，但公司也有货运。然而詹·卡尔森发现，员工们似乎还在喊着以前的口号："加油干啊，货运工人！"詹·卡尔森渐渐失去了耐心，迫切地想使货运工人也创造出新的战略思维。他把货运部的主管找来，对他说："这应该不是什么难事吧！需要送货上门的服务，你们就应该尽量满足这个要求，不妨推出货舱，正好和客运的欧陆客舱互相呼应。"主管按照詹·卡尔森的吩咐做了，结果可想而知，事情糟糕透了。

为什么会这样呢？因为詹·卡尔森缺乏对货运市场及人力资源的起码常识，他做惯了客运生意，并不了解货运。但管理者发号施令了，下级管理者不进行决策，只听从上级的话，导致悲剧的发生。所以，管理者不会无所不知，也就意味着，不可事必躬亲。

（五）运营创新

在詹·卡尔森接管北欧航空公司时，他认为北欧航空公司的运营成本已经降到了极限，这个时候再降低成本已不可能。在北欧航空公司，詹·卡尔森首先提出，公司的高管需要对外界环境，以及北欧航空公司在这个环境中所处的位置有一个透彻的了解。这意味着必须设定明确的目标,并想办法达成它。换句话说,北欧航空公司必须创建一套崭新的运营思路。

1. 用营业额的提升代替成本的降低

当时的航空市场停滞不前,北欧航空公司要想实现盈利,并使自己成为全球顶级商务航空公司,还需要分外努力。詹·卡尔森将商务旅客定位为最稳定的顾客群。与普通旅客不同,他们无论天气好坏,只要有工作需要就会搭乘飞机。更重要的是,商务旅客普遍具有较为特殊的要求,可以针对这些要求提供高水平的服务,进而吸引他们自愿购买北欧航空公司的全价机票。

这个想法并非独特创举,也没什么特别高明的地方。航空公司都知道,如果不想方设法吸引商务旅客,就不可能做到有利可图,因为只有他们才是购买全价机票的常客。如果一定要找出这个想法的与众不同之处,那就是北欧航空公司没有采取"切奶酪"的方法。

北欧航空公司不再把费用视为洪水猛兽,必除之而后快。相反地,北欧航空公司开始识到,费用是提高公司竞争力的必要手段。事实上,如果费用可以满足其为商务旅客提供服务的目标,那么公司的竞争优势必将随之提高。

于是,北欧航空公司仔细审查了每项资源、费用及事务流程,同时进行评估:"这项资源是否有助于提高对商务旅客的服务水平?"如果答案是否定的,那么不管这项费用或流程对某些人来说意味着什么,都会立刻予以废除;如果答案是肯定的,那么北欧航空公司将花费更多的资金使之更完善,进而成为北欧航空公司的竞争优势。只要存在欠缺就迅速弥补。换句话说,北欧航空公司尽力解决所有问题,而不是单独改善某一问题。

不久,北欧航空公司便制定出一套拯救公司的独特方案,不仅没有削减费用反而向董事会提出了增资计划,包括增加 1200 万美元的年营业经费以及额外 4500 万美元的开支,用以完成 147 项提案。这些提案包括:准时起飞提案,全面改进哥本哈根交通网络中心的提案,为 1 名员工开设服务课程的提案,以及提供优质马丁尼酒的提案,等等。这些举措的提出也并不敢担保一定会让营业额大幅提高,但这也是唯一的机会,因为降低成本的方法已经被验证不管用了。

尽管风险很大,董事会还是充满热情。1981 年 6 月,董事会议在丹麦召开,一致通过了詹·卡尔森的提案。几周之后,詹·卡尔森被任命为北欧航空公司的总裁。在整个市场停滞的状态下,北欧航空公司背负着每年 2000 万美元的债务展开了新的计划。

时间不长,问题就出现了。詹·卡尔森发现,公司原有的许多政策和工作程序都不符合提供最佳服务的目标。因此,在投入 4500 万美元资金同时,也削减了高达 4000 美元的不必要开支。

一旦确立了为商务旅客提供最佳服务的明确目标,就很容易定义出哪些费用是毫无意义的,也可以确保削减掉这些费用后不会对公司造成影响。比如,有的部门是商务旅客并不感兴趣的部门。其中一个是负责提高公司在航空界地位、替旅客安排旅行的市场调查部门,该部门有 40 人,主要负责广泛的市场分析。该部门的地位很高,因为公司所有的决策都以这里提供的资料为依据。高层主管只根据这些资料制定决策,而根本不考虑乘客的实际需要。

当詹·卡尔森将权力下放给一线员工后，就不再需要那么多的市场调查了，因为决策者已经变成了时刻与乘客接触的一线员工。于是，詹·卡尔森安排原来从事市场调查的员工担任地勤工作，或者直接负责与飞行路线有关的任务。公司对文职人员的处理也本着同样的原则。由于执行了分权战略，北欧航空公司不再需要大量编写指令、发放通知及监督政策执行的工作人员。詹·卡尔森扔掉了大部分报告，只留下真正需要的。

整个计划在1981年秋全面实施。北欧航空公司执行新政策后所取得的重大成果之一，就是员工的精神风貌发生了翻天覆地的改变。北欧航空公司宣布要成为一个凭借最佳服务而盈利的公司，并由此开始对企业文化进行改造。

2. 勇敢跳一跳

不论个人还是公司，该冒险时都必须勇敢一跳。对公司，詹·卡尔森称这种跳跃为"执行"。制定一个明确的战略将更加容易。而决策者的勇气与直觉至关重要，有时甚至需要"莽撞"一点。詹·卡尔森说自己并不是反对分析性思考。分析的确很重要，但应该主要放在制定整体商业战略上，而不是局限在执行战略中。他提到经理人不愿"冒险一跳"的原因还有一个，那就是他们认为很多事情是根本做不成的。

詹·卡尔森经常强调一种"穿墙而过"的心态，即克服心理障。假设你认为某个目标不可能达成，但至少应该在试过以后再下结论。面前的这堵墙看上去也许很高，但实际上很可能没有那么结实。没准它根本就是纸的，那你穿过去还不容易吗？大多数一线员工都按习惯与规章办事，很少有人敢于尝试做一些不寻常的事。对他们来说，与其做出领导不喜欢的事情，还不如直接听命令来得简单。

如果一线员工愿意冒险做出决策，那一定是在有安全感的前提下才会这样做。公司必须让他们了解，犯错是难免的。只有这样，他们才有勇气接受新的责任。

员工有犯错的权利，但并不代表他们可以此为借口做出无能的事情。特别是经理人，如果他不接受企业的整体战略，或者无法完成目标，那么公司也不会让他继续留在原来的岗位上。

一线员工的工作突然之间得到了公司的重视。公司不仅为全体员工提供特别的服务培训，更投入了大量的时间和金钱改善工作环境。以往不受赏识的他们，如今成为引人注目的中心，这些给予了他们勇气去"跳一跳"。

3. "沟通"提升执行力

在一个以顾客为导向和分权的公司里，优秀的领导者应把更多的时间花在沟通与倾听上。他与员工沟通，确保他们朝向共同的目标努力；他也和顾客沟通，使他们随时了解到公司的新举措。

领导者发布的信息越简单明确，人们就越容易懂得如何去追求这一目标。最强有力的信息总是通过简单而直接的战斗口号表达出来的。它能深入组织的各个阶层，激发员工的昂扬斗志。这种信息不需要高高在上，甚至不必标新立异。

为了沟通信息，应该在必要的时候展示自己的内心。做演员的都知道，不忘我地投入到戏中，则永远也打动不了观众的心。这一点对企业领导者来说，也是一样的。领导者的一言一行都会被员工看在眼里，甚至被模仿。比如，许多管理者都会抱怨下属的坏习惯，但他们如果仔细观察一下员工的行为，就会发现这些坏习惯正是源自高层管理者。所以，好的沟通使执行力提升，让员工有好的效仿。

（六）绩效与薪酬同步

员工的工作绩效评估，是检验工作基本的需求。如何使绩效评估与企业经营理念一致，如何满足顾客需求，这是绩效评估的关键变革点。对应这些绩效，同步奖励员工，使薪酬同步，是进一步推动企业战略发展的前进动力。

詹·卡尔森掌管北欧航空公司时，对几个关键点进行了绩效评估，其一就是货运这一块。为了实现利润最大化的目的，客运的损失需要尽快在货运部门来弥补。但是，北欧航空公司货运部门的业绩总是从货运量或者机舱填满程度来评估。于是，大家很快意识到，一直以来所使用的绩效评估方式并不科学，因为它和货运顾客的需求根本没有关系。

顾客的真正需求是快速、准确地将货物运送到目的地。因此，北欧航空公司重新修订了战略目标：成为最"精确"的货运航空公司。大家认为公司在"精确"方面做得还不错，根据货运部门的报告，只有少部分货物没有准时送达目的地。不过，公司还是打算再试一下。北欧航空公司将100件包裹运送出去，地点遍及欧洲各个地区。结果令人吃惊！这些小型包裹应于次日送达，实际到达期却平均晚了4天。这就是北欧航空公司的"精确"吗？

詹·卡尔森认识到，北欧航空公司所犯的错误在服务业中十分典型：向顾客承诺一件事，却在评估另一件事。在上述例子中，北欧航空公司答应顾客及时准确地交付，评估时却只考虑货运量以及是否有包裹在途中丢失，等等，这就会出现晚于规定日期4天才交货，为了有可能不被记录为"延误"。显然，需要根据公司的承诺来衡量结果。

自重组北欧航空公司以来，类似事件就变得更加重要了。与传统的集权官僚式组织相比，分权后更需要一套行之有效的绩效评估办法。根据传统的工作方法，绩效标准是由最高管理层制定的。然后通过中层经理，以书面备忘录的形式，在组织上下进行贯彻。贯彻的主体是员工。因此，如果标准模棱两可，结果就会很不平衡。比如，一个野心十足的工程师往往会为了追求高品质而大幅提高成本，而一个比较保守的工程师则会更多地考虑预算因素，将成本控制得很紧。

在分权式组织里，处于各个阶层的员工都必须彻底了解未来的目标是什么，以及如何才能达到这个目标。在中层经理的支持下，一线员工现在有了决策的责任。与此同时，他们还需要一套精确的反馈系统，以此判断自己的决策是否有助于达成公司整体目标。

在以顾客为导向的公司里，绩效评估办法应主要集中在评估员工是否更好地满足了顾客的需要上。有些员工不是与顾客进行面对面的接触，他们的工作却深深影响服务的质量。对这些人来说，绩效评估就更有必要了。票务人员每天和许多顾客接触，他们工作的好与坏立刻就会从顾客那里得到反馈，而每天的反馈一般有几百次。而行李搬运人员则不同。事实上，装卸行李恐怕是北欧航空公司最费力不讨好的工作。他们必须先爬

进行李里，把行李拉出来，放到装运车上，然后再开车到指定地点，把行李卸到传送带上。行李搬运人员很少与顾客直接接触，自然也无法从顾客身上得到正面或负面的反馈。

于是，公司为行李搬运人员制定了目标，规定在旅客提取行李之前，就把行李卸到传送带上。为了确保目标的实现，行李搬运人员需要随时了解自己是否完成了任务。为此，我们安装了监控器，随时提供信息。这么做的同时也等于暗示了他们的上级，应该及时对员工给予奖励或提出建议。

当然，这套系统所衡量的指标必须正确。在北欧航空公司，货运部门竟然只以货运量及出货记录单作为衡量指标。如果两者对不上，就记为一个差错。只要货运量高，出货记录单也有记录，就认为工作完成得很好，而不管货物实际上多晚才送到。因此，在以营业额为唯一衡量标准的前提下，尽管监视系统显示货运量一再创下新高，服务水平却大不如从前。

因此，要求货运部门的员工重新设定一套绩效评估方法。很快他们就提出了一套名为"货运质量系统"的新指标，主要用来衡量服务的准确性，包括接听电话的速度，货物是否装入预定的班机，以及班机到达机场后需要多长时间货物才能送达顾客手中，等等。

衡量结果每月公布一次，以货运质量图表的形式写入报告。一方面与不同的货运站进行比较，另一方面也和本部门的总体目标进行比较。这种方法直观地显示出，哪个货运站做得最出色，而哪个做得最糟糕。达到目标的货运站将获得一颗荣誉星，以及来自运营主管马茨·米塞尔的嘉奖，反之则要准备好回答上级的问题。

北欧航空公司采用了更为精确的衡量系统，很多以往被忽略的问题因此得以发现，员工们随后便根据这些问题改变了运送路线，或者调整了资源配置，提高了效率。最重要的是，员工们重新鼓起了干劲。他们相信，在新的衡量标准的指引下，一定能够更加出色地完成任务。

每个人都希望自己的贡献得到赏识。员工的工作一旦得到重视，其自尊心也必然由此加强。尤其在以服务为主的行业里，员工的自信心和士气将直接影响到顾客的满意度。这时，对员工正确的做法是给予一句赞美的话，这时赞美就会发挥长处。赞美可以产生力量，但前提是要合理。不当的赞美，反而会让员工产生受辱的感觉，他们会认为领导根本就不关心自己的工作。

对于刚从金字塔式组织变成扁平化组织的公司来说，强化员工的自我价值尤为重要。以往的官僚组织将办公室、头衔、薪水等看作是权力的象征。在这类组织中，"晋升"通常意味着把有才干的人从重要的工作岗位调到没有实质意义的职位上，并给予更高的薪资。这样一来，很多真正有才干的人最后只能沦为传递上级决策的工具。

詹·卡尔森认为，组织中用授予无实权的高级职位的方法来表示赏识，必将导致最终的失败。在北欧航空公司，主要的做法是向一线员工授权，同时会引导他们改变对晋升的看法。在扁平化组织里，向上升职并不是进步的必要条件。提升工作岗位职权，由职权带来工作本身的快乐回报，成为北欧航空公司给员工的核心激励。

组织只有使员工真正对工作感到满足，并产生高度的自我认同感，才是对员工及组织本身最"诚实"的做法。詹·卡尔森希望员工在被赋予更重要的责任时，会认为自己就是

得到了晋升,即使他并没有被授予光彩耀眼的头衔以及其他与"高级"有关的花里胡哨的东西。对工作的自豪感才是最高的回报。同时,工作价值带来的高贡献,也会给员工带来相应的高薪水。

第三节　小结与思考

 一、小结

北欧航空公司在詹·卡尔森接手后的一系列调整之后,在其第一年就出人意料转亏为赢,获得 8000 万美元的利润。这个成绩在市场低迷、全球各国航空公司累计亏损 20 亿美元的情况下,实在是非常令人震惊的。在 1984 年 8 月的《财富》杂志上,北欧航空公司被评为全球最佳商务航空公司,同年又被评为年度最佳航空公司。让一线员工有话语权与责任感,我国的航空公司是否可以一试?能否适应中国的国情?是否能开出一朵不一样的"航空之花"?

 二、思考题

1. 北欧航空公司在詹·卡尔森接管之后,进行的战略调整是什么?
2. 詹·卡尔森提出的 15 秒钟理论是指什么?
3. 北欧航空公司是如何对一线员工授权的?
4. 北欧航空公司对组织结构进行了怎样的调整?
5. 北欧航空公司对管理者行为做了哪些变革?

思考题答案

第三章
从韩亚航空失事事件看航空安全防范管理

 学习重难点

学习重点：
1. 掌握韩亚航空公司 214 航班失事的主要原因。
2. 理解自动化为航空飞行带来的利弊。
3. 了解韩亚航空公司 214 失事航班飞行员的配置。

学习重点：
1. 掌握航空座椅设计不合理造成的安全隐患。
2. 理解韩亚航空公司 214 航班失事的启示。

 第一节 引 言

  2013 年 7 月 6 日，韩国韩亚航空公司（简称"韩亚航空"）214 航班，由波音 777-200 型客机执飞，从首尔仁川国际机场飞往旧金山国际机场。航班于美国当地时间 6 日 11 时 28 分（北京时间 7 日凌晨 2 时 28 分），在美国旧金山机场降落时，失事滑出跑道，机身起火。客机最初降落时正常，已放下起落架，但就在着陆前出现异常，机尾着地，一些飞机部件脱落，飞机偏离跑道，起火燃烧。客机载有 291 名乘客和 16 名机组人员，其中有 141 名中国人。共有 3 名中国学生在本次空难中遇难。

第二节 案例解析

 一、案例摘要

本案例阐述了韩亚航空失事事件的始末,重点对事故启示和安全防范管理的几个焦点进行了介绍。韩亚航空失事事件并不是不可避免的,是飞行员疏忽造成的。航空公司的安全防范工作,应在自动化与飞行员培训、更新航空座椅设计和科学配备飞行员上做重点部署。

关键词: 韩亚航空 失事 安全

 二、案例背景

凭借高品质的安全服务和模范式经营,韩亚航空正式上线。韩亚航空连续四年获得Skytrax评选的五星级航空公司美誉(全球仅七家),连续六年蝉联《Global Traveler》最佳机内服务和乘务员奖。

2009年,获得有航空界诺贝尔奖之称的ATW评选出的"2009年度最佳航空公司Airline of the Year"荣誉称号。2010年在Skytrax评选的"年度最佳航空公司"(全球约1800万名顾客参与评选)中名列首位,是目前唯一连续两年获得ATW和Skytrax最高奖项的航空公司,实现了航空业界大满贯。

2020年11月16日,韩国大韩航空宣布,计划以价值1.8万亿韩元收购韩亚航空。

(一)历史沿革

韩亚航空于1988年2月17日成立,并在同年12月23日开办往釜山的航班。1987年至1990年采用的徽号是人类双手张开图案,并在济州与首尔作为国内航线的中枢点。韩亚航空是由母公司锦湖韩亚集团根据韩国政策成立韩国第二家国家航空公司,原称首尔国际航空。韩亚航空自1988年成立以来迅速发展,韩亚航空的成立并不像大韩航空那样艰辛。韩亚航空于1989年4月11日引进爱尔兰GPA集团租借的6架波音737-300客机。创业之初,公司便以高品质的服务策略取代廉价的高密度载客量,成功的营销策略为韩亚航空带来庞大的收益。

1990年4月,韩亚航空创纪录地搭载300万人次,并在日本东京、名古屋、仙台与福冈设立国际航线。在成立不到2年且并未获利的情况下,韩亚航空在1990年9月1日与波音公司签署了60亿美元的购机计划,韩亚航空一共签署了27架波音飞机订单,包括9架波音747-400、10架波音767-300、8架波音737-400,以及另外24架选择权订单。

1991年初,韩亚航空庞大的机队发展计划已经将航线从原本的韩国与日本,拓展至曼谷、新加坡等。1991年11月底,韩亚航空启用了一架可搭载279名乘客与34吨货物的波音747-400 Combi机型,营运往返首尔与洛杉矶的跨洋直航航线。由于洛杉矶航线的成功,韩亚航空又增加了旧金山与纽约的航线。在美国4个主要门户机场,韩亚航空在开航3年内就已经占了3个航点,亚洲经济起飞与美国开放航空,让韩亚航空得以快速成长。韩亚航空在美国航线成功后,开始放慢扩展脚步。1993年,在大韩航空成功开拓越南胡志明市的航线一个月后,韩亚航空亦加入越南市场。韩亚航空于2003年加入了星空联盟,星空联盟内庞大的中国航点需求,让韩亚航空在中国已经拥有18个航点,提供了约250个航班与16万个座位,成为一家中型国际航空公司。机队共有69架飞机,营运往21个国家66个城市82条航线,以及国内12个城市15条航线。

2009年2月17日,被Air Transport World评为"年度航空公司"。2010年,被Skytrax评为年度全球最佳航空公司。如今,韩亚航空同国泰航空、马来西亚航空、卡塔尔航空、新加坡航空、全日空及海南航空被Skytrax评为五星航空公司。

2015年12月17日,韩亚航空宣布,其在中国首家网络旗舰店正式入驻中文在线旅游网站去哪儿网。韩亚航空与去哪儿网在北京举行了战略合作启动仪式。

(二) 安全记录

1. 733航班空难

1993年7月26日,韩亚航空波音737型飞机,航班号733,强行着陆,导致68人死亡。韩亚航空的733号班机于当地时间下午2时37分于首尔金浦国际机场起飞,前往西南方的木浦市。当时的报告指能见度高,可是在空难发生前,天气却瞬间转坏,并刮起强风和下大雨。该航机曾两次尝试着陆都未能成功,到了第三次,机长尝试强行降落木浦机场的6号跑道前,却意外撞在了位于木浦机场西南8.1千米处的车轮山(海拔1050英尺,约320米)山脊760英尺(约232米)处,飞机即时爆炸起火,机上66名乘客及2名机组人员死亡。

2. 324航班枪击事件

2011年6月17日,一架载有119人的从成都双流国际机场起飞前往仁川国际机场的韩亚航空324号班机(空中客车A320),在即将降落时,被韩国驻守仁川外海乔桐岛军队误认为是朝鲜战机,并用步枪进行了10分钟的射击。不过由于客机的距离有500~600米,子弹没有击中客机,机上乘客亦无感觉飞机被射击。客机最终安全降落,没有造成人员伤亡。韩国军方称这架客机偏离了正常航道。

3. 991航班坠海

2011年7月28日,韩亚航空991号班机(波音747-48EF货机),在首尔仁川国际机场飞往上海浦东国际机场期间,报称因"机件故障"需要折返,在济州外海附近坠毁,2名机员死亡。

第三章　从韩亚航空失事事件看航空安全防范管理

4. 214 航班旧金山空难

2013年7月6日，韩亚航空214号班机，在美国旧金山国际机场降落过程中发生事故，燃起大火。机上乘客和机组人员共307人，其中乘客291人，包括141名中国公民。共有3名中国学生在本次空难中遇难。据目击者称，该航班执飞的波音777-200ER机最初降落正常，后因起落架出现异常，机尾着地，一些飞机部件脱落，飞机偏离跑道，起火燃烧。初步判断飞机是在准备着陆时发生坠落，引发机尾碰撞，导致事故发生。美国NTSB进行了调查。

韩亚航空2014年4月1日发表声明，由于飞行员错误和自动油门系统缺陷，共同引发韩亚航空214航班2013年7月在美国旧金山国际机场降落过程中失事。

韩亚航空在声明中说，这架波音777-200ER客机在旧金山失事，因空速非常慢致使客机失速引发。

声明指出："事故的可能原因是，在最终着陆的过程中，航班飞行员未能监控并保持最低安全空速。"

就在韩亚航空发表上述声明前数小时，《今日美国报》报道，韩亚首次承认飞行员错误与214航班失事有关。

5. 发动机故障后强行飞行

据《华尔街日报》报道，韩国政府2014年4月25日表示，韩亚航空飞行员在飞机一台发动机出现故障时未按规定返航或备降，将对韩亚航空进行严厉处罚。

韩国国土安全部解释道，2014年4月19日执行韩亚航空OZ603航班的波音767-300ER从首尔飞往塞班途中，飞机的一台发动机发生故障。发动机的滑油过滤器可能发生堵塞，从而触发了警告。当时机上载有253名乘客。根据韩国民航法规，在出现发动机故障时，飞行员应返回仁川机场或就近备降。但飞行员没有这样做，而是单发继续飞行4小时后降落在了塞班，严重违反了飞行安全标准。

韩亚航空已证实事件确实发生，并表示愿意接受政府的任何处罚，全力配合协助事件调查。

6. 装错乘客飞机返航

据美联社报道，2015年3月16日，韩亚航空官员表示，由于一名乘客上错飞机，该飞机不得不返航回到香港地区。

该飞机计划飞往韩国仁川，机上载有259名乘客。当飞机飞越台湾地区上空时，机组人员发现一名乘客（韩国籍）本应搭乘济州航空从香港飞往仁川的航班，却不知因何出现在自己的航班上。机组人员决定返回香港机场。

韩亚航空官员表示，济州航空航班的起飞时间比韩亚航空航班晚40分钟。警察将对该乘客进行问询。

7. 162 航班降落失败

日本时间2015年4月14日晚间20时零5分，韩亚航空一架A320客机（OZ162航班）在日本广岛机场降落时偏离跑道。事发后，机上 73 名乘客和 8 名机组人员全部逃离飞机，事故未造成人员死亡。出事客机在降落时飞行高度过低，甚至碰到距离跑道约 300 米的 6 米高电波监控设施，韩亚航空方面对此没有予以否认。据悉，出事客机向左偏离跑道，左引擎和左翼受损。

据日本媒体报道，机上载有乘客及机组人员 81 人，共有 23 人受轻伤。事故造成广岛机场跑道在 20 时 20 分关闭。

针对韩亚航空公司的客机在日本广岛机场着陆后，偏往左侧冲出跑道，导致 20 余名乘客受伤的事故，日本运输安全委员会宣布，客机在冲撞跑道前方警示灯和无线电天线前 2 秒，曾试图抬升机头、重新着陆。日本运输安全委员会在分析客机飞行记录器后做出上述判断。日本运输安全委员会还表示，客机没有出现异常的紧急下降及机体故障，很有可能是机长在视野不好的状况下，未能把握准确的高度。

根据日本运输安全委员会的消息，韩亚航空客机在事故前约 1 分钟，保持比通常降落时低数十米的高度飞行，并进入跑道。

而就在降落前一刻，客机在跑道警示灯前突然抬升机头，试图调整降落，但不幸与警示灯及无线电天线发生冲撞。据称，发生冲撞时，飞机飞行高度比正常低 30 米。

据报道，从事发 2 分钟前的当地时间 20 时零 3 分开始，跑道附近的能见度开始下降，低于着陆所需的 1600 米，并在当地时间 20 时零 4 分 12 秒至 18 秒这短短的 6 秒时间里，从 1300 米急速下降到 750 米。在据信为事发时当地时间的 20 时零 5 分，能见度进一步下降到了 300 米。在这种条件下，飞行员几乎看不见跑道。

8. 货舱冒烟迫降洛杉矶

2016 年 9 月 27 日，美国洛杉矶国际机场称，一架搭载 300 多人的韩亚航空班机，因为货舱冒烟紧急折返洛杉矶，平安降落。这架由洛杉矶飞往韩国仁川国际机场的空客 380 型客机，搭载 350 多人。洛杉矶国际机场发言人说，飞机在当地时间 27 日下午起飞后 7 个小时，通知塔台舱壁或货舱冒烟需要折返。

9. 2018 年伊斯坦布尔机场撞机

2018 年 5 月 13 日，在伊斯坦布尔阿塔图尔克机场发生两架飞机相撞事件。一架韩亚航空的 A330 飞机在向登机口滑行时，机翼与土耳其航空的一架 A321 飞机相撞，将 A321 的机尾完全切掉。

10. 2018 年金浦机场撞机

2018 年 6 月 26 日，在韩国金浦机场发生一起飞机擦撞事故，造成机身部分受损。涉事航空公司为大韩航空和韩亚航空。两架飞机上均未搭载乘客，未造成人员伤亡。6 月 26 日上午 8 时左右，一架韩亚航空 OZ3355 客机在前往登机口时，其机翼与一架大韩航空 KE2725 客机的尾翼发生擦撞。事故造成涉事航班延误。

综上所述，韩亚航空的安全事故层出不穷，其安全防范管理存在着很大的问题。本文以其中造成伤亡损失最大的 214 航班旧金山空难为例，对安全防范管理进行分析。

三、案例正文

(一) 事故详情

1. 事故经过

2013 年 7 月 6 日，韩亚航空公司 214 航班，由波音 777-200ER 型客机执飞，从仁川国际机场飞往旧金山国际机场，机上共有 295 个座位。

美国当地时间 7 月 6 日 11 点 28 分 （北京时间 7 月 7 日凌晨 2 点 28 分），214 航班在美国旧金山机场降落时，失事滑出跑道，机身起火。根据目击者描述，客机最初降落时正常，已放下起落架，但就在着陆前出现异常，机尾着地，一些飞机部件脱落，飞机偏离跑道，起火燃烧。据韩亚航空首尔总部表示，客机载有 291 名乘客和 16 名机组人员，其中有 141 名中国人，共有 3 名中国学生在本次空难中遇难。

美国联邦航空管理局官员称，初步判断飞机是在准备着陆时发生坠落，引发机尾碰撞，导致事故发生。初步可排除恐怖袭击。

事故是由于飞机尾翼撞到机场防波堤而发生的。遭碰撞的客机滑出跑道，机翼、引擎等从机身脱落。遇难飞机在乘客撤离后起火，大部分机体都付之一炬。

2. 事故现场

美国联邦航空管理局发言人称，失事客机本应在 28 号跑道左侧着陆，但不知何故突然在落地后发生事故，并冒起了浓烟，乘客纷纷通过充气滑梯逃出机外。

一些目击者告诉当地电视台，这架波音 777-200ER 型客机最初降落正常，后因起落架出现异常，机尾着地，一些飞机部件脱落，飞机偏离跑道，起火燃烧。

还有目击者称，看到"飞机下降时滑出跑道，打跟斗后着火"。

事发时，微博网友 "@艺书 yishu" 正好在旧金山国际机场航站楼内候机："就我们从航站楼里看到的来说，一开始落地后先是扬尘，然后有小股黑烟，但很快被扑灭。大约十分钟之后才有第二次着火，浓烟滚滚。有人说看到落地前飞机身后就有很长一条亮线。"

一段疑为乘客拍摄并由旧金山地方电视台播出的画面显示，部分乘客由逃生滑梯降至地面。

截至当地时间 7 月 6 日 13 时，机身的火焰已熄灭，机舱前段顶部爆开，客机顶端很大一部分被大火烧毁，飞机左侧发动机不见踪影。波音客机机尾已经折断，散落在机场跑道上。大批消防人员仍在清理现场。

美国海岸警卫队发布声明说，在机场附近水域发现一具尸体。

214 航班始发于上海，到首尔之后更换飞机再飞往旧金山。由于韩亚航空飞往美国航班价格较便宜，故乘坐者较多。

（二）原因调查

1. 初步判定

2013年7月8日，调查人员初步确认此次事故原因为飞行员疏忽，坠毁前的指示表速仅为110节，远低于FMC的指示表速137节。在波音777上仅有43小时飞行经验的副驾驶处理不当，导致失速。在1.5秒后加大油门复飞，但已经为时过晚。

韩国国土交通部认为，此次事故很可能由于韩亚航空公司内部的培训产生问题，而当时运行该机种仅有43小时的培训生，坐在了机长的位子上握着操纵杆。

美国NTSB公布777黑匣子，直指韩亚航空飞行员可控撞地。28L目视进近（GS故障PAPI正常），襟翼30速度137节。无风切变。管制员先宣布的紧急。舱音记录：撞前7秒机组"提速"，撞前4秒机组"失速抖杆"，撞前1.5秒机组"复飞"。记录器显示油门一直在慢车，速度明显小于137节时油门才开始加大。

2. 黑匣子数据

NTSB主席赫斯曼说，黑匣子未显示客机本身发生异常，录制了2小时飞行员之间的对话以及飞行员与机场控制塔台的对话，对话清楚可辨认。黑匣子还记录了较完整的航班飞行数据。

美国国家运输安全委员会（NTSB）主席赫斯曼说，根据黑匣子的数据记录，失事前7秒，有1名飞行员要求"提升速度"。失事前4秒，听到了失速预警器的声音。失事前1.5秒，飞行员提出"复飞"。赫斯曼还说，初步数据记录显示，客机进入机场准备降落时的速度远远低于"目标速度"。其同时表示，飞行数据记录没有显示客机本身发生异常，发动机目前还没有发现问题。

美国当地时间2013年7月9日下午，NTSB发布了一些基于对机组访谈的资料。当飞机下降到距地面500英尺（1英尺＝0.3048米）时，PAPI（精密进近下滑道指示器）"三红一白"（该指示器由4个灯组成，显示"两红两白"，说明飞机正好在规定的下滑道上。显示"三红一白"，说明飞机已经低于规定的下滑道），机组向后拉驾驶盘减缓下降率，以为自动油门会将速度保持在设定的137节上。当飞机继续下降到200英尺时，PAPI"四红"（说明飞机远远低于规定的下滑道），机组发现速度指示掉到了"红区"，他们这才意识到自动油门并没有保持在目标速度。

赫斯曼说，初步数据记录显示，客机进入机场准备降落时的速度远远低于指定进场速度（每小时260千米）。

NTSB官员还表示，韩亚航空飞行员试图放弃这次降落，准备"复飞"。然而太晚了，客机在飞行员提出"复飞"1.5秒后即告失事，飞机撞上了防波堤。

3. 飞行员资料

李江国，46岁，1994年加入韩亚航空，2001年获得飞行员执照。全部飞行时间为9793小时，波音777机型飞行时间为43小时，且是第一次降落在旧金山机场。

李政民，49岁，飞行时间12387小时，777机型飞行时间为3220小时。1996年加入韩亚航空，是资深飞行员，培训当时坐在机长位置上的飞行员。

李正株，生于1960年，飞行经验超过10000小时。

冯东远，生于1972年，飞行经验大约5000小时。

4. 碾压调查

据多家美国媒体报道，美国旧金山圣马特奥县验尸官罗伯特·佛克劳特9日说，在坠机事件中遇难的中国女生叶梦圆是疑曾遭消防车碾压的人。报告并未指出叶梦圆的死因，尚不清楚碾压发生在死亡前或死亡后。

人民网援引中国驻旧金山总领馆消息称，在韩亚航空坠机事件中疑遭救援车辆碾压的中国女生身份已确认，是来自中国浙江省江山市的16岁女生叶梦圆。

当地时间2013年7月19日上午约10时零5分，加州圣马特奥郡法医罗伯特·富克罗特和旧金山消防局局长乔安·海斯·怀特在联合新闻发布会上宣布，韩亚航空空难中16岁的中国女学生叶梦圆死于消防局的救援车辆碾压。

5. 调查报告

美国国家运输安全委员会7月11日公布的一份调查报告说，2013年7月在旧金山国际机场发生的韩亚航空波音777客机空难中，驾驶客机的飞行员因手动驾驶降落感到"非常紧张"，操作出现失误，最终飞机撞到跑道尽头的防波堤，造成空难惨剧。

美国国家运输安全委员会当天在华盛顿就韩亚航空空难举行听证会。会上公布的调查报告显示，客机飞行员李江国尽管总飞行时间接近1万小时，但驾驶波音777的累计时长只有43小时，这也是他第一次驾驶波音777在旧金山国际机场降落。当地面人员告诉他，帮助飞机降落的机场下滑坡度指示灯由于机场扩建而暂时无法使用，需目视降落时，他感到非常紧张。

根据这份调查报告，李江国表示，他在手动操作大型客机着陆时总是感到"压力很大、非常困难"。当调查人员询问他是否对目视降落感到担忧时，他的回答是"是的，非常担忧"。此外，李江国还对调查人员说，他对操作波音777的自动驾驶系统其实"也没有太大信心"。

李江国以为自动调整飞机速度的自动油门一直在工作，但调查发现，他在约490米高空关闭自动驾驶系统改为手动驾驶的过程中，也关闭了自动油门，导致飞机接近跑道时的速度低于所需速度，此外飞机也飞得过低。当意识到问题时，李江国试图将飞机拉起，但为时已晚，机尾部撞到了位于跑道尽头的防波海堤，导致飞机失去控制，滑出跑道并起火。

（三）事故启示

这是一起典型的"可控飞行撞地"（CFIT）事故。这种事故是指飞行机组在对危险毫无觉察的情况下，操纵飞机撞山、撞地或飞入水中，从而造成飞机坠毁、严重损坏或人员伤亡。2011年的IATA（国际航空运输协会）安全年报指出，"可控飞行撞地"事故占全部事故的11%，但旅客死亡率达到90%。

1. 监视下的飞行不能视而不管

根据国际民航组织（ICAO）附件的要求，各成员国针对"新机型和新职位上的运行经历要求"都有明确的规定。比如我国民航规定：待取得机长运行经历的驾驶员，应当在飞行检查员或者飞行教员的监视下履行机长职责。

从韩亚航空 214 航班的情况来看，坐在左座（通常是机长座）的是副驾驶李江国，他先前已经在空客 A320 等机型上飞行了 9793 小时。而他在改装波音 777-200ER 并取得机型执照后，在新机型上才飞了 43 小时。应该说，李江国已经飞了近万小时，已经是非常成熟的机长。他在右座机长教员或飞行检查员李政民（总飞行时间 12387 小时，波音 777 机型飞行时间为 3220 小时）的监视下，建立"运行经历"，是中规中矩的。但从飞行事故发生的过程来看，李政民显然高估了副驾驶李江国驾驭波音 777-200ER 的能力，在进近着陆期间"放手量过大"，接管操纵"上手过晚"，导致飞机的偏差过大，使飞机进入"失速抖杆"的危险状态。因此，对于此次事故，机长李政民也要承担大部分责任。

按照规章要求，副驾驶李江国要在机长李政民的监视下履行机长职责，积累当机长前所必须拥有的"运行经历"。在这里，"监视"的含义至少应该包括两层意思：第一，当运行正常时，机长只需监视，不必主导和干扰副驾驶的有效操作；第二，当运行出现较大偏差，有可能危及飞行安全时，机长必须立即"上手"纠正（语言提醒、接管操作）。从飞行结果来看，如果当班机长李政民没有遭遇"飞行失能"，其表现不能用"不作为"三个字就能打发得了的。飞行教员、飞行检查员，之所以必须从飞行机长的佼佼者中产生，其一是要保证航班飞行安全，其二是要监视副驾驶的运行，其三是要随时随地收拾副驾驶飞出来的"烂摊子"。

2. 自动飞行要以"人"为中心

在飞行条件良好的情况下，将飞机飞得近乎"失速"，人们不禁要问：在进近过程中，机组难道不检查飞机的能量大小（油门位置、推力大小和速度多少）吗？某航空公司的波音 777 资深机长认为，波音 777 这种飞机的自动化水平相当高。在飞行中，自动油门可以全程自动，正常情况下不必去干预它。它的油门手柄是随动的，自动收、加油门时，飞行员能够直观地看到油门手柄在动。韩亚航空 214 航班的机组或许有点依赖自动油门的工作了，在自动油门可能已经断开、速度一点点减缓的情况下（一直在"慢车"位），机组可能长时间"盯着跑道看"，注意力分配没有"舱内""舱外"兼顾，没有扫视飞机的"飞行方式"显示，没有巡查飞机的推力和速度的大小，使飞机近地面进入非常危险的"失速抖杆"状态。所以，不论现在还是将来，自动飞行，都要以"人"为中心。既要充分运用自动飞行功能，又要利用原始数据或者其他等效数据来核实飞机的飞行状态。

3. 飞行准备要有针对性

预先和直接准备时，飞行员有条件静下心进行理性思考。要将各种情况都考虑到，理清并熟悉处理程序和方法，进行系统的、全面的准备。而在飞行中，特别是遇到非常紧急

的情况时，飞行员全身心地投入到操控飞机、保证安全之中，没有更多的时间和空间进行理性准备，只能进行短期决策。所以，准备的内容和效能值得研究。

从214航班的飞行情况来看，机组特别是副驾驶李江国对旧金山机场的运行特点和飞行方法准备并不是很到位。所以才会出现"进近不稳定"的较大偏差，加上在波音777-200ER上的经历时间只有43小时，对设备使用并不熟练，于是带来后续的一系列问题。因此，飞行预先准备非常重要。在重温法规标准、常规与特殊情况处置方案的基础上，要针对所飞航线、运行类型、机场环境、天气状况和通信导航等进行详尽的准备，切不可"以不变应万变"。

4. "四种意识"均衡发展

统计发现，民航每年有55%的致人死亡事故发生在进近和着陆阶段。从外指点标到完成着陆滑跑的飞行阶段，只占飞行时间的4%，其间发生的事故却占机体全损事故的45%。着陆阶段发生的飞行事故，在许多情况下，都可以看到"进近不稳定"的踪迹。要有一个好的稳定进近，就必须树立牢固的稳定进近意识。稳定进近意识，就是飞行员在进近过程中，对各种各样可能对进近着陆造成不利影响的外在环境条件有一种戒备和警觉的心理状态。笔者认为，除了"稳定进近"之外，还要抓好"标准程序"、"决断"和"复飞"意识。"四种"意识合力保证着陆安全。

5. "标准程序"＋"稳定进近"：能够为着陆创造合适的条件

"稳定进近"＋"决断"：对着陆进行安全评估。不能仅仅理解为在决断高度/决断高（精密进近），或在最低下降高度/最低下降高飞到复飞点（非精密进近）时，进行是否着陆的决断。在随后的着陆过程中，也要随时决断是否继续着陆。现代客机具备任何高度复飞的性能（零高度复飞）。

"决断"＋"复飞"：当决断当前的飞行状态（高度、速度、方向/位置、外界气象条件）出现不符合继续着陆的情况时，果断实施复飞，这可以避免绝大部分着陆不安全事件的发生。

国际上比较通行的做法是：仪表进近、场高1000英尺，目视进近、场高500英尺，飞机下到了这个高度时，如果进近不稳定，必须立即复飞。这是保证飞行安全的重要措施。但韩亚航空214航班机组面对进近不稳定，并没有果断复飞，以至于快撞地时，才决定复飞，撞地前1.5秒才加油门。

（四）安全防范管理的几个焦点

1. 自动化与飞行员培训

韩亚航空事故使人们再次思考：随着大型客运飞机越来越多地依赖自动飞行控制，飞行员人工驾驶飞机和处理突发情况的能力是否正在下降。随着国际航空运输业的快速发展，特别是在亚洲和中东的快速发展，这种对自动化的癖好愈发令人担忧。飞行员缺乏基本的抬头飞行技能，只顾低头按键。他们能完美地将数字敲进飞行管理计算机，但在后面

的飞行中如果发生了意想不到的事情，比如在临近机场时发生管制路线调整或跑道变更，他们就不一定有时间完成自动化所需要的安全控制动作来对飞机航迹进行关键性调整。低头工作还使他们面临失去情景意识的风险。

达美航空资深主管及大韩航空前主席运营官 David Greenberg 说："过去 5 年里，你会发现多数发生的事故都有飞行技术欠佳的成分在里面。过去，是飞机在人的手上发生问题，现在是人把好端端的飞机开到地上。"他特别指出，过分依赖自动化现在是一个全球性问题，而不是亚洲或韩国的问题。

先进的自动化可能诱发机组成为简单的监控者。因此，对自动化的依赖从现在起必须得到改变。机组人员必须接受培训，以使他们即使在正使用自动化的时候，也能关注对飞机的控制，在低高度时，还能保持对控制感的接触状态，必须通过训练，使他们在低高度时只要产生"这是怎么了"的疑问，其反应是关闭自动化，人工飞行。

航空当局需要更新航空发照标准。需要建立一个新的基于绩效的模式，要求飞行机组每 6 个月人工飞行的起降次数达到一个最低值（包括不使用自动油门的起降）。训练基本的飞机技能对改善航空公司的安全几乎比其他任何因素都重要。

同时，航空公司电子设备制造商正在简化给飞行员帮倒忙的、复杂的、常使人混淆的人机界面，这方面的研究已经取得进展。

2. 更新航空座椅的设计

航空座椅的设计首先是重量要轻，还要牢固，因为一个连着的座椅上面有三个人（或者更多人），在紧急情况下，比如迫降，有三个人绑在上面，要能承受巨大的冲击力。1981 年，美国联邦航空管理局（FAA）专门成立了一个飞机座椅动能测试机构，进行了大量的座椅过载试验。根据试验结果，FAA 要求飞机上必须安装动载为 16g（g 是指重力加速度，16g 就是能承受 16 倍人体的重量）的座椅。到 2009 年 9 月，世界上所有的民航客机才全部装上了 16g 座椅。但是根据近年来发生的航空事故，应该重新制定更高的标准。

飞机在空中难免会受气流的影响，在飞行中会颠簸。由于飞机装有气象雷达，一般都能够预知前方气流的变化，机长会提前通知乘客坐好，系好安全带，一般不会有问题。但凡事都会有意外，曾经出现过比较严重的情况，有乘客由于飞机剧烈的颠簸撞击到飞机天花板，把天花板撞烂受重伤的情况。所以乘坐飞机最好全程系好安全带，除了上厕所外，不要随意在过道走动。

座椅的坐垫是可以轻易取下来做浮子的，用于水面迫降后帮助人员在水面漂浮，还有就是座椅的靠背和坐垫都是具有抑烟性能的聚氨酯软泡沫做的，这种材料的阻燃性比较强，可以满足飞机座椅的阻燃要求，不会在燃烧或者高温下释放出有害气体。座椅是固定在贯穿整个机舱的两条导轨上面的，这种设计可以方便地拆装座椅，也便于调整座椅之间的距离（当然不是旅客自己就能调节，是需要专业工作人员，并且还要涉及别的复杂的工作），航空公司也不会轻易地随意改变。

飞机座椅联排的中间扶手是可以提起来和椅背平齐的，这样可以使几个座位连成一个供人躺下的躺椅，现在已有航空公司允许一名乘客购买多个座位的机票，这样可以躺着"坐飞机"。

飞机的座椅下面有救生衣，用于飞机在水面迫降时穿上，在水面漂浮用，这属于"应急设备"，正常情况下是禁止取出的，是救命的设备。

3. 科学配备飞行员

韩亚航空失事航班上实施操控的飞行员是第一次驾驶波音777在旧金山降落，他的监控者是第一次作为教员飞行，并且两名飞行员是第一次搭班。因此，每一次飞行时，飞行员与监控者必须至少有一名是有经验的。

在长航线上，巡航一般分为两套机组，飞行员可以在巡航时轮休，以保证飞行精力。执飞机组在巡航阶段（不负责飞行期间）需要不时查看飞行参数和飞机状态。当飞机开启自动飞行模式时，并不意味着飞行员可以离开驾驶舱，而是要时刻监控飞行路径，并与每个地面管制部门建立通信联系。

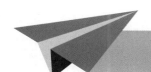

第三节　小结与思考

一、小结

安全是飞行的生命线，是航空公司立足之本，是一切工作的基石，是红线，触碰不得。上升到国家层面，安全是国之要器，不可或缺，尤其是航空公司，安全是首要任务和目标，不可忽视，更不能放松。拥有了安全，才能拥有一切。因此，天天讲安全，人人抓安全，已成为航空企业的重中之重。主要包括以下几个方面。一是扎实培育安全意识，让安全渗透到工作及飞行环境中的方方面面，成为无意识的行为。这需要从细节着手，严格安全管理，加大力度。不仅要确保安全，更重要的是明白安全的真正含义及其重要性。二是培养遵纪守法、按章办事的飞行作风，做一名手册飞行员。遵章守纪，严格执行标准操作程序，才能行为规范，杜绝盲目蛮干。三是加强安全执行力，增强监督检查，强化安全意识，思想上要高度重视。对自身应严格要求，时刻体现安全的重要性和对安全的紧迫感。四是力争安全的可持续性、可执行性、可操作性。一切要落到实处，不能只做面上文章，只是应付上级部门检查。飞行安全只有起点没有终点。我们时时刻刻讲安全，目的就是不能放松和麻痹大意。只有警钟长鸣，才能提高安全的警惕性。要将各项安全措施落到实处，就要采取不同的方式方法，避免时间久了，而对安全疏忽、放松，导致事故的发生。

建立安全意识，首先要懂得安全的重要性。培养全员安全意识，要从学习着手。应具备丰富的理论基础知识，懂得规章法规。从运行手册到业务技能等，都要从学习开始。不断学习，用以充实自身的思想理念，从而提高自身综合素质及对安全认识的深刻性，才能有精细的飞行前准备、严谨的飞行作风。在整个飞行过程中，才能将安全意识不断融入其中，杜绝隐患漏洞，确保飞行安全。

二、思考题

1. 韩亚航空公司 214 航班失事的主要原因是什么？
2. 先进的自动化为航空飞行带来哪些利弊？
3. 韩亚航空公司 214 失事航班飞行员配置存在什么问题？
4. 航空座椅设计不合理可能存在哪些安全隐患？
5. 韩亚航空公司 214 航班失事对我国航空公司有何启示？

思考题答案

第四章
美国西南航空公司的战略性人力资源管理

学习重点：
1. 了解美国西南航空公司的经营策略。
2. 了解美国西南航空公司采取的竞争战略，以及如何通过竞争战略取得竞争优势。
3. 了解美国西南航空公司采取的人力资源战略以及如何运营其战略性人力资源管理体系。

学习难点：
1. 明晰美国西南航空公司的人力资源战略与公司竞争战略间的关系。
2. 考虑美国西南航空公司的各种战略与企业文化间的关系。

第一节 引 言

美国西南航空公司（简称"西南航空"），约50年前还不过是仅有3架飞机的地方性小公司，从2003年起就已经成为美国国内最大的航空公司，2019年运营总收入224亿美元，员工6万多人。更令人称奇的是，在竞争异常激烈、每家公司都对竞争对手的经营策略及营运状况了如指掌的美国航空市场中，西南航空却能将其成本维持在业界最低水准，同时无论是航班准点起降还是行李遗失率和旅客抱怨申诉情况评比结果，其服务质量均居领先地位。西南航空采取的商业模式和经营策略没有什么特别的地方，其经营目标与一般企业也没有什么不同，就是要降低成本、增加公司的盈利。竞争优势最直接地表现在成本上，以可载量座位里程为单位计算，西南航空的成本1994年约为7.1美分，1998年约为

23美分;而在同时期,同业的平均成本要高出15%至40%。那么这种成本竞争优势是如何得到的?竞争优势的背后是西南航空所特有的人力资本价值。

第二节 案例解析

一、案例摘要

本案例描述了美国西南航空公司战略性人力资源管理,重点对其公司的经营之道、竞争战略、人力资源战略以及战略性人力资源管理职能进行了多方面介绍,发现美国西南航空公司"以人为本"的战略性人力资源管理是其取得成功的重要原因之一。

关键词: 西南航空 竞争战略 人力资源管理

二、案例背景

创立于1967年的美国西南航空公司是一家总部位于得克萨斯州达拉斯市的低成本航空公司,1971年6月18日正式开始运营,创始人为赫伯·凯勒赫。1977年,美国西南航空公司的股票在纽约证券交易所挂牌上市,股票代码为LUV。它是美国航空业乃至世界企业的一个奇迹,盈利性、安全性、准点率、行李准确率高,而成本和客户投诉率低。西南航空公司多次被美国交通部评为服务的"三冠王""五冠王",同时在25年中连续被美国《财富》杂志评为"最佳雇主"(2019年排在第11位)。公司自1973年开始至今已经连续47年取得盈利,飞机编队从最初的3架飞机发展到2019年的747架飞机,2019年的运营总收入224亿美元,净利润23亿美元,年度税前投资回报率达到22.9%。该公司从2003起成为美国国内最大的航空公司。员工6万多人,旺季每天有4000多个航班来往于美国国内的101个目的地和国外的10个国家,年运送旅客1.3亿人次。公司的愿景是"成为全世界最受人欢迎、效率最高和最盈利的航空公司"。宗旨或使命则是"通过友好、可靠和低成本的空中旅行将人们与对他们重要的人和事连接在一起"。西南航空的文化被定义为"发展、促进、改善任何个人的创造性、个性、特性以及人格"。

美国西南航空公司成功的原因,航空业和学术界早已有了多方面的研究,有人把它的成功归于该公司创始人赫伯·凯勒赫的领导风格,有人把它的绩优关系管理视为成功的金钥匙,也有人更看重它的战略定位。

在充分借鉴了这些研究观点的基础上,本案例试着从战略性人力资源管理的角度来分析美国西南航空公司成功的原因,希望能从另外一个视角,来帮助大家进一步了解这家成功的航空公司。

三、案例正文

(一) 公司经营之道

1. 提高员工工作时间

西南航空公司除少量近程包机外，目前总共拥有客机 377 架，全部是波音 737 中短程客机，这为驾驶员随时接机飞行提供了方便。该公司许多驾驶员和空中服务员工经常不停地倒飞机工作，飞行时间长。美国政府规定飞行员每月飞行时间不得超过 100 小时，申请破产的联合航空公司的飞行员平均每月的飞行时间只有 36 个小时，美洲航空公司的飞行员每月也只飞行 38 个小时。而西南航空公司的飞行员每月飞行时间高达 62 个小时，是联合航空公司和美洲航空公司飞行员工作时间的两倍。

2. 千方百计降低成本

西南航空公司是美国较"抠门"的公司之一。飞机上只提供一些软饮料和花生米，不提供费事费人的用餐服务。当然，西南航空公司也没有需要用餐的长途航班，更没有国际航班。就连登机牌也是塑料做的，用完后收起来下次再用。"抠门"的结果是西南航空公司的机票价格可以同长途汽车的价格相竞争。

3. 航班更加方便快捷

西南航空公司的飞机不对号入座，不用上飞机找座位，也没有公务舱和经济舱之区别。上去就找空位置坐下，这样很快就可登机完毕起飞。既省了乘客的时间，也省了飞机滞留机场的费用。下飞机等行李的时间也比其他公司短。此外，西南航空公司的航班都是点对点飞行，从不中途停靠，因此总是比别的公司更迅速。

4. 提高设备利用率

西南航空公司的飞机是美国各大航空公司中最繁忙的，该公司的客机平均每天每架起飞 7.2 次，每架飞机平均每天在空中飞行的时间大约为 12 小时，是美国航空业中在空中时间最长的飞机。

通过这些看似不起眼的措施，西南航空公司积小胜为大胜。两年间平均从运送的每位旅客身上获得了 2.96 美元的利润。从"9·11 事件"以后的 5 个季度里，西南航空公司除包机外总共飞行了 1182484 个航班。平均每个航班的乘客人数比以前增加了 2.3 个。西南航空公司以可载量座位里程为计算单位的成本仅为 6.3 美分，在运营成本排列的 10 个公司中排在第 9 位。而排在前三位的是美国航空公司、联合航空公司和美洲航空公司，分别为 11 美分、10.4 美分和 9.2 美分。

西南航空公司的不少做法以前曾被很多航空公司视为"不正规"，在相当长一段时间里曾经被其他航空公司所不屑甚至嘲笑。但是，在对企业经营情况进行评价方面拥有权威地位的美国《财富》杂志给予西南航空公司极高的评价，连续7年将它评为美国最受赞赏的航空公司。

（二）"以人为本"的竞争战略

从企业发展的角度来看，美国西南航空公司采用的是一种典型的内部成长战略，依靠自身的积累实现组织规模的不断扩张。在竞争战略方面，该公司兼具三种竞争战略的特点，最突出的是其成本领袖战略和客户服务战略。

1. 成本领袖战略

西南航空公司的竞争优势到底在哪儿呢？成本结构可能是最显而易见的项目。短程飞航服务因为起降次数频繁，在登机门上下旅客的次数与时间较多，营运成本自然要比提供长途飞航服务高。在这种情况下，谁能提供成本最低的短程服务，谁就占有优势。

西南航空公司以那些对价格敏感同时又力求方便的乘客为目标客户，以高密度的航班和低廉的票价为这些客户提供可靠、低价、友好的服务。为了降低成本，公司采取了各种策略和措施。首先，该公司只在中等城市和大城市中的二级机场之间开设短程的点对点飞行服务，它主动离开大机场，也不设远程航班，没有枢纽站，也不与其他航班实行联程飞行，因而飞行计划在全行业中是最简单的。其次，西南航空公司只购买波音737飞机，这不仅适应西南航空的市场定位，同时也大大节约了飞机的维修费用以及人员的培训费用。公司不设立专门的机修部门，所有机修工作都外包给专业的机修公司。此外，西南航空公司的航班上不设头等舱，不供应餐食，使用可以重复利用的塑料登机牌，不使用预订系统，飞机上不实行对号入座，力图把航班变成公共汽车一样便利的交通工具。

西南航空1994年时，以可载量座位里程为单位计算的成本约为7.1美分，1998年时约为23美分；而在同期，同业的平均成本较西南航空高出15%～40%。由此可见西南航空在成本方面的优势。

成本优势背后的功臣，则非西南航空飞航团队惊人的生产力与团队精神莫属。西南航空班机从抵达目的地机场，开放登机门上下旅客，至关上登机门再度准备起飞的作业时间，平均为15分钟，短短15分钟内，要更换全部机组人员，卸下近百袋的邮件，再装上数量相近的邮件，并为飞机加入4500磅重的油料。一样的作业内容，大陆航空公司与联合航空公司平均需要35分钟才能完成。

西南航空的团队精神是特别值得一提的。为了在短时间内完成换班归航工作，西南航空的飞行机组人员，不论是空服员或飞行员，大家一起协助清理飞机，或是在登机门处协助旅客上下飞机。1998年，西南航空每位员工服务的旅客数超过2500人次，而联合航空公司与美国航空公司则与业界平均水准相当，约为1000人次。

然而有趣的是，西南航空飞行员每月平均飞行70个小时，年薪10万美元；其他如联合航空公司、美国航空公司等航空公司的飞行员每月平均飞行50个小时，年薪20万美元。在平均每人的工作量多，薪水又不比其他同业高的情况下，为什么西南航空仍能维持良好的服务品质，且想进公司服务的人还很多？这必须从西南航空的企业价值中寻找答案。西南航空内部有3项基本的企业价值（或经营哲学）：第一，工作应该是愉快的，可以尽情享受；第二，工作是重要的，但可别把它搞砸了；第三，人是很重要的，每个人都应受到尊重。这3项企业价值使西南航空成为"以人为本"的企业。

一位曾在 EDS 公司任职的西南航空主管，当初准备跳槽时，公司开出比他刚进 EDS 时还要高出两倍半的薪水条件，希望他能留下。不过最后他还是决定进入西南航空。为什么呢？他的答案很简单：因为在西南航空，他觉得工作"很快乐"。基于对个人的尊重，西南航空不曾解雇过员工，对于员工基于好意而无心犯下的过失，也没有采取特别的惩罚措施。凯勒赫曾经表示："无形资产是竞争对手最难剽窃的东西，因此我最关心的就是员工的团队精神、企业的文化与价值，因为一旦丧失了这些无形资产，也就断送了可贵的竞争优势。"而构建并维系西南航空愉快的工作环境、高度的团队精神，又能激励员工在维持服务品质上降低成本。

2. 客户服务战略

除降低成本之外，西南航空公司也非常注重提供优良的客户服务，与竞争对手相比形成了自己的鲜明特色。公司的客户投诉率多次在美国民航业位居最末，这很好地证明了该公司卓越的客户服务水平。而公司对待员工的态度是实现高客户满意度的重要因素。公司现任首席执行官加里·凯利明确指出："员工是我们公司最为重要的力量，同时也是一种最具持久性的长期竞争优势。"此外，公司也明确将自己对待员工的态度表述为："我们承诺为员工提供具有公平的学习和个人成长机会且稳定的工作环境。我们鼓励员工为改善西南航空公司的有效性而发挥自己的创造性和创新力。总而言之，我们的全体员工都将得到相同的关注、尊重以及照料，同时也期望他们能够与公司外部的每一位客户来分享自己所受到的这种对待。"

而西南航空公司提倡，应该向顾客提供友好的、有爱心的、热情的、充满公司精神的服务，并应想方设法对顾客有所帮助。然而，这种服务方式的质量完全取决于员工与公司之间达成的卓越的合作伙伴关系。由于关注飞行的频率和准时性，公司重新界定了航空运输业中质量和服务的基本概念。公司连续多年获得由美国运输部颁发的"三重皇冠奖"——准点率、行李安全率最高，客户投诉率最低。这种做法不仅保障了公司能够继续推行低成本战略，而且使公司的服务显得与众不同。

西南航空公司的旅客服务理念包括：

（1）服务无微不至；

（2）训练每个雇员包括后勤人员能够提供周到细致的服务；

（3）雇佣有热心和沟通能力的人；

（4）对旅客一视同仁；

（5）鼓励并奖励优秀的旅客服务行为；

（6）提供真正优质的服务；

（7）提供实惠的产品；

（8）鼓励并支持员工为旅客最佳利益服务。

由上文可以看出,西南航空始终强调的是对员工积极主动的旅客服务行为的支持和鼓励,是以旅客利益为中心,而不是对员工行为的种种规定和限制,不是强调遵章守纪。说到底,航空公司是提供服务的公司,只有员工才能提供服务。既然是活生生的、面对面的服务,永远不可能是一成不变的。因此,鼓励员工的主动性,才能真正提高服务水平,才能做到以顾客为中心,也才能实现公司的长远发展。

对手们认为,该公司的成功在于它的低成本战略,即使用标准化的飞机、电话订票、不提供餐食以及身着特殊的装束、快乐哲学等。因此,一些公司试图模仿该公司的做法。然而,几乎所有的模仿者都遭到了失败。因为这些航空公司从表面上模仿了西南航空公司的做法,但是,没有复制使西南航空公司构成竞争优势的灵魂。

(三)人力资源战略

西南航空公司的人力资源战略紧紧围绕公司的成本领袖战略以及客户服务战略的要求,从人力资源管理的各个方面力图形成一支高效率、多技能、低流动且具有强烈的服务精神和团队意识的员工队伍。该公司非常清醒地意识到,要想降低成本,就必须要求员工能够做到忠诚、稳定,这样才能不断提高操作的标准化程度和工作效率。同时,航空业的特点还要求员工态度友好、有耐心、工作努力、心态好、主动性强,并且具备多种技能,从而能灵活地适应多种工作的要求。为此,西南航空公司在人力资源战略上重视以下三点。

1. 确立"员工第一"的理念。

"员工第一"是西南航空公司的基本理念。在西南航空公司,每一位员工都会受到尊重。所有员工之间都只叫名字,人与人之间关系随和平等。员工可以在任何时间给高层管理人员打电话交流观点;员工着装随意,没有等级差别,创造了共同完成工作的平等的氛围。其次,公司鼓励员工像企业家一样思考。员工不仅仅满足于完成任务,而是为公司的长远发展积极献计献策。高层主管倾听员工的意见也是西南航空公司的一项惯例。高层经理实行开门政策并积极听取员工意见,任何一级经理人员都可直接进入高级经理人员的房间进行讨论,员工之间和部门之间公开讨论交流并解决运营问题。公司规定,如果有员工提出一项建议,有关部门主管必须尽快弄清楚是否可行,并及时做出回应。如果公司没有采纳这一建议,必须向员工解释清楚,给出拒绝的充分理由。

创造愉快的工作经历,使公司成为一个愉快的工作场所,是激励员工积极工作的保证。公司认为,只有心情放松的员工才是高生产率的员工,快乐工作成为一条重要的准则。公司的政策是对那些从工作中获得乐趣的员工进行奖励,并由于该政策获得优势。公司的首席执行官凯勒赫经常和员工们无拘无束地交谈,经常参加公司周末举行的晚会。与大多数美国航空公司不同,西南航空公司从未解雇过一名员工。公司在"9·11事件"后坚持不裁员的决定感动了员工,他们更加努力地工作,提出了许多降低成本的建议,与公司甘苦与共。这种做法使该公司的员工工作更加努力,并且为公司提出了许多降低成本的建议。事实上,该公司的员工流动率只有7%,这比美国同行业要低一半以上。

2. 强调合作与团队精神

航空业的特点决定了要想提高服务质量，就不能让员工受到狭窄的工作职位范围的制约，而是必须强调组织成员之间的密切合作和团队精神。

西南航空公司鼓励员工出现在需要他们的任何地方，并且要求员工尽可能地去做不同的工作。公司内部不同员工群体之间形成了密切的合作关系，不同部门之间经常相互体验工作，并通过给予对方奖励或为对方举办晚会等形式来表达对对方的感激之情。公司把分权的决策过程与生产过程结合起来，使团队方便地、容易地获得几乎所有与这些决策相关的信息，从而让这些一线的团队来做出大量的决策。

为了摆脱人力资源管理"治安警察"的传统职能和形象，以及没有魄力、缺乏决策勇气、暮气沉沉的状况，西南航空公司将原先的"人力资源部"更名为"人民部"（The People Department），以崭新的形象承担起"火炬的看守者"的新角色和职能，主要任务就是营造一个符合"以人为本"企业文化和价值原则的工作条件、人文环境和激励机制。

基于这个理念和定位，"人民部"在引进人力资源方面采取同行员工招募的方式，飞行员面试飞行员、乘务员面试乘务员，让员工自己挑选可以愉快合作的工作伙伴；同时，在人力资源开发方面非常重视员工团队合作精神的训练，所有员工每年都要参加一次培训课程，除了强调如何把工作做得更好、更快、成本更低外，也利用培训机会增加部门间彼此的了解，宣扬和传播公司的价值文化理念，并征集员工对公司经营和发展的看法和意见；在薪酬方面，注重采取集体奖励的方式来维护并提升团队精神，对于工作一年以上的员工实施分红制，并要求员工用 1/4 的红利所得继续购买本公司股票，目前员工持股比例在 90% 以上，约占西南航空总股本的 10%。

西南航空的成功，并不在于它掌握了什么关键技术，或是从外边网罗了什么人才高手，而主要是因为建立了"以人为本"的精神整合管理系统，并以此内聚了全体员工的主人翁责任感和集体创造力，营造了能够激发每位员工人力资本潜力的工作环境和激励机制。在这种系统和机制中，人力资源管理扮演的角色是公司价值文化的维护者、员工战略伙伴和服务者，而非员工监控管理和督导者角色。每个成员都有整体意识、集体观念和主人翁责任感，他们明白如果某个环节出错就可能导致整个团队失败，因此在工作中，人人都能够积极主动地与他人、他部门以及各项营运工作相匹配、相配合，从而创造出优异的团队绩效。

3. 赋予员工充分的工作自主权

在西南航空公司，决定顾客满足和运作效率的许多因素都处于团队的控制之下，他们控制着航班在机场的装卸时间及顾客登机和就座的效率。因为对特定航线负责的交叉功能的团队掌握着制定决策必需的大部分信息，它们更了解航线上的顾客并能够做出一些小的改变以适应可能产生的特殊问题。

公司采取工作自主权的方式，把分权的决策过程与生产过程结合起来，使团队方便地、容易地获得几乎所有与这些决策相关的信息。例如，如果一个乘客乘错了航班，一个飞行员可以决定是否返航。以分权的方式处理协调问题也使公司相当容易地解决激励问

题。由于团队的绩效容易测定，西南航空公司能够使报酬与绩效紧密结合。奖励制度以团队为一个单位，由于每一个团队了解绩效评定的方式，刺激成员相互帮助，鼓励成员相互协作。例如，飞行员愿意帮助登机和装行李，因为在帮助团队实现目标的同时，也增加了自己的收入。

（四）战略性人力资源管理职能

为了确保上述人力资源战略得以实施，西南航空公司在具体的人力资源管理职能上采取了相应的措施。

1. 采取以价值观和态度为基础的人员招募、甄选策略

西南航空公司认为，人的本质是难以改变的，知识和技术是可以培训的，工作态度却很难改变。因此，该公司不仅非常重视招募和甄选工作，而且在进行这项工作时非常看重求职者的态度和价值观。从快乐工作哲学出发，公司的招募对象是那些具有幽默感和懂得如何找到快乐的人。此外，公司还特别关注员工的积极工作态度和团队协作精神。西南航空公司一直采用内部员工推荐与同事、客户面试相结合的招聘方法。为了招募到合适的员工，公司曾花费很长时间来识别构成良好业绩的关键行为，开发出一套严格的员工甄选方法。

1）特色招聘广告

对于公司招聘的宣传工作，西南航空更多的是利用招聘广告这种鲜明的载体。西南航空公司有一则招聘广告明确传达了其所渴求的员工的品质。课堂上，老师在训斥一个画暴龙时把颜色画在框线外的孩子。它所传达的信息是：如果你喜欢"在框线外面涂颜色"（意即你渴望不受限制的发展空间，希望在工作中独出心裁，希望紧张和高强度的工作），那么，你可能就是我们在找的那个人。针对公司的这种做法，公司的潜在的雇员，那些对西南航空的企业文化真正感兴趣的人，反馈也是相当惊人的。他们用各种递交求职信的方式反馈着对西南航空的企业文化的回应：有的用蜡笔画的形式，有的用装麦片的盒子，有的放在比萨饼上面。

2）注重员工推荐

西南航空鼓励家庭式的工作氛围。因此员工推荐的人员是西南航空主要的员工来源之一。在招聘时，任何雇员推荐的亲戚、朋友，都有优先面试的机会。目前，西南航空的雇员中大约有1000对夫妻。凯勒赫认为，这种健康的"裙带关系"有助于增强公司文化中最难得的家庭气氛。采用员工推荐式的招聘不仅可以借助员工个体的关系网络服务于西南航空公司的招聘工作，提高招聘信息的覆盖率和传播范围，而且可以通过内部员工更为有效地获取应聘者的信息，提高招聘效率和增强招聘效果。

3）独特的面试方式

在面试环节，面试官会建议那些身穿黑套装、黑皮鞋、黑袜子的飞行员换上百慕大短裤等一些轻松的衣服。尽管很多有着不同价值观的面试者拂袖而去，但是通过这种方式，西南航空可以选择与公司价值观相符的员工。

2. 采取注重企业文化的培训机制

对于新招聘的员工，西南航空公司非常重视岗前培训，并且超出了技能培养的范畴。培训的目的不仅是把人训练出来，使其能够做好工作，而且让其在自己的职责范围之外还能发挥作用，充分利用自己的主动性弥补部门之间、职能领域之间以及运营单位之间的隔阂，从而更好地为乘客服务。培训的内容涉及企业文化、企业历史、操作技能等很多方面，其目的是让全体员工重视企业文化，并努力按照组织的文化和价值观的要求来采取行动。为了确保员工了解公司其他部门或单位的工作情况，强化合作，西南航空公司还开展了"穿上别人的鞋子走一英里路"的活动，即让员工在合适的时候到其他工作岗位上体验别人的工作。这种培训和开发活动对于建立团队文化和强化协作精神是非常有利的。

3. 采取符合成本领袖战略要求的薪酬政策

与同行相比，西南航空公司的固定薪酬水平（小时工资率）偏低，该公司空服人员每小时收入为18美元，大陆航空公司的为20美元，美国航空公司的为23美元。但是公司从1973年开始就实行利润分享计划，公司鼓励员工像所有者那样去工作，鼓励员工在整个公司范围内共享价值。另外，该公司还实行近乎全员性的员工持股计划，通过每月扣减薪酬的形式或用奖金来购买公司股票，让全体员工共同分担企业的成功与风险。西南航空公司的员工大约拥有企业12%的股权，飞行员在股票期权上会得到更大的特惠。由于航空业的股价和业绩是密切相关的，这就把员工的个人利益和公司的整体利益联系到一起。

除了利润分享投资以外，公司股票是一个重要的分享公司绩效带来的风险和回报的工具。公司还将业绩与员工红利挂钩。

4. 建立以团队绩效为中心的绩效衡量体系和奖励体系

航空服务需要的是员工队伍的整体服务能力，而不仅仅是个体的能力和业绩，再加上对团队的绩效更容易衡量，因此，西南航空公司不考核员工个人业绩，绩效衡量的最小单位是部门和团队。同时，所有员工的奖金根据飞机的飞行里程数计算。公司采用了以团队为基础的绩效评价和奖励机制，使报酬与团队绩效紧密结合。每一个团队都非常了解绩效评价的方式，促进组织成员之间相互帮助、相互协作。这也正是飞行员愿意帮助其他人完成引导旅客登机及装卸行李工作的原因之一；显然，在帮助团队实现目标的同时，也会增加自己的收入。

然而，人力资源管理实践及其整个系统的功能并不能直接导致组织绩效，它们是通过影响组织的人力资本储备、人力资源行为才对绩效起作用，因此人力资源行为是战略与公司绩效之间的调节变量。在战略人力资源管理背景下，不同的组织战略所需的人力资源的角色行为不同，需要不同的人力资源实践去激发和强化。如果人力资源实践与战略相适应，那么所激发的人力资源才是具有战略意义的资产。在西南航空公司，正是两者之间的适应调节着人力资源的价值，并最终影响了组织的绩效与竞争优势。

5. 建立稳固、和谐的劳资关系

稳固、和谐的劳资关系也是西南航空公司人力资源管理的成功体现。在民航业这个劳资双方之间存在非常普遍的对立关系的行业中，西南航空公司能够与其员工培养起合作关系。别的航空公司清仓再装满一架飞机需要一小时，而西南航空公司只需要 20 分钟。员工们虽然辛苦但无怨言，他们不仅喜欢他们的工作，并为受到尊重而自豪，而且员工的流动率在全行业中最低，仅为 7％。尽管该公司的员工中有 85％的人都加入了工会组织，但工会与公司之间的友好关系没有影响公司的战略和优势，并且双方达成了相互协作的协议。工会成员与公司在任何情况下都保持高度一致，这极大地支持了公司战略的执行，成为竞争优势的一个重要来源。

6. 建立"员工第一"的福利激励计划

西南航空公司还提供了一系列员工福利计划，例如，医疗保险，牙齿和视力保险，养老保险，伤残保险，老人或儿童看护，以及精神健康援助等。这一系列员工福利计划体现的理念是，西南航空公司永远把员工的利益摆在第一位，企业会尽最大努力照顾好企业最重要的资产——员工。在薪酬不高甚至低于市场平均水平的情况下，公司不仅相当容易地解决了激励问题，更重要的是保证了公司的低成本优势。

除了各种员工福利激励之外，西南航空公司还从以下方面对其员工进行激励。

1）愿景激励

所谓企业愿景，实际上就是回答这样一类问题："我们想成为一家什么样的企业？"当我们的企业拥有一个长远而宏大的愿景时，则会对员工产生激励作用。西南航空公司在 2013 年将自己的愿景描述为"成为世界上最受欢迎、最受青睐、最赚钱的航空公司"。为了实现其愿景，西南航空公司需要高管、飞行员及其他员工中的每一个人为共同的目标而努力。

2）爱心激励

在西南航空公司总部，三层楼的门厅内，满布公司历史上值得纪念的大事记录，而走廊中贴着成千上万名员工的照片，包括员工获得的奖品和标识。特别值得一提的是公司制定的三句训示，最后一行写道："总之，员工在公司内部将得到同样的关心、尊敬和爱护，公司同时盼望他们能和外面的每一位顾客共同分享。"在西南航空公司，人们无不为充满爱心、真诚、欢乐的气氛所感染。

爱心激励体现在公司管理与服务的方方面面，每到节日，西南航空公司都组织各类温情四溢的比赛，并让员工的家属和附近的小学生一起参加。公司还为后勤人员设立"心中的英雄奖"，作为荣誉，获奖者可以把本部门名称油漆在指定飞机上。公司要求每位领导者都能对员工嘘寒问暖，不仅要注意大的环境，还要留意细节。例如，员工可以直接见总裁，无须提前通报。领导者经常和员工在一起，并鼓励员工提出各种意见。由于西南航空公司领导者把员工作为爱心激励对象，处处关心他们，全体员工也因此愿意牺牲自己的利益，在公司遇到困难时，同心协力，为公司分忧解难。

3) 竞争激励

西南航空公司创办了内部杂志，经常以"我们的排名如何"为主题，让西南航空公司的员工知道他们的表现如何。在这里，员工可以看到运务处针对准时、行李处置、旅客投诉等三项工作的每月例行报告和统计数字。该杂志将当月和前一个月的评估结果做比较，列出西南航空公司整体表现在业界中的排名。此外，还列出业界的平均数值，以利于员工掌握趋势，同时比较公司和平均水准的差距。西南航空公司的员工对这些数据具有十足的信心，因为他们知道，公司的成就和他们的工作表现息息相关。当某一家同行的排名连续高于西南航空公司几个月时，公司内部会在短短几天内散布这个消息。员工会加倍努力，期待赶上人家。西南航空一线员工的消息之灵通是许多同行无法相比的。

4) 分享利润激励

凯勒赫于 1973 年推出了一项利润分享政策，该政策使该公司能够向其员工分享年度利润。2018 年，该公司宣布将与其 54000 名员工分享价值 5.86 亿美元的利润，而一年前该数字更是高达创纪录的 6.2 亿美元。如果按照平均数来计算，该公司每名员工除了正常的薪酬工资之外，还额外获得了约 1 万美元的收入。

第三节　小结与思考

一、小结

企业成功的途径主要有一种，那就是人员与运营条件能相互配合；而企业失败的途径可能有很多种，因为只要企业运作中的某个环节出错，就可能导致失败。例如，一家公司设定了一个与该公司人才优势不符的策略目标，当然无法在业绩上有所表现。据观察，这些以人为本的成功企业，至少具有三项共同特质：第一，公司有非常明确的文化价值；第二，将该价值落实在公司每天的运作当中，包括组织管理与公司经营策略的拟定等；第三，重领导而非管理。这是一个知识经济的时代，人才决定一切。但在不断寻寻觅觅，以高薪礼聘顶尖好手以维持公司成功地位的同时，你是否曾经想过，维持公司优势的人才可能早已进了公司，只是潜力尚未激发而已。西南航空就是一个成功的例证。或许，对一个眼光长远的企业而言，如何激发员工的隐藏价值并加以利用，可能要比想尽办法"高薪挖角"来得更为重要。

二、思考题

1. 西南航空公司的整体战略和人力资源战略之间是如何匹配的？

2. 西南航空公司的战略性人力资源管理体系的核心构成要素有哪些？
3. 西南航空公司采取了哪些经营策略？
4. 西南航空公司是如何发挥其竞争战略优势的？
5. 如何看待西南航空公司的战略与其企业文化的关系？

思考题答案

第五章
京东航空货运——"飞天的电商"

学习重点：

1. 了解电商航空货运的特点。
2. 了解国内电商航空货运的竞争格局。
3. 了解京东航空货运业务的战略与战术计划。

学习难点：

1. 掌握航空货运发展的重要条件。
2. 了解京东航空货运业务的战略布局。

第一节 引 言

早在2017年，物流业务被京东拆分出来独立运营，在此之前，京东物流已经以品牌化运营的方式，面向社会开放C端快递业务的运力。经过多年的布局，如今的京东物流早已不是那个完成京东自营电商交付的工具，而是一个已经商业化运作的全行业物流服务平台。

独立运营后，京东物流可提供包括仓储、运输、配送、客服、售后在内的，可组合的，线上线下、全渠道、一体化的供应链服务。经过多年的布局，如今的京东物流已经拥有中小件、大件、冷链、B2B、跨境和众包六大物流网络。从京东物流提交的招股书中可以发现，2018年、2019年及2020年前三个季度，京东集团占其总收入的比重逐年下降，分别为70.01%、61.6%和56.6%。这意味着京东正在逐渐减弱对于自家商流的依赖，京东物流正成长为一家社会化的物流企业。同时，京东物流也面临着行业共性的问题，即规模不经济的问题。

中国物流行业，已经形成了顺丰系、京东系、通达系等公司群雄争霸的局面，有分析指出，市场规模增长的背后，也折射出国内物流竞逐开启。2018—2019年，物流行业的大佬顺丰速递，虽然票均单价高于行业平均水平80%左右，但其毛利润并没有多高。2020年前三个季度，顺丰的毛利率为18.2%，而中通为23.46%，京东物流为10.95%。除去人力资本等问题，对于京东物流来说，航空货运的短板是困扰其未来发展的关键。

第二节 案例解析

一、案例摘要

随着当下我国居民消费能力提升和消费方式的多样化改变，物流市场一直处于高速增长中，与此同时也带来了大量的航空运输需求。事实上，对于京东而言，虽然也掌握了货运，但在航空货运这块存在较大的短板。在2018年感受到了硝烟四起的飞机大战，京东直视自身的航空短板，筹备多年的航空货运开始运作，2018—2020年间开始了一系列京东物流的"飞天布局"。2018年京东集团与南通市政府签署了战略合作协议，计划将南通打造成京东物流航空货运的枢纽；除了与南通市政府合作之外，京东先后与江苏省、安徽省和河南省等地方政府积极合作，持续加码航空枢纽建设，积极布子，进一步增加全货机航线。最后于2021年成功创建了江苏京东货运航空有限公司，京东谋划多年的航空网络的最后一块拼图已完成，京东航空成为继顺丰航空、圆通航空之后第三家民营货运航空公司，同时京东也成为国内首家旗下拥有货运航空公司的电商平台，由此开启了京东货运航空新征程。

关键词：京东　航空货运　物流

二、案例背景

京东大数据研究院公布的《2019中国未来商业消费趋势研究报告》显示，2018年我国网络零售交易规模突破9万亿元，对社会消费品零售总额增长的贡献率达到45.2%。电子商务的日益繁荣，使行业间的竞争越来越激烈。与此同时，较高的物流成本正不断挤压电商企业的利润空间。2018年我国社会物流总费用与GDP的比率为14.8%，超出国际平均水平约5个百分点。在较高的物流运输成本压力下，我国出现了京东、唯品会、苏宁易购等自建物流体系的电商企业,这些电商企业以自建物流体系作为其核心竞争力,得到了业界的广泛认可。随着货物需求量的不断攀升,货物种类也越来越多样化,人们的需求也逐渐多元化,电商自营物流企业若想在未来市场有长久性的发展,必定要涉足"冷鲜贵危快"这些新兴长尾市场,更安全、高效的运输方式将成为其重点发展方向。由于航空货运具有高时效性、高安全性以及低破损率等优势,电商自营物流企业涉足航空货运业已成大势所趋。

当时,美国电商巨头亚马逊在自建物流方面取得了很大的成就。2017年3月,亚马逊在美国肯塔基州辛辛那提建设了自己的航空枢纽,迈出了电商自营物流企业进军航空货运市场的重要一步。截至2018年12月11日,亚马逊已拥有40架全货机,其空运网络正在进一步扩张。据摩根士丹利分析,以亚马逊电商平台的订单规模,在其自营物流情况下,每年的运输成本至少可节省数十亿美元。与此同时,国内电商企业也开始注重航空运输的发展,建设自己的航空枢纽。截至2018年7月,京东物流已经在淮安、铜川等地进行了京东物流航空枢纽规划相关调研。

京东物流隶属于京东集团,其通过自建仓配一体的物流体系,试图为客户打造体验最优的物流履约平台,其特点如下:

(1)全国化。京东物流24小时达已覆盖全国88%的区县,京东物流正式发起"千县万镇24小时达"时效提升计划,聚焦最先一公里物流上行和最后一公里配送下沉,推动全国范围内物流时效升级。

(2)国际化。京东物流国际供应链已在五大洲设立超过110多个海外仓,原产地覆盖达到100%。通过海外仓进行供应链前置,能够避免增加商品不必要的物流成本,在原产地即开启商品的溯源追踪,也为打击假货和用户的购物安全提供了保障。

(3)智能化。京东物流已不再是一家传统的物流公司,而是结合云计算、大数据、物联网和人工智能等多项技术优势,逐步搭建起"物流+互联网+大数据"相融合的一体化产业生态平台,仓储、配送中的人力或简单自动化设备替换为智能化软硬件,比如,无人仓、无人车、无人机等无人技术。

为了进一步强化自身的核心优势,抢占高时效性的货物运输市场,京东物流正大力推进航空战略,不断加强航空货运方面的战略布局。2018年11月6日,京东物流的第一架全货机成功首航,标志着京东物流从此进入全货机时代,电商企业进入航空领域已成为我国航空物流质量提升的一次重大变革。

三、案例正文

国内快递业的"蛋糕"越做越大,竞争已经到了天空。航空货运之家的数据显示,截至2018年8月,我国航空公司的货机数量已经高达228架。2018年度顺丰发布了年度报告,报告中显示,顺丰2018年实现营收909.43亿元,相比2017年末增长了16.9%。为了进一步实现增长,顺丰实施多业态齐头并进、陆地航空多角度发展的模式。此外,顺丰和京东为了增强航空物流的发展模式,也拓展了无人机快递领域。顺丰作为目前全国航空物流典型的三家公司之一,目前已有39架全货机,每周均有700多个航段,覆盖了我国

28个地区的航点。在顺丰的刺激之后，圆通、京东布局航空业务，在嘉兴、南通报建机场。同时，菜鸟不甘落后，与香港国际机场进行了合作。

（一）硝烟四起的飞机大战

事实上，随着当下我国居民消费能力提升和消费方式的多样化改变，物流市场一直处于高速增长中，与此同时，也带来了大量的航空运输需求。据了解，2016年，全球航空货物运输量为5430万吨，占全球贸易额总值的三分之一左右，2017年全球航空货物运输量则又增长至5537万吨。

截至2018年，快递行业的陆地份额基本已被各企业瓜分完毕并牢牢抓在手中，基本已经很难创造更高的收益。快递公司又都在致力于综合物流服务商转型，这也就促使巨头们更加迫切地入局抢占航空货运这个高地。在电商增长以及产业结构升级等因素的带动下，谋求综合转型的快递物流企业也纷纷把目光聚集在航空货运领域。

1. 京东方面

2018年7月，京东宣布开始布局航空货运网络。早在之前，京东便开始与世界的其他航空快递货运公司达成物流战略合作。2015年，京东与俄国的SPSR Express快递运营商，签订了战略合作协议，创造了"仓到仓"物流模式，使京东的跨境电子物流模式有了进一步的发展，同时也推动了京东航空物流的布局。2015年，京东与世界上最大的快递货运公司DHL签订了航空物流战略合作协议。DHL为京东提供包括国际快递、空运、海运、仓储等在内的综合性物流服务。京东已经先后与南航、国货航、东航物流等航空企业达成了合作。而其心愿也不仅如此，自2017宣布成立物流子集团以来，该集团就一直希望拥有自己的全货运飞机。于是2018年11月6日，京东物流的第一架全货机成功首航。2018年7月，宿迁市规划局、宿迁市宏晟项目管理有限公司还相继发布了《京东物流全球航空货运枢纽片区概念性方案编制项目竞争性磋商公告》《京东物流全球航空货运枢纽片区概念性方案编制项目变更公告》，宣布宿迁将成为京东物流全球航空货运枢纽片区。2018年，京东集团与南通市政府签署了战略合作协议，计划将南通打造成京东物流航空货运的枢纽。

2. 顺丰方面

一直被京东物流视为对手的顺丰，在航空基础设施建设上也不甘示弱。2018年9月底，顺丰与湖北鄂州民用机场的项目已经在民航领域鼓励民间投资项目推介会上顺利签约。此外，就在2018年12月20日，其第49架全货机也正式加入航空货运。21日，顺丰航空第50架飞机又正式投入运行，标志着顺丰航空从此正式迈入中型航空公司行列。

3. 圆通方面

圆通于2014年在杭州成立圆通货运航空公司，首条国际航线于2015年开始运行。2016年，圆通航空物流迎来了第5架型号为737-300的全货机。与此同时，圆通货运航空公司旗下的航空梯队也一直在加速扩展。圆通航空的动作尤为频繁，在持续推进货运航线的开通的同时，集团还在航空枢纽的建设上下了诸多功夫。2018年7月，圆通为了进一步发展航空物流，由圆通蛟龙投资122亿元，在嘉兴新建全球航空物流枢纽。2018年12月18日，圆通速递西北航空转运中心投运仪式在西安咸阳国际机场货运区举行。在当下的国内快递企业中，除了EMS，也就只有圆通和顺丰成立了自己的物流航空公司。2019年4月17日，上海圆通蛟龙投资发展（集团）有限公司（简称"圆通蛟龙"）与海航物流集团有限公司（简称"海航物流"）在海口签署战略合作协议。双方计划借助"一带一路"倡议、中国（海南）自由贸易试验区建设等契机，围绕航空物流、产品体系、信息共享等领域深化合作。在自有飞机规模方面，圆通航空的2018年规划表明，两年后其自有全货机将达到30架左右。

4. 中国邮政方面

在航空布局策略上，中国邮政采取的是以南京为中心向四周辐射的发展方式，在北京、上海、广州、深圳等重点城市布局了直达航线的航运模式，连接国内外的节点高达33个，形成了包括我国内地（华东、华南、华北、华中、东北、西南、西北）和台北地区，以及首尔等10个航线网络系统区域。2017年，中国邮政开通了杭州至俄罗斯新西伯利亚的航空货运线。2017年，邮政的航线累计航班次数高达150班次，航班的货运重量超过3100吨。

5. 亚马逊方面

亚马逊也在扩大其在航空快递领域的业务。除了扩建航运枢纽外，亚马逊计划在未来两年内，从美国航空运输服务集团再租赁10架B767货机，将其Prime Air品牌货机数量增加至50架，进一步扩大集团的美国航空网络。

不过在需求增长的同时，航空物流也面临着更高的行业要求。目前，我国航空物流业发展不平衡不充分的问题仍很突出，还存在着信息化和标准化建设相对滞后等诸多问题。航空物流的服务需求不断升级，行业发展政策亟待完善。

（二）直视航空货运的短板

在中国物流行业，已经形成了顺丰系、京东系、通达系等公司群雄争霸的局面。有分析指出，市场规模增长的背后，也折射出国内下半场的物流竞逐开启。

国内的快递物流公司中，顺丰最先开设货运航空公司，顺丰航空有限公司于2009年被批准筹建，总部位于广东深圳，是国内首家民营快递航空，得益于深圳经济的高速发展，快递业务成长迅猛。2017年，顺丰成功上市，顺丰以直营模式经营同城配业务，瞄准中高端餐饮商超和个人寄送件。顺丰在并购百度外卖受阻后决定自己搭建同城配送团队，并致力于打造成为全国领先的、最大的第三方直营即时物流服务商。2021年5月，顺丰航空披露的消息显示，顺丰航空自营全货机已增至65架。顺丰自身就是一家快递公司，也就是说顺丰航空自身掌握了货源，不愁无货可运。对于京东而言，两者都布局了快递网络，虽然也掌握了货运，但京东在空运上存在较大短板。

1. 京东物流胜在仓配服务，短于中长途运输能力

2020年6月末，顺丰拥有73架全货机，其中59架为全自营全货机，有2004条散航及专机线路。截至2020年底，京东仅有620条航空货运航线，且没有自己的货运飞机。为了弥补这一差距，京东之前采用的方法是不断新建仓库，即顺丰用飞机送货，京东直接近仓库配送。最后形成京东物流的快，主要通过在全国主要区域建设"仓库枢纽＋高效的运输"，也就是，在距离消费者近的地方建立京东亚洲一号仓库，这个仓库几乎是全品类的布局，以仓代运。这能从京东物流和顺丰的比较中看出来，2020年顺丰营收1540亿元，是京东物流的2.1倍，但仓储面积只有486万平方米，不到京东物流的23％。相当于同样营收规模下，京东物流所用的仓储面积是顺丰的9倍。

顺丰的快，主要是通过构建"高效的运输＋转运网络"，其中也包含更快速的运输工具（飞机），以及转运中心高效自动化的设施设备。在获批建立货运公司之前，空运力量是顺丰最不容忽视的优势，同时也是京东物流短期内无法逾越的一项硬指标。

2. 京东物流在干线运输上弱于顺丰

截至2020年末，京东物流的自营运输车队有7500辆卡车及其他车辆，顺丰有10万辆干线/支线运输车辆，以及4.3万辆末端收派车辆。

3. 京东物流在空间布局上弱于顺丰

拥有60多架自营全货机的顺丰更是碾压京东物流。如果说京东的这一方法还能让其在国内市场与顺丰一较高下的话，那么在海外市场这一做法恐怕难有"胜算"。如今，顺丰的航线布局已经由国内延伸至东南亚、中亚与欧洲腹地，全球范围内的通航城市与地区也已超过60个，已经初步建立了具有全球服务能力的供应链体系。此时，对于京东来说，要想在竞争中获得赢的机会，尽快布局航空货运就显得尤为重要。

（三）京东物流的"飞天布局"

近几年在业务拓展上京东也在积极向"航空"靠拢，试图通过航空运输的方式完善自身的自建物流体系，以多样化的物流手段减轻仓储压力、提升配送效率、完善自身供应链体系。在2018年全球智能物流峰会上，京东物流发布了涵盖京东供应链、京东快递、京东冷链、京东快运、京东跨境、京东云仓在内的产品矩阵，这些产品的创新和升级都与航空战略息息相关。京东的这一战略，似乎与另一个行业巨头亚马逊十分相似。在拥有了货运航空公司之后，京东也实现了从电商到物流的大布局。

航空物流是京东物流的最大短板，京东不甘心在航空物流方面落后于人，于是筹备京东货运航空成为京东物流最重要的事情。在筹办货运航空公司的同时，京东还积极与多地政府合作，希望联手打造航空货运枢纽。

1. 江苏南通航空货运枢纽

最终在经过多方考虑之后，京东选择了与江苏省南通市政府合作。2018年12月

20 日，京东与南通市政府签署战略合作框架协议，根据协议约定，京东物流全球航空货运枢纽将落户南通，同时双方还将在物流体系、城市数据基础设施等方面开展全面合作，双方将把南通机场打造为京东物流全球航空货运枢纽。

2019 年 9 月 26 日，成立江苏京东货运航空有限公司，注册资本为 6 亿元。经营范围包括定期航班飞机货运、邮政运输服务，不定期航班货物运输服务，航空器及设备销售、租赁、维修等。

2019 年 12 月 30 日，京东集团全球航空货运枢纽华东地区项目在南通正式开工。该项目由京东集团投资，机场基础设施由南通兴东国际机场代建，总投资 200 亿元，是京东集团全球智能供应链基础网络布局的重要内容。该项目主要包括航空物流临空产业园、京东集团华东地区总部及相关配套设施、购置专业运输飞机等。京东南通机场规划为全球航空货运枢纽项目，是京东集团全球智能供应链基础网络布局的重要内容，也有智能物流分拣中心、航空物流临空产业园等配套设施。

2020 年 5 月，京东快递第二架全货机正式投用。京东快递方面表示，接下来，京东快递将持续加码航空枢纽建设，进一步增开无锡到天津的全货机航线。

2020 年 5 月，京东货运航空的主体江苏京东货运航空有限公司发生股权变动：京东系公司宿迁京东展锐企业管理有限公司从持股 100% 变更为持股 75%，新增南通机场集团有限公司为第二大股东，持股比例为 25%。京东之所以会选择南通机场是经过充分考虑的。作为上海国际航空枢纽的重要组成部分，近年来南通机场的货运航线越来越多，货运吞吐量逐年上升。如今，南通已经形成了承接南北的国内货运航线和西进、南下多地的国际货运航线。因此对于京东来说，南通无疑是一个好的选择。

此后，为了进一步布局航空货运市场，2020 年 8 月，京东以 30 亿元的价格收购跨越速运公司以补充航空货运资源。跨越速运公司是国内专营航空门到门的快递公司，拥有运输车辆 1.7 万辆，货运包机 16 架。

2. 安徽宿州航空货运枢纽

京东与安徽多次签约。2020 年 9 月中旬，安徽与京东集团签署全面战略合作框架协议。根据合作协议，双方将依托安徽在政策、市场、交通、环境等方面的特色优势，共同推进千亿元级智能物流产业园区建设，在以宿州为核心的云都经济圈联手升级城市物流。2020 年 10 月 18 日上午，京东集团与安徽省政府在合肥签署合作协议，落实长三角一体化发展规划纲要部署，在建设面向全球的航空货运枢纽等方面开展项目合作，推动安徽省加快建设国际航空货运集散中心，发挥京东集团在电子商务、现代物流、"互联网＋"等领域的特色优势，在互联网与现代物流、农牧业、商贸流通、数据服务、跨境电商、医药、金融等领域加强合作。

根据协议，双方将发挥各自优势，着眼安徽现代流通体系建设需求和京东航空体系全球战略布局，在加快航空基础设施和货运枢纽建设，发展空港经济、通航产业和航空物流产业等方面开展一系列务实的项目合作。

安徽省省长李国英在会谈时指出，希望京东集团积极把握长三角一体化发展、自贸试验区建设等战略机遇，发挥安徽在区位、交通、市场等方面的综合优势，立足双方发展战略契合点，加快推进重大项目落地见效，为构建以国内大循环为主体、国内国际双循环相互促进的新发展格局提供有力支撑。

京东集团高级执行副总裁王振辉表示，将加快推进合作项目高效率、高质量落地建设，推动物流枢纽与产业园区联动发展，努力打造更加稳定的产业链、供应链体系。

3. 河南航空货运枢纽

2020年9月，京东与河南航投签署合作协议，此举被业界认为是京东布局海外的战略之一。河南航投早前曾收购了欧洲最大的全货运航空公司——卢森堡国际货运航空公司的部分股权。未来双方的合作，或将加快京东航空货运板块进军欧洲市场的步伐。

4. 安徽芜湖航空货运枢纽

2020年10月，京东集团与芜湖市政府签署战略合作协议，双方将在建设面向全球的航空货运枢纽、全面构建现代物流体系方面开展深度合作，京东全球航空货运超级枢纽港将落户芜湖，总投资将超过950亿元。根据京东全球超级港项目的规划，京东物流正准备组建自己的航空货运机队，预计2025年机队规模将达到114架，其中包括租赁和联合购买的飞机，货邮吞吐量将达到233万吨；预计2045年机队规模将达到501架，货邮吞吐量将达到810万吨。

（四）风口上的航空货运

称2020年为京东航空货运布局元年或许并不为过，发轫于传统仓配模式的京东物流已然在时效提速的另一领地上布满了旗帜。

2020年新冠肺炎（我国于2022年12月26日将其更名为"新型冠状病毒感染"）疫情的发生，让航空货运在确保产业链和供应链通畅方面的重要性得到了充分体现，如何提升中国航空货运能力也成为热点话题。2020年，民航局先后出台《关于疫情防控期间国际航空货运建立审批"绿色通道"的通知》《关于精准做好国际航空货运机组人员疫情防控工作的通知》《关于对民航运输企业在疫情防控期间稳定和提升国际货运能力实施资金支持政策的通知》等文件，不但实现了对货运航班的有效疫情防控，更确保了空运渠道货物的流通顺畅，助力了全球多国疫情防控和复工复产。

此后，为了全面提升航空货运能力，2020年8月，发改委和民航局联合发布了《关于促进航空货运设施发展的意见》，提出要改变"重客轻货"思想，提升航空货运设施使用效能，鼓励航空货运企业与快递物流企业打破所有制限制，加快培育具有国际竞争力的大型快递物流企业及创新融资模式等，为航空货运的发展方向和发展路径提供了政策指导。

此外，民航局出台了《关于进一步优化货运航线航班管理政策的通知》和《货邮飞行航班时刻配置政策》，力争逐步解决货运航班时刻配置难的问题，简化国内、国际货运航线经营许可证的颁发程序，简化航班计划审核程序，对货邮航班时刻与客运航班时刻实施差异化管理，提升航线航班监管信息化水平，从而提高航空物流"最后一公里"的效率，增强我国物流行业国际竞争力，减少审批环节，提升审批效率，帮助各航空公司更加灵活、高效地安排货运航班计划。

第五章 京东航空货运——"飞天的电商"

毫无疑问，京东在航空物流领域的布局，暗合了国家大力发展航空货运业务的政策导向。而随着"一带一路"、跨境电商的发展，包括京东、顺丰、菜鸟等头部企业在全球跑马圈地的脚步将越来越快。对此，刘强东曾表示，如今京东已经明确了京东物流未来10年的国际化发展方向，那就是以供应链服务全球化，实现48小时从中国通达世界。

无独有偶，在京东航空货运筹备的同时，三大航的航空货运改革也在如火如荼地进行着。2021年6月9日，三大航物流混改进度最快的东航物流在上海证券交易所上市，成为我国航空混改第一股。根据东航的规划，上市只是第一步，未来东航将按照国家"加强国际航空货运能力建设，培育一批具有全球竞争力的现代流通企业，加强构建国际物流供应链体系"的部署要求，将东航物流打造成可与UPS、FedEx相媲美的国际化现代航空物流服务集成商。

2020年9月8日，京东"牵手"河南航投，显露出"国际化"的野心。河南航投曾收购欧洲最大全货运航空公司——卢森堡国际货运航空公司的部分股权，这进一步为京东进军欧洲市场、拓展国际商业版图开足马力。

2020年10月26日，京东航空货运枢纽建设再落一子。芜湖市政府与京东集团签署全面战略合作协议。双方表示将在建设面向全球的航空货运枢纽、全面构建现代流通体系等方面开展深度合作，京东全球航空货运超级枢纽港落户芜湖，总投资950亿元。

从短期来看，随着货运航空公司的落地，2020年，京东快递通过与浙江长龙、中原龙浩等航空公司深化合作，不断增加在全货机航线上的布局投入，并持续拓展与南航、东航、国航、海航等企业合作的散航资源。2020年9月底，京东快递航空城市流向超过10万条，可寄航空件的城市也扩展至310个，次晨与次日线路数量实现超过50%的提升。而根据一般筹备货运航空公司的进度，2020年内，京东货运航空实现首飞。

根据官方数据，截至2020年12月31日，京东物流拥有32个保税仓库及海外仓库，总管理面积约为440000平方米，并已建立了覆盖逾220个国家及地区的国际航线，为客户提供一体化跨境供应链服务。

（五）蓄势待发的货运航空

随后，京东又增加了第二架包机，由中国东方航空运营，往返于南京和洛杉矶，从其上海和深圳的仓库运送服装和快消品。

在2020全面提速的基础上，京东快递2021年4月份宣布再次启动时效大提速，共涉及北京、天津、上海、河北、山东、辽宁、陕西、湖北、四川、江苏、浙江、福建、广东等十余个省市的千余条线路。

在深圳，5月28日，京东快递正式开启深圳—曼谷航线包机，这标志着京东国际物流的亚太区首条全货运包机航线正式启航，助力东南亚跨境电子商务的快速增长。

2021年6月11日，京东快递开通深圳—北京全货机航线，一架波音737全货机从深圳机场起飞，2小时后平稳降落在北京大兴机场，标志着京东快递在京津冀、粤港澳大湾区两大核心经济板块的航空运能再次提升。

据了解，此次执飞的全货机，由京东快递与中州航空有限公司合作，航班班次为每周二至周日，一周六班，配载范围覆盖包头、秦皇岛、邢台、衡水、沧州、唐山、承德、张家口、邯郸等广大华北区域，来自广州、深圳、东莞的当季水果等生鲜产品，最快可于次日送达北京、天津、廊坊。

因此，当以京东为代表的民营企业和以三大航为代表的传统大型货运航企都在加速航空货运市场的布局时，从某种程度上来说，或将可以更好地盘活国内航空货运市场资源。同时，无论对于京东这样在国内市场成功转型的新进者，还是以三大航为代表的传统货运航企来说，在现阶段，竞争或许并不是关键词，毕竟相比UPS、联邦快递这样的行业巨头来说，国内货运航空企业只能说还处于刚起步阶段。未来，如何在各自发展的同时，加强彼此间的合作联营，共同实现国内航空货运市场的规模效应，推动国内航空货运市场做大做强，是行业需要统筹规划和考虑的课题。

2021年5月28日，京东物流在港交所上市，股票代码为2618，每股定价40.36港元，募集资金净额241.13亿港元。多年来，京东苦心打造物流板块，并致力于将其发展成集团核心资产。京东物流是继京东集团、达达集团、京东健康后，刘强东拿下的第四个IPO，京东身家又涨了300亿港元。开盘后京东物流股票一度上涨超18%，收盘价41.7港元，市值2540亿港元，仅次于顺丰。

在过去的14年，京东物流推出211限时达、千县万镇24小时达等服务，重新定义物流服务标准。此次在香港上市，标志着京东物流进入新的发展阶段。

（六）京东航空货运新征程

2021年8月3日，中国民航局官网发布公告，江苏京东货运航空有限公司（简称"京东货运航空""京东航空"）注册资本为6亿元，由宿迁京东展锐企业管理有限公司和南通机场集团有限公司合资成立。其中宿迁京东展锐企业管理有限公司现金出资4.5亿元，占75%；南通机场集团有限公司现金出资1.5亿元，占25%。江苏京东货运航空有限公司申请筹建已经民航华东地区管理局初审同意，并根据相关规定进行公示。根据民航局发布的信息，京东货运航空的基地机场为南通兴东国际机场，拟批准的经营范围包括国内（含港澳台）、国际航空货邮运输业务，拟使用的航空器为737-800系列飞机。专业技术人员方面，已经有了10名飞行员、7名签派人员、9名维修人员。这也意味着，京东谋划多年的航空网络的最后一块拼图已完成，京东航空成为继顺丰航空、圆通航空之后第三家民营货运航空公司，同时京东也成为国内首家旗下拥有货运航空公司的电商平台。

我们发现，京东在一众物流巨头当中对建立航空枢纽最为积极。此外，京东快递近年来还与南航、国货航、东航物流等企业达成合作，航空城市流向已超过3万条。京东物流连营超过1000个仓库，包含京东物流云仓生态平台管理的云仓面积在内，京东物流仓储面积超过2100万平方米。此次京东货运航空公司的成立，标志着京东物流迈入航空货运发展新阶段。

第三节 小结与思考

 一、小结

电子商务的日益壮大提升了我国社会经济的发展水平和人们生活的便利性，但对于电子商务企业来说，较高的物流成本挤压了企业的利润空间。在高物流成本的经济环境下，我国出现了如京东等自建物流体系的电商企业，这些电商企业以自建物流体系作为其核心竞争力，得到了消费者的广泛认可。京东物流在发展历程中，在众多物流巨头当中对建立航空枢纽最为积极，近几年加速其在航空领域的布局，一直在努力创新，逐渐发展壮大，依托原有的主业，不断拓宽自己的业务边界。京东物流发布了涵盖京东供应链、京东快递、京东冷链、京东快运、京东跨境、京东云仓在内的产品矩阵，致力于成为领头的综合物流服务提供商。经过多年的筹划、布局，运作创建航空运输枢纽。在筹办货运航空公司的同时，京东积极与江苏、安徽和河南等地政府合作，希望联手打造航空货运枢纽，在建设面向全球的航空货运枢纽、全面构建现代流通体系等方面开展深度合作。于2021年成立了京东货运航空有限公司，未来，在拥有了货运航空公司之后，京东也实现了从电商到物流的大布局。京东航空是继圆通航空、顺丰航空后的第三家民营货运航空公司，开启了物流"空战模式"。

 二、思考题

1. 有了航空公司的加码，京东物流能否大杀四方？
2. 面对民营资本大鳄不断进入航空货运行业，以三大航为首的传统货运航空公司面临着哪些威胁？
3. 何为货运航空发展的关键要素？

思考题答案

第六章
逆风飞扬——日航的阿米巴经营

学习重点：
1. 学会"阿米巴经营"哲学理念。
2. 理解"成功方程式"。
3. 学习日航的现场执行力。

学习难点：
1. 日航的阿米巴经营实操运用。
2. 日航当时的情境与执行力策略相匹配的过程。

第一节 引 言

2010年1月，日本航空公司（简称"日航"）宣告破产，震惊了全世界。正所谓"骄兵必败"，日航破产也与它的盛气凌人有关。对于这样一家傲慢的企业，日本国民的批评非常严厉，许多有识之士认为，这样的日航即使重建也不可能成功。但就是这样的日航，在一年后竟然创造了其历史上最高的1884亿日元的营业利润，两年后这一数字更是超过了2000亿日元，成了全世界利润较高的航空公司之一。2012年9月，日航重新上市。

第二节 案例解析

 一、案例摘要

本案例对日航的哲学发展、经营理念转变、现场力整改、独立核算、全员学习等五个方面进行了详细的描述，从而展现出日航是如何成功重建，直到今天日航依然保持着高收益的状态的过程，以供其他公司学习与参考。

关键词：日本航空　阿米巴经营哲学　现场力

 二、案例背景

航空服务业属于高端行业，而日航作为日本具有代表性的著名国际企业，自成立以来一路高歌猛进。然而近年来，在不知不觉中，日航跌入了赤字经营的境地，最终负债高达2.3万亿日元，是日本战后破产企业中最大的实体企业。

但就是这样的日航，在一年后竟然创造了其历史上最高的1884亿日元的营业利润，两年后这一数字更是超过了2000亿日元，成了全世界利润较高的航空公司之一。2012年9月，日航重新上市。1957年，日航成为首家提供"北极环球服务"的航空公司，航线从哥本哈根到东京。1971年，日航将其首架波音747喷气式客机投入服务。

成功重建，使得为日航重建出资3500亿日元的企业再生支援机构（日本帮助企业破产重建的半官半民机构）获得了超过3000亿日元的资本收益，对国家财政做出了很大的贡献。

由于重建成功的速度实在太快，甚至有人怀疑，日航是否在幕后获得了特别的优惠待遇。然而，日航受到企业再生法（日本专门针对企业破产重建的法律）的约束，在法院的管辖下开展重建活动，根本不可能有什么幕后交易。

还有人认为，企业破产增强了日航员工的危机意识，以此为动力，重建得以成功。但日航员工如果具备危机意识，日航就不会破产了。历史已经证明，适用企业再生法的企业中，由于宣告破产而人心浮动、士气低落，进而导致经营恶化的比比皆是。实际上，大多数企业的破产重建是失败的。本文从以下几个方面来叙述日航的重生。

三、案例正文

(一) 日航哲学的发展

1. 不屈不挠的精神

1951年,在《旧金山和约》缔结前后,日本民航遇上了有望复兴的机会。同年8月,日航成立,松尾先生被聘为专务。同年10月,日航先以委托美国西北航空公司运营的方式起步。到了1952年10月,日航开始自主运行。

1953年8月,日航培养出了首位日本人副驾驶员;1954年11月,日航培养出了首位日本人机长。1961年,松尾先生成为日航的第二任社长。在其任职期间,日航赶上了日本经济蓬勃发展的时机,一度呈现强劲发展势头,并一步一个脚印地扩张航线。1967年,推出了"环绕世界一周"的航线。1970年,被称为"大型喷气式客机"的波音747客机投入使用。如此一来,选择乘坐飞机出行逐渐在日本普及。

1971年,松尾先生退居二线,转任日航会长。虽然他在第二年便不幸离世,但是日航依然呈现迅猛发展之势。1983年,日航凭借运送旅客和货物的业绩,一跃成为世界最大的航空公司。"总有一天要成立日本人自己的民航公司,让日本的飞机飞行在日本上空。"他这种不屈不挠的精神,最终得以开花结果。

时间转到2010年1月,日航被迫提交破产申请。而临危受命担任日航会长的稻盛和夫所提倡的也是一种不屈不挠的精神。他引用思想家中村天风的格言,反复强调"实现计划,关键在于不屈不挠"。为此,必会抱着高尚思想和强烈愿望。

2. 不屈不挠精神的传承

"坚持到底"被张贴在稻盛和夫的办公室的墙上。对于稻盛和夫这样的做法,日航的员工起初略有不解,但之后都表示理解,并下定了"日航非变不可"的决心。

各个工作现场的员工以稻盛和夫的"阿米巴经营理念"为纲,群策群力,绞尽脑汁降低成本,最终成为"没有赘肉"的组织体质。不仅如此,员工们还团结一致,共同归纳出了属于自己的行动哲学,从每天的晨会到每年3次的研修,通过不断总结、不断分享,开创了一条稳健的发展之路。

员工、减薪、放弃债权,舍弃不盈利的航线和业务,让波音747等机型退役……在外人和媒体眼中,通过"外科手术"重整财务的方式实现日航的重建是最引人注目的。考虑到日航当时高达2.3万亿日元的债务总额,这的确也不难理解。但事实上,这样的"财务止血疗法"只是"拯救日航"各举措中的一种。综观日航的一线工作人员,他们不得不直面公司破产重组的事实,不得不接受公司信誉与荣誉一并瓦解的现状,并且还要从零做起,重拾起人们对日航的信任和信心。这并非冠冕堂皇的口号,而是让员工们不断思考

"自己能做什么",力图将这份心意实实在在地体现在服务中。本书所提及的员工,只是他们之中的一些典型而已。

羽田机场检修区里,有一处属于日航的训练设施。在其入口处的一角,摆着松尾先生的半身像。当年,出身于一线工作人员的松尾先生在担任社长一职后,仍然经常亲临工作现场,受到员工们的敬仰。如今,他隔着玻璃窗,依然注视着在机场起起落落的日航飞机和投身于训练或研修的日航员工,仿佛在温情地守护着这一切。曾经,松尾先生心中深深埋下不屈不挠的精神。如今,在日航经历了破产与重生后,日航的员工正在以新的方式,传承着这种不屈不挠的精神。

3. 杜绝黑心企业的行动哲学

综观社会,我们可以看到许多高收益企业为了追求利润,有的强迫一线员工超时工作,有的不断对代工厂压价,前者被称为黑心企业,后者则属于压榨下游。这些行为皆有违商业道德。

不少企业都有自己的经营方针或理念,而日航的亮点在于不仅制定自己的哲学,还不遗余力地将其渗透至每名员工心中。全体员工致力于以同样的思维方式为基础,持续营造将百分之百的热情投入到工作之中的氛围。

日航致力于防止企业误入歧途,并以健康的状态实现可持续发展。只要参照日航哲学中的"作为人,何谓正确"和"光明正大地追求利润"这两点为标准,便能知道企业或员工选择这样的行为是不是正确的。比如,给顾客写好信后,在寄出之前,写信者会先请五个人过目一下。某管理者在向营业部出示提案书后,会紧张而认真地关注对方表情的变化,倾听对方给出的意见。

(二)日航经营理念的转变

日航奇迹般重建,是日航全体员工努力的结果。而使之成为可能的,是稻盛和夫这位经营大师的参与。稻盛和夫的经营哲学、人生哲学渗透至全体员工,改变了全体员工的思维方式、心灵和行动。下面从四点简单地说明稻盛和夫的经营哲学。

1. 推广"成功方程式"

稻盛和夫经营哲学的经典之处就是用"成功方程式"这一极其单纯的算式来表述人生。怎样才能把工作做到卓越?如何才能让自己的命运好转?

每个人都想知道自己人生和工作的结果将会怎样,也都想知道,怎么做才能度过幸福美好的人生。但是,很多人认为,这个问题过于复杂,不可能搞明白,因而放弃思考,糊涂度日,这不就是芸芸众生的常态吗?

但是,运用稻盛和夫的"成功方程式",就能把自己无法搞明白的人生和工作的结果,搞个明明白白。

先阐释一下成功方程式:

$$人生·工作的结果 = 思维方式 \times 热情 \times 能力$$

该方程式的三个要素中,"能力"主要指一个人具备的智力、运动能力或健康程度等。在漫长的人生中,这些是宝贵的资产。如果用分数来表示的话,可以从 0 分到 100 分来打分。

这个"能力"要乘上"热情"。这个"热情"也可以称为"努力"。从毫无干劲、毫无志气、缺乏上进心的人,转变成对工作和人生都抱有热情、努力奋斗的人,这个要素也可以从 0 分到 100 分来打分。假设有一个人,身体素质非常优秀,"能力"可以打 90 分。但这个能力出众的人,如果过于相信自己的才能而放弃了脚踏实地的努力,"热情"就只能打 30 分。这样的话,"能力" 90 分,乘上"热情" 30 分,结果是 2700 分。同时,假设还有这样一个人,他认为自己的能力顶多也就是比平均水平高一点点,可以打 60 分左右。但正因为没有出众的能力,所以要努力奋斗,于是他燃起热情,并持续努力奋斗。假设这样的"热情"能打 90 分,"能力" 60 分乘上"热情" 90 分,最后结果是 5400 分。与之前的那个有才能的人相比,这个能力并不出众的人能获得翻倍的成果。也就是说,能用持续的努力来弥补能力的不足,也可能获得很大的成功。

接下来,这个乘积还要再乘上"思维方式",与"能力"和"热情"不同,思维方式的幅度更大,从 -100 分到 +100 分打分。所以,如果想让"人生·工作的结果"更加美好,就必须让"思维方式"呈现正值。一个"能力"很强的人,不管他拥有怎样燃烧的"热情",不管他如何付出不亚于任何人的努力,只要其"思维方式"是负值,其结果就会变成负数。"能力"越强,"热情"越高,"思维方式"越正确,方程式的积就会越大。成功方程式表明了人生的艰辛的不同程度,因此员工自己需要努力发展。

2. 建立阿米巴经营哲学

日航及部门改革之所以能够如此成功,关键在于引入"单位时间核算"的概念,建立了阿米巴经营哲学。比如,引擎检修航运维护、重型机械检修的作业内容均设有阿米巴的"预估营业额"。在扣除人工成本后,将余下的利润除以作业时间,便得到了以小时为单位的"核算额"。不把人工成本计算在内,是为了避免出现根据工资的高低来选择技工的情况,从而最大限度地激发各阿米巴中现有员工的潜力。

刚导入部门独立核算制度时,员工们主要致力于通过削减成本和承接海外航空公司的检修及维护工作来提升营业额。而现在,伊藤总经理介绍说:"最近,各阿米巴跨越了彼此的界限,检修和维护总部的各部门实现了互帮互助。"比如,当引擎检修部门的月度业务数量无法达标时,负责维护机体起降和航运等工作的其他团队就会想办法向海外航空公司讨活干。

换言之,每个阿米巴并非"自扫门前雪",而是会关注其他阿米巴的业绩情况,并为了达成整体目标而齐心协力。所以建立阿米巴经营哲学,是让所有员工有团结和发展的思想意识。

3. 制订意识改革的具体计划

日航内部教育的实际情况是由野村先生担任意识改革推进部的部长。日航一直以来对教育都很热心,甚至有栋专门的建筑作为教育中心。日航的员工教育以专业教育为主,另

外,对人文教育也很花力气。但实际上,这些工作都交给了外部的教育咨询公司,主要是聘请一流讲师讲课,主要对象是日航的正式员工。

在开始时,外聘咨询人员首先向野村先生说明了之前提到的意识改革的基本思路,结果让咨询人员大吃一惊。他发现,思想还有很大差异。比如,有关领导人教育,意识到过去从没有对经营领导层进行过教育,因此野村先生认为做不了。并且野村先生还反对制定日航哲学。日航迄今为止已经有过好几次制作标语和制定宗旨等相关活动,但没有什么效果。所以野村先生认为在刚刚破产之际,再来做这样的事情,员工会产生严重的抵触情绪。野村先生的意见很宝贵,但不能因此就不进行意识改革。不过从野村先生的意见中,外聘咨询人员明确了一点,因为意识改革的课题实际上极其单纯,所以由外人来带头的话,可能会引起员工更大的反感。

于是,决定暂时请大西社长带头,外聘人员担任幕后的角色,向大西社长提出了这个请求。开始时大西社长很犹豫,但通过反复阐述稻盛和夫的哲学以及意识改革的重要性,他最后终于答应并接受了安排。

包括上述内容在内,整理了更为具体的意识改革的计划,做成报告提交给稻盛和夫。稻盛和夫批示"照此办理",并对负责人说:"这件事就交给你了,大家对意识改革都很担心,对破产清算人等也要做详细的说明。"

负责人在得到认可后,认为一定要按照自己制订的计划推进,一定要让意识改革取得成功,不达目的不罢休。

4. 打破部门和职能隔阂

如前所述,为了提高整个日航的一体感,主要管理层制定了日航哲学,开始了哲学教育。如果按照原来的方法,即以部门为单位进行的话,部门间的隔阂就无法打破。因此,对于来自航运、空乘、机场维修、地勤、销售、间接部门等不同部门的员工,在思想培训这一块,公司打算一视同仁。甚至要求超越企业的界限,让公司各部门的员工及各关联公司人员一起学习。

各关联公司和各本部的负责人都接受过领导者教育,再加上很多人是制定日航哲学的工作小组的成员,所以当负责这一工作的人员提出上述主张的时候,他们非常理解这样做的重要性。虽然这种做法是初次尝试,但是大家当即表示同意。

秉持同样的宗旨,不管是新员工还是董事,都可以在同一个教室内接受同样的哲学教育,与职位高低无关。虽说一般认为按职位高低区分教育对象会更有效率,但这样不区分的方式,会让所有员工产生公司一体的情感。如果不去打破各职位间的隔阂,这种隔阂会导致公司四分五裂,这种案例十分常见。

在哲学这个最基本的价值观面前,不管是新员工还是干部,大家都是平等的。比如说,在日航哲学里的"拥有美好的心灵""拥有谦虚、坦诚之心"等内容,讲的都是作为人应有的姿态,而与职位高低无关。所以最重要的是大家要在一起学习。

就这样,2011年4月,日航哲学教育开始了。在大家自己动手装修的教室里,利用自己找来的桌椅,以自己参与制定的日航哲学手册和视频为教材,按照自己设计的流程,由公司自己的员工来推进。最早听课的员工似乎都很惊讶,他们进入教室时,发现在场的大

都不认识，工种、部门和职位大都不同。所以他们一开始担心与坐在同一桌的员工没有共同话题。

实际上，开始的时候气氛确实比较拘谨。虽然大家来自不同的部门，雇佣形式和职位也各不相同，但还是找到了共同语言，就是日航哲学。虽然每次学习会的主题都不同，但因为有了日航哲学这一共同话题，大家慢慢活跃地交流了起来。

很多普通员工通过这个场合才第一次跟高管交流。看起来很难接近、很了不起的高管，也同样会有烦恼，和他们一起学习正确的做人道理。就这样彼此拉近了距离，产生了亲切感。另外，干部们也很惊讶，他们感受到新员工和非正式员工都秉持着坚定的人生观、价值观。

还有很多人是进入日航以来第一次和其他部门的人说话。例如，飞行员和航空乘务员，在学习会上，第一次见到维修或销售部门的人，于是有了很多新的感触。航空乘务员以前认为，飞机之所以经常发生故障，是因为维修人员工作不到位。而维修人员则认为航空乘务员对于机内设备的不当操作才是故障的原因。他们总是互相责备。当他们直接面对面交流后，才实际感受到，看上去很潇洒的航空乘务员，要从清早到深夜进行轮班，在辛苦的工作中还要保持微笑。而维修人员为了在规定时间内完成维护保养工作，每天都是满身油污和汗水，拼命努力。航空乘务员从销售人员那里了解到乘客的真实想法，在航空乘务员看来对服务比较满意的商务人士其实内心是有意见的，以前他们是不知道这些的。

实施哲学教育后，越来越多的员工在日常对话中会提到："哲学教育振奋了精神，下次什么时候上课呢？"打破部门隔阂，在遇到各种困难时，部门之间不再是相互指责，反而是自然而然地相互帮助、相互协作了。

（三）日航的现场力整改

日航最实际的行动就是对现场力的整改，从基本的航空飞行的整点开始到最小的机内服务，一点一点地对其进行全员服务意识优先的改革。

1. 准点到达，争取第一

航空公司作为社会公共交通运营的一环，准点出发、准时到达是其理所当然的义务。话虽如此，但在现实中，由于恶劣天气、航班拥堵等，飞机时常会晚点。飞机乘客经常会说："飞机快是快，但总担心能不能准时。"2015年，日航在全球主要航空公司中脱颖而出，实现了世界第一的准点到达率。

自2010年后，日航有5年获得"准点到达率世界第一"的荣誉。其对于航运的精准要求，远远高于其他国内外竞争对手。日航的秘密到底在哪里？让我们深入一线，一探究竟。

需要先解释一下准点起降的定义。从字面上来看，即"按照时刻表上的时间，准点出发和到达"，但其实际上较为复杂，包含多重意思。准点起降包括"准点出发"和"准点到达"两层含义。飞机降落到机场后，其前轮会被安上制动锁；起飞滑行前，制动锁会被移除。"起降时间"，其实分别指的是"移除制动锁的时间"和"安上制动锁的时间"。像羽田和成田这类航班繁忙的机场，哪怕按时移除了制动锁，有时因为要排队等候起飞，也会发生晚点。反之，有时哪怕滑行起飞较晚，但由于加快了飞行速度，飞机照样能准点到达。不仅如此，有时因为风向，比如从西往东飞的飞机，便能够乘着偏西风加速，飞机还会提早到达。前文提及的"准点到达率"，由飞机航运数据的权威网站 Flight Stats 发布。但日航官网的安全航运信息页面则有准点出发率的数据信息，这一信息每月会统计和公示。日本国土交通省则会统计各航空公司的准点航运率，每季度发布一次。而其所指的准点航运率，其实是"准点出发率"。

世界民航的各种计算是错综复杂的。比如，Flight Stats 给出的容许时间范围是 14 分钟内，而国土交通省的则为 15 分钟内。换言之，迟 14 分钟或 15 分钟，依然属于准点。而在日航官网上，其对准点出发的定义为：以时刻表的出发时间为基线，晚点时间不超过 15 分钟即为准点出发。另外，乘务员、机场工作人员和飞行调度员等对于准点的定义完全不同。

因此，日航所追求的是严格的准点。也就是说在这些一线工作人员眼中，哪怕迟 1 分钟，也属于晚点。这种严格的态度，不逊于铁路系统的运营人员，他们所追求的是唯有真正的"分毫不差"才能被称为准点。

2. 机场待客追求极致

机场待客追求极致，机场人员第一印象、鞠躬姿势、措辞用语要求相对完美；还要妥善确认托运行李是否超重，是否有危险品，并在听取顾客要求的前提下选定座位。当然，即便做到了这些，也只能算是最基本的第一层服务。

第二层服务是出现常规事件时员工解释和劝说要做到尽答细答。比如怀孕的乘客，要求坐在紧急出口座位。但出于安全考虑，这样做是违背民航规定的。所以，有规定的语言、情绪安抚等。

第三层服务是出现非常规事件时的应急处理，要做到客户至上。例如，乘客订购单程特价机票等很多需求，可能会出现非常规情况，这时员工要遵循客户至上的原则，小到语句声音、行动细节，日航均会提出要求与标准。

所有服务中，在理解乘客的真实需求上，由一线人员自主快速给出解决方案，保证做到服务尽善尽美，追求极致。

3. 舱内服务严格训练

在飞机上，我们经常可以看到如下场景。"抱歉让您久等。这里有煎梭子鱼肉和扇贝肉，您是否要配上一杯葡萄酒？"十几名新入职的机舱乘务员，有的在左右通道发餐，有的在机内厨房配餐，为的是把一份份机内餐食送到乘客手中。这似乎就是民航客机中日常的一幕，但实际上上述场景并非只发生在高空，而是在羽田机场检修区内一栋大楼的一个房间里。

室内装修和布局再现了波音 777 的商务舱的景象。而上述乘务员则在以角色扮演的形式磨炼服务技能。自不必说，所谓的机内餐食只是塑料模型，饮品也只是白开水而已。

这些新员工要在国内航班上锻炼 1 年到 1 年半，然后通过为时 1 个月的训练，才能获得在国际航班上工作的资格。在训练现场，客舱培训部的教官坐在距离她们两三个座位的地方，仔细观察她们的一举一动。乘务员的微笑服务，教官的严格审视，两种原本格格不入的气氛同时混杂在同一空间中，实在有点奇妙。

客舱乘务员被人们称为空姐，也是不少人所憧憬的体面工作，但这项工作对安全和服务都有着颇高的要求，因此新员工必须一步一个脚印，刻苦地接受严格的训练，而这是乘客看不到的一面。刚入职后，先要接受大约两个月的初期训练，全面了解和习得理论知识和实用技能。通过考核后，才有资格佩戴训练生的徽章，在国内航班上接受在职训练，真正了解现场情况并掌握业务内容。

这样持续 1 年到 1 年半的时间后，她们会暂时调离工作岗位，接受大约为时 1 个月的过渡训练，为的是在国际航班上工作。与国内航班相比，诸如飞机内的餐食和免税商品的销售等，都要复杂得多。虽然已经有了 1 年多的工作经验，但对她们而言，依然是充满挑战的新开始。与之前的训练类似，光完成课程是不够的，只有实际技能达标，才能获得飞国际航班的资格。

在国际航线飞 1 年到 1 年半后，接下来等待她们的是头等舱的服务训练。除此之外，各乘务员所属的团队还会每月举办讨论会等。换言之，培训会一直继续，且内容丰富。在成为独当一面的"达人"前，新员工必须接受诸多的培训，这并不限于民航业，许多服务行业皆是如此。日航与众不同的地方在于其采取独特的、严格的教育方式。

4. 利用尖端技术实现未来蓝图

"现场力"是日航浴火重生的原动力。为了将其强化，日航以 IT（信息技术）为工具，进一步推进业务改革。从智能手机、平板电脑等日益普及的电子产品，到传感器、VR 等前沿领域的数码设备，日航孜孜不倦地追求，灵活利用各种信息技术，致力于改革各个工作场景和业务领域。

平板电脑成为客舱乘务员的得力助手。在羽田机场日航客舱总部的会议室，6 名乘务员正在为当日的勤务航班做准备，彼此交换意见和信息。短会结束后，随着一句"让我们舒展身体吧"，乘务员们按照 iPad mini 里面的示范视频，一起做起了体操。乘务工作是个体力活，在飞机上四处走动不停地处理情况，因此出发前的准备运动必不可少，而 iPad 则提供了便利。从 2014 年 2 月起，日航开始购入 iPad，如今算上国内航班和国际航班，总共有大约 5000 名客舱乘务员在使用这一设备。提供给国内航班乘务员的是支持 LTE 的 SIM 卡型号，以便她们能在家中和上下班的路上使用；提供给国际航班乘务员的是仅支持 Wi-Fi 的无 SIM 卡型号。

据客舱总部企划部经理折原范明介绍，购入 iPad 的初衷，是为了"在乘务员多达 5000 人的现实环境下，突破纸质资料的瓶颈"。按照航空法，乘务员必须在执勤时携带指导手册。手册是活页夹式的大部头，合计接近 2 千克重。不仅如此，由于手册被频繁修订有改动，就必须打印替换页，然后递到每名乘务员的邮箱。换言之，信息的传达十分费时。

近年来，随着机内餐和服务的改进和丰富，指导手册的内容也相应增加，这让日航决定推行资料电子化改革。IT 企划总部旗下推广部门的小林尤其对后者赞不绝口，作为检修操作小组的经理，他介绍道："自从有了 iPad 和业务报告 App，我们能够在短时间内完成一份清晰明了的状况报告，它比手绘还要方便易懂。"

围绕工作业务 App 的建议征集活动一直在继续，不仅在引入 iPad 的阶段如火如荼地开展，之后也从未间断。日航会定期举办征集活动。对此，小林介绍道："在引入 iPad 前，很多人对 App 根本没有概念，但在实际工作中使用过一段时间后，新的建议就开始涌现了。在我看来，关键是将建议变成现实。"这种以小型终端设备为载体的业务改革还渗透至集团各领域，总公司的事务部门亦不例外。

（四）部门独立核算制实操

日航破产重组之际，稻盛和夫引入了京瓷"阿米巴经营"的"部门独立核算制"。2011年4月，先拿日航自身的主业务的核心部门作为试点，逐个导入。

1. 定量核算杜绝浪费

在位于羽田机场一角的客舱乘务员专用间，分属国内外各航线的日航乘务员的手持行李中，都有一件共同的东西，即活页夹。早在日航申请破产保护之前，上述单据的携带数量便已有规定。可当时的乘务员总是担心不够用，于是经常多拿多带。尤其对于规定只拿一份的文件或单据，乘务员"以防万一，多拿一些"的倾向越发明显。至于那些没用完的文件或单据，有的能够在下趟航班中发挥作用，有的则在乘务员的包里被弄脏或折弯，最后进了垃圾箱。

为了杜绝这样的浪费，日航出台了"定量成套"的措施。实际上，就是事先按照活页夹封面规定的数量装入相应的单据，组成一套。各航线乘务员根据需求将组好套的活页夹带入机舱。航行结束后，乘务员在活页夹里补充使用掉的单据后，再将含有一套完整单据的活页夹归还。

正是将固定数量的单据组套装入活页夹的方式，使得乘务员不会将携带的单据搞得混乱。如此一来，不仅多余的单据可以再回收利用，而且避免了单据污损导致的浪费。

一张文件或单据的价格不过区区几日元，但日航的客舱总部共有 5000 多名乘务员。仅羽田机场一处，每天便有大约 200 趟航班。即便一趟航班只节约几日元，一年累积下来削减的成本也是以万为单位计算的。当然，在后期的科技引进，更是让这类纸质成本大幅度减少，同时工作效率上升。

2. 成本意识落到小物

部门独立核算制的最初试点是日航自身的主营业务公司，之后逐年扩大。日航提交给投资者的报告书中写道，截至 2016 年 3 月，除日航的主营业务公司外，其旗下的 50 多家子公司中，已有 31 家导入了部门独立核算制度。如今，日航已然成为拥有"高收益体质"的企业，仍然努力推进该制度，力图将其渗透至企业的每一个环节。

"塑料袋 1 日元，封箱带 60 日元，防尘头巾面罩 627 日元……"在羽田机场的日航飞机库，有一处属于日航的机体检修维护作业区。在其中的耗材存放点，便能够看到上述提示。之所以像这样把耗材的单价张贴起来，是为了让技工们拥有成本意识。对此，富田介绍说："在（日航）申请破产保护前，维修部门只知道在提高机体的安全性上下功夫；而在成本费用可视化管理层面，则投入得太少。如今，通过实现费用的可视化管理，员工树立起了成本意识。"

阿米巴经营哲学带来的好处不限于此。同属企划财务部的伊藤宽刚总经理介绍说："大家之前只把精力放在如何缩减机体检修维护费用上。如今不仅关注费用支出，还会着眼于'能否提高阿米巴的收入'。这种用心提升盈利能力的意识，是大家之前所不具备的。"

在导入部门独立核算制后，通过努力缩短检修维护的作业时间，技工也开始对公司营业额做出贡献。在破产前，技工团队会耗费整整一天来完成被指派的检修任务；如今，各团队会随机应变地处理，一个团队在完成手头的活之后，会主动协助尚未完成任务的团队。

这项举措好处多多。伊藤总经理说："通过合理统筹，团队能够用挤出的空余时间承接其他海外航空公司的机体检修工作，从而为公司创造收益。"这项举措还提升了改装飞机座椅的效率，使任务得以提前完成。为了提升在国内航线中的竞争力，日航导入了名为"SKY NEXT"的新式客舱配置。这种配置采用了较薄的座椅设计，从而拓宽了座椅之间的空间，而且给所有座椅包上真皮，营造出了高级感。从2013年年中开始，羽田机场的日航技工们接到了上述客舱改造任务。改造的机体为较小型的波音737-800。起初预计在2015年4月完成任务，但实际上提前了1个月。在2015年3月底前，需要改造的所有飞机都已交付。这使得更多的乘客更快地享受到这种新式、舒适的座椅。

2014年则更进一步，开始着眼于最大限度地优化检修和维护零件的时机和频率。为了解决事后的大修增加的成本支出和检修维护的成本居高不下，对于飞机引擎等重要部件，公司通过大数据来最大限度地优化更换的时机和频率。通过在相应的部件和零件上安装传感器的方式，获取相关数据（包括温度和形变等数值的变化）。飞机定期向检修部门发送这些数据，核算解决问题所需的成本。

这种方式使得对于各个部门及每件小物，大家均在意其最小成本，达到最可能的高效率。

3. 一线员工懂得账目

在日航，看懂业绩核算表不光是对领导层的要求，就连一线员工也必须做到这点。

2014年10月，日航开始正式导入部门独立核算制。从那之后，各小组每月都会举办一次学习会，为的是让全员明白该如何读懂核算表。像加藤主管这样的组长必须定好每次学习会的主题。在会上，大家一起详细讨论和学习如何解读每个数字的意义、如何发现数字变动背后所隐藏的信息，以及如何制定各小组的业绩提升目标等。

为了让一线员工更为轻松地理解部门独立核算制，加藤主管钻研出了自己的一套办法。比如，以记录每月各部门收支的核算表为素材，设计一些谜题，逐渐引导员工解谜；而在设定下个月的目标时，则把每名员工的月度接线数量及销售额表示成类似游戏中的实力值，并在此基础上设定下个月的侧重点，从而使员工心服口服。

若有个别员工未能完成目标，则小组全员都会进行反思及讨论，大家一起思考未达标的原因，并研究下个月的对策。很显然，倘若只是一味地责备未达标这个结果本身，不管是对员工本人还是对上司而言，都是毫无实际意义的。所谓全员讨论、全员思考，并非放任自流的撒手政策，而是为了总结教训、实施循环式品质管理，进而改善下个月的业绩。

在刚导入部门独立核算制之后的一段时间里，实际业绩与目标之间一直有很大波动，或超额完成，或相差较远。为此，大家每个月坚持认真分析原因，最后有了很大改善。

对此，加藤主管说道："（通过分析和改进后）我们提高了设定目标的准确度。目标与业绩开始变得一致。"部门独立核算制在日航逐渐落地生根。带来的成效不只体现在业绩数字上。随着"学习会"的不断举办，员工们的精神状态也发生了转变。加藤主管介绍道："之前，在学习会上，副主管都会向大家介绍其他部门或日航旗下公司的一些成功案例，譬如别人是如何设定高目标并最终实现的等。最近，员工们开始主动提出要求，希望了解更多的成功案例。员工们不仅努力提升销售额，还逐渐具备了削减成本的意识，包括减少纸张的复印数量，尽早提交文件等。这也减轻了总务部的加班负担。

在刚导入部门独立核算制度时，加藤主管很犯愁，担心大家不能理解，变成自己唱独角戏。通过核算表，每个人每天的接线数量等一览无余。但公司并非把这些数字视为评价员工的唯一依据。加藤主管对此解释道："身为管理人员，我们一直在努力体恤员工，认真关注每个人的工作状态，力图在他们身上找到数字所无法体现的优点。我们会赞赏他们，并鼓励他们审视自我、评估自我，设定与自身情况相符的目标，从而实现全员方向一致。"

在正式导入部门独立核算制度的半年后，也就是2015年春季，加藤主管逐渐感受到成效。其回忆道："当时正值四月，有新员工入职。讲解部门独立核算制自然也是新员工教育的一环。让人欣慰的是，讲解的人既非主管也非副主管，而是公司里较为年轻的普通员工。看到那些年轻人在讲解时笑着说'我自己当初也是一点点搞懂的'，我就知道这事（部门独立核算制度）能成。"

在日航东京总部负责导入部门独立核算制的藤井圣子，是统括事业中心企划部经营企划小组的执行课长。她介绍道："自从导入这一制度后，我逐渐在员工中听到了原先听不到的声音。许多员工在面对请假问题时会关注会不会最终影响销售额。"也就是说，如果一名接线员请假，其造成的影响原本难以评估。可一旦有了部门独立核算制，每个人的业绩便实现了可视化，这样就自然而然地激发了员工的责任感。部门独立核算制的成果，最终在业绩上得以体现。所以，让一线员工也懂得账目，才会让每个人有清楚的业务责任。

（五）全员学习

在日航，不管是高层还是一线员工，全员都要学习进步。无论是专业的学习还是哲学的培训，全员学习已成为日航的基本核心。

1. 全员日航哲学培训

2015年10月上旬，40名日航集团员工齐聚羽田机场内的研修中心，接受名为"日航哲学教育"的培训。职位和制服各异的员工围着桌子，热情洋溢地参与讨论。当天的主题是"在工作中做到有意注意"，大家都阐述了自己的心得和想法。

培训长达两小时，但大家毫无倦意，认真专注地投入其中。日航集团的大约32000名正式员工和工作在各地机场的劳务派遣人员，每年都会接受三次这样的培训。负责这一培训活动的，是被称为"促进者"的各岗位的在职员工。他们由上司推荐而当选，之后他们会离岗一年，专注于"日航哲学教育"的相关工作。他们承担从教材开发到安排培训的全部工作。对此，人事总部意识改革·培训推进部的野村直史部长介绍道："我们不委托外部的培训公司或员工教育部门的同事，而是让一线员工亲自当讲师，这使得学员更容易开心、认真倾听。"

2. 集中开展"领导者教育"活动

在2010年5月25日的会议上，稻盛和夫指出："要想对日航实施全面有效的改革，我认为一方面要建立能够提高企业收益的新的组织体制，另一方面需要对包括中层干部在内的公司管理人员进行意识改革。大西社长已经成立了直属组织，并在努力开展意识改革工作。之所以这么做，是为了构建新的企业经营哲学，并将其与全体员工共享。以此为基础，大家齐心协力地为重建公司而奋斗。各位上层干部自不必说，中层干部也要参与进来。我虽力量微薄，但也全力推进意识改革，传授过去积累的企业经营经验，为培养员工和干部不遗余力。我相信日航一定能成功重建，并成为一个高收益的企业。"

按照稻盛和夫的上述讲话，日航开展了名为"领导人教育"的活动。干部们集中学习了稻盛经营学的内容，包括经营十二条、六项精进，以及对稻盛经营学影响颇深的中村天风的格言录，还有稻盛和夫通过创立和经营京瓷所领悟到的阿米巴经营哲学和京瓷哲学等多方面的内容。

"领导者教育"的对象主要包括全体董事会成员及主要部门的部长级员工，共计约50人。他们每周抽出两个工作日外加周六来接受该培训，有时还会住在一起集中学习。2010年6月，他们花了整整17天，集中聆听了稻盛和夫的教诲。

一位参加过"领导者教育"活动的干部感言："换作现在，大家肯定会因为工作安排问题而无法聚在一起学习。日航申请破产后的那段低潮期，恰好给了大家学习和充电的时间。我觉得'领导者教育'活动可谓日航重生的契机。"

在前期的"领导者教育"活动中，稻盛和夫讲述了自己为何会为了拯救日航而出任会长，还解释了企业哲学为何如此重要。这些关键的问题，他几乎每次必讲。

身为学员的领导干部们起初对稻盛和夫讲的内容半信半疑，结果屡次被他训斥道："我看你们啊，根本没听懂！"通过不断深入体会稻盛和夫力图拯救日航的一片赤诚之心，干部们逐渐敞开了心扉。

"领导者教育"活动结束后，在一次例会上，稻盛和夫宣布，公司改革将迈入下一个阶段。

稻盛和夫当时说道："日航要想重生，经营者的意识改革是关键。围绕领导者应具备的哲学思想这个主题，我凭借自己一点点微薄的经验，在公司内部开展了相关的学习活动。承蒙公司同事的热心响应，我能切实感受到，与我上任时相比，日航的企业氛围开始有了变化。今后，我希望各位干部能够积极讨论和研究，从而在年内制定出日航的经营理念和经营哲学。"

这番发言，可谓稻盛和夫对外正式宣布"日航哲学制订计划"的历史性瞬间。至于稻盛和夫在上述发言中提及的经营理念，比日航哲学要简短，类似于一种企业口号。当时以大西社长为代表的董事会成员在研究讨论后，便公布了日航的经营理念。在一些当事人眼中，经营理念反映了公司高层的意志。

与之相对，日航哲学的诞生则较为耗时。当时的大西社长从参加"领导者教育"活动的 50 名学员中选出了 11 人，他们来自航运、检修、客舱等现场部门，包括时任航运总部部长的植木义晴及时任客舱总部部长的大川顺子，大西社长自己也作为成员加入其中。名为日航哲学研讨工作小组（简称 WG）的组织至此成立。WG 还请到了稻盛和夫的得力助手大田嘉仁担任咨询师。大田嘉仁和稻盛先生一起，为日航的重建付出了大量心血。对于 WG 的会议，他也是每次必参加，且热心关注成员的研讨过程。

3. 新员工教育

新员工教育的第一课就是"回顾破产危机"。作为"回顾破产危机"的一个教育环节，新员工还要观看约 10 名日航员工的受访视频。在视频中，那些员工和负责新员工教育的主管辻奈奈一样，讲述着自己的个人感受。从申请破产当天的心境，到同心协力使企业浴火重生的过程，这些来自第一线的真挚声音，传入了新员工的心中。

另一能够体现日航重视新员工教育之处是通过设置"思考、写下、发言、讨论"4 个环节，确保新员工有足够的时间消化教育内容。先让新员工每人以"全世界乘客首选和最爱的航空公司"为题，把自己认为其应具备的特质都写在便签上。选择航空公司的主体并非只有乘客，还包括股东、社会、员工。对新员工而言，能站在不同的立场上放飞思维，也是一种非常有价值的想象训练。

完成这些后，新员工会每 6 人 1 小组，进行小组的便签整理分类及讨论。各小组再把自己的成果贴在墙壁上进行展示。新员工在前三天会有发散思维训练和小组自由讨论等。

到第四天，会有一些针对性活动，比如提出"作为日航集团的一员，今后打算怎么做"等问题。日航教育主管主要是引导新员工独立思考、动手动脑，深度理解企业的基本理念和哲学。这可以说是日航独有的培训方式。采用这种方式后，日航内部给出了效果显著的高评价。他们称："短短四天，新员工的思考力和洞察力就有了质的飞跃，简直太奇妙了。"

4. 全员努力，学无止境

2010 年 12 月，在位于东京天王洲岛的日航总部董事会会议室里，WG 成员在做现场报告。作为会议中的重要一环，报告内容涉及日航哲学的各项条目及制定过程。

日航哲学的最终定稿收录了 40 项条目。虽然制定的时间较为紧张，仅有短短几个月，但参与其中的不仅有经营管理层，还有普通一线员工。它囊括了一线员工的意见和建议。可谓是接地气、有针对性的实用内容。一名 WG 成员感叹道："这是全体员工共同完成的企业哲学。"

WG 成员在天王洲岛总部做报告时，稻盛和夫会全程认真聆听。报告完毕后，他会点评："在这么短的时间内取得如此成果，你们很努力。"

这番点评，既是对 WG 成员、事务局和全体员工的肯定，也标志着这一众人团结协作的成果，即日航哲学，正式宣告完成。

从"领导者教育"活动到制定日航学，一名见证其整个过程的日航干部回忆道："纵观日航的历史沿革，公司从未如此迅速有效地完成过这样重大的目标。"面对破产的打击，员工们苦苦摸索，幸亏稻盛和夫前来指点迷津，向大家展示新的企业理念和哲学，并迅速将其推广，在整个集团普及。但这并非终点，日航哲学的深层现实意义，还在于今后的企业发展之路。一名 WG 成员说道："如今公司业绩良好，但将来才是关键。所有日航人都不能忘却孜孜不倦的态度和精神，因为学无止境。"

第三节　小结与思考

一、小结

现在看来，大西会长也好，植木社长也罢，这些制定日航哲学的中流砥柱迟早也有退休的一天。企业的外部环境会变化，经营业绩也会波动。做到一心不乱，让日航哲学成为不断传递给新员工的精神火炬，坚持做到全员努力、学无止境，这才是整个集团的立足之本。

二、思考题

1. 稻盛和夫在日航进行全员学习的哲学是什么？
2. 阿米巴经营哲学的内容是什么？
3. 日航的成本控制是如何做到落实到小物的？
4. 日航的新员工培训的独特性在哪里？
5. 日航的精神火炬是什么？

思考题答案

第七章
中国航空工业集团有限公司数字化采购平台建设

学习重点：
1. 了解数字化采购平台的流程、特点。
2. 了解数字化采购平台的功能、架构。

学习难点：
掌握平台采购系统的架构。

第一节 引 言

2021年两会期间，全国政协委员、中国航空工业集团有限公司、董事长谭瑞松提交的关于落实党中央"十四五"规划建议，加快发展制造业"数·智"解决方案供应商的提案，聚焦创新密集型制造业的特点和重要性，提出加快中国制造业转型升级进程，依托航空工业和先进制造业，加快发展"数·智"解决方案供应商。

高水平"数·智"解决方案供应商是推动制造业整体转型升级的关键力量，也是加快我国制造业转型升级的一个重要前提。在全球范围内，"数字化＋智能化"变革正在成为传统制造业向创新密集型制造业转型升级的一个基本范式，"数·智"解决方案供应商仍然是极为稀缺的资源。

第二节 案例解析

 一、案例摘要

航空工业电子采购平台由中国航空工业集团有限公司（简称"航空工业"）主办，由中航金网（北京）电子商务有限公司（简称"中航金网"）负责建设与运营，打造具有国际竞争力的航空供应链体系，旨在实现构建开放型供应链体系、提升供应链管控能力航空强国战略。在"集团抓总、主机牵头、平台支撑、体系保障"的总原则指导下，航空工业以构建"安全、敏捷、经济"的现代化供应链管理体系为总体目标，对标波音、空客等先进企业数字化工程，以"开放、共享、协同"为指导思想，以"厚平台、微应用、云服务"为总体架构思路，打造统一的航空装备供应链数字化平台。面向集团各成员单位与社会供应商提供在线采购寻源、招标比价、合同管理、供应商管理与评价、支付结算以及在线融资等服务。

关键词： 航空供应链　数字化平台

 二、案例背景

航空工业是技术密集型高科技产业，就全球范围内而言，航空工业在各个历史时期都扮演着技术引领者的角色，诸多先进理念、技术、研发制造模式等都是率先在航空工业领域得以应用，进而向其他制造领域扩散和推动，以带动整个制造业的进步。我国航空工业在数十年的发展历程中，在数字化设计、数字化制造、两化融合等方面一直走在各行业前列。

围绕"数·智"能力体系建设，航空工业正在发展高水平工业软件、先进工艺装备、人机协同系统等重大基础产品，在数字工厂、智能生产线等领域与其他先进制造业开展合作，通过规模化实践，加快提升中国制造业的"数·智"解决方案供应商能力。

在航空工业的"十四五"发展规划中，已经明确把"数·智"能力体系建设作为与科技、产品和产业并列的发展主线，攻克设计—试制—试验各环节的数字化、智能化瓶颈，推动航空创新链和产业链深度协同，打造面向产品和服务全寿命周期的"数·智"保障能力，推动航空工业向更加敏捷、精益、高效、融合的方向转型升级。

我国超大规模制造业、生产性服务业与资本、市场、创新的深度融合，是我国发展全球领先"数·智"解决方案供应商的动力和优势。通过"数·智"解决方案供应商的技术和能力辐射，整体加快我国制造业转型升级进程，将真正构筑和持续巩固我国制造业"数·智"竞争优势。

航空工业将发挥先进制造业领军企业的战略性作用，协同产业链上下游、产学研力量，带动中小企业创新活动，打造任务型创新联合体，面向我国制造业发展需求，培育和发展全球领先的"数·智"解决方案供应商，构建起中国特色、先进完备的"数·智"能力体系和创新卓越的"数·智"产业生态。面向21世纪中叶，使中国制造业持续成为全球经济和社会发展的火车头，支撑中国和世界实现更高质量、更可持续的发展。

三、案例正文

（一）中国航空工业集团有限公司电子采购平台搭建

"构建开放型供应链体系，提升供应链管控能力"是中国航空工业集团有限公司的航空强国战略举措之一。作为航空工业供应链信息化平台的建设和运营支撑单位，中航金网以电子化采购为起点，全力打造航空工业统一的数字化、智能化供应链信息平台，实现供应链管理可视化、可感知、可调节，支撑集团公司建立安全、敏捷、经济的现代化航空装备制造供应链体系。集团公司不断强调要"打造具有国际竞争力的航空供应链体系"，重点解决飞机交付难、生产不均衡的问题。航空工业供应链信息化平台作为航空供应链体系的重要组成部分，是实现航空供应链数字化、智能化的抓手。

中航金网成立于2005年，隶属于中国航空工业集团有限公司，是国家级高新技术企业，国家级制造服务型示范项目企业，制造管理信息化技术国家地方联合工程实验室（北京分中心），中央企业电子商务联盟副理事长单位，中国电子商务创新推进联盟副理事长单位，中国产业互联网百强企业。目前承担航空工业与中国航发两大央企集团的采购与供应链管理平台的建设运营工作。

航空工业推进航空装备制造智慧供应链平台应用既是贯彻落实国家相关政策，更是对标国际一流企业，提升自身核心能力，实现航空强国目标的迫切需求。

国家层面对央企采购与供应链管理提出了明确要求。习近平总书记在党的十九大报告中强调，在现代供应链方面，培育新的增长点，增加经济新动能。国务院国有资产监督管理委员会将推进"采购管理提升"列为央企重点管理提升的领域之一，要求央企以供应链管理理念推进采购工作转型升级，开展上网采购、公开采购和集中采购。2015年，中央巡视组针对行业的采购管理发现的问题和风险，明确提出"加强物资采购监管，完善制度，堵塞漏洞"的整改要求。

航空装备制造供应链是个庞大而复杂的体系，配套链条长、覆盖领域广、技术复杂度高、社会化配套程度低，在均衡生产、交付周期、交付质量和成本控制等方面面临诸多瓶颈与挑战，传统的管理方式和技术手段难以适应未来发展需要。中国航空工业集团有限公司董事长谭瑞松多次强调并要求"打造具有国际竞争力的航空供应链体系"，"重点破解飞机交付难、生产不均衡的问题"。

随着移动互联、大数据、人工智能、云计算、物联网等技术的日趋成熟，以及5G技术的应用与推广，工业互联网正在由信息互联、商品上网向万物互联、产业上网快速发展。未来以平台为中心构建产业生态圈，不仅能为传统供应链管理转型升级提供技术支撑，更能推动整个产业管理模式的深刻变革。

（二）平台建设的总体思路、重点任务和当前进展

在"集团抓总、主机牵头、平台支撑、体系保障"的总原则指导下，航空工业打造统一的航空装备供应链数字化平台。

该平台的核心任务包括，通过统一网络基础环境、云计算、云存储资源、安全防护体系、应用开发和大数据集成平台，构建开放性应用生态，夯实信息化基础、逐步消灭信息孤岛，实现数据挖掘、融合、创新；建设集成共享的数字化供应资源中心，完善供应商画像，统一能力评估和评价标准，加强集团整体供应商资源挖掘、培育、管控能力；通过电子化采购、制造协同、第四方物流等系统的建设和应用，实现配套物料与产品供应管理集成化、集约化、可视化，逐步建立集团级可视化调度指挥中心，提高行业整体供应链制造运营风险管控和集成化管理水平；通过知识工程和工业级App云的建设，提升上下游企业产品设计、工艺选型、生产管理、质量控制等方面的能力，提高行业整体研制协同和标准化水平；整合内外部仓储、运输、配送、质检、废料回收、设备保养、金融等优质服务资源，优化配置、创新模式，打造现代化供应链集成服务体系，提高供应链运行效率、降低运行成本。

航空装备供应链数字化平台建设整体分为筑基期、提升期、成熟期三个阶段。第一，以阳光采购为起点，2016至2018年底完成电子采购平台建设，并在全集团推广应用，完善采购管理制度体系建设，实现寻源比价、招投标、合同、支付、物流等采购业务全过程的规范化、流程化、电子化。目前平台注册用户15.7万，累计交易额927亿元，覆盖采购企业359家，上线供应商15000多家，实现年度降本18亿元。第二，2019年至2021年，在持续优化和推进电子化采购基础上，以"专有云"平台、数字化供应商资源管理中心、制造和运营集成化管理系统为建设重点。目前各项工作正按计划有序实施，供应商管理系统、制造协同平台等部分产品已投入试运行，效果良好。第三，以知识工程中心和工业级App云建设为中心，力争在2025年底，将平台打造成为国际一流的航空装备供应链数字化平台，在部分领域形成具有市场竞争力、面向社会企业的数字化产品与服务。

图7-1为平台发展进程。

在新技术革命时代背景下，以数字化平台为中心构建开放性生态是装备制造企业推进供应链管理变革的有效抓手和必然趋势。平台建设和推广既需要充分利用先进的信息技术手段，保持技术的前瞻性，又需要根据行业实际情况，结合制度、流程、运行机制的持续完善，在顶层设计的指导下分步推进，通过实际效果坚定各级决策者的信心。

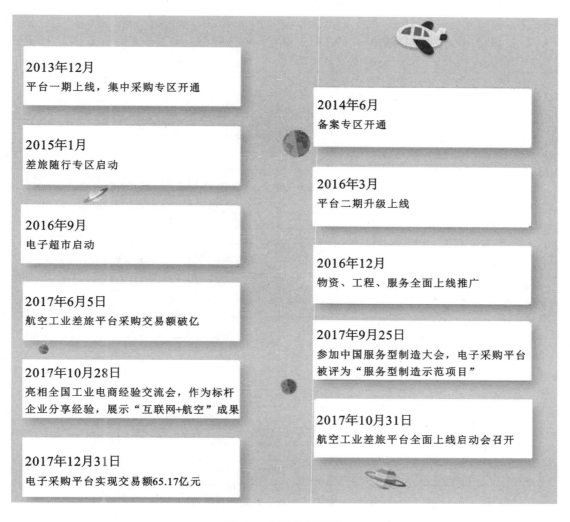

图 7-1 平台发展进程

(三) 航空工业电子采购平台功能与架构

1. 平台介绍

航空工业电子采购平台是由中国航空工业集团有限公司主办,由中航金网(北京)电子商务有限公司负责建设与运营,面向集团各成员单位与社会供应商提供在线采购寻源、招标比价、合同管理、供应商管理与评价、支付结算以及在线融资等服务的一体化电子商务平台。平台以推进阳光采购、集中管理为原则,以管理创新、降本增效为目标,充分利用互联网技术手段,结合航空工业特点,建立完善的采购供应链管理体系,全面提升行业采购管理水平,创新服务模式,实现集团战略管控与采购管理提升要求。

2. 平台业务架构

以支撑集团战略管控为基础，提升用户服务价值为核心，第三方平台为载体，集团各部门、各专业公司分工协作为整体业务架构。

图 7-2 为航空工业电子采购平台架构。

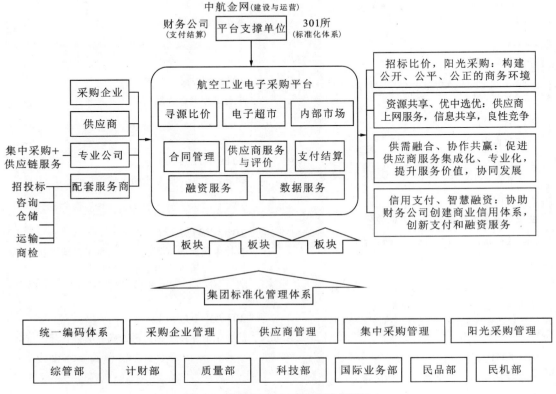

图 7-2　航空工业电子采购平台架构

3. 采购业务

航空工业电子采购平台（简称"电子采购平台"）有多种采购方式，目前主要使用的采购方式有以下几种。

(1) 公开寻源：在平台上发布招标信息，有意愿的供应商都可以参与报价。

(2) 邀请寻源：邀请三家以上经审核通过的供应商在网上比价的采购方式。

(3) 电子超市：电子超市像淘宝等购物平台一样，由航空工业招标中标的供应商，把产品信息（如图片、品牌、参数价格等）通过采购平台审核后上传到航空工业电子采购平台，航空工业旗下的各单位采购人员，在拿到设有权限的账号后，可以直接将选中的产品放入购物车下单采购。

图 7-3 为平台采购系统结构。

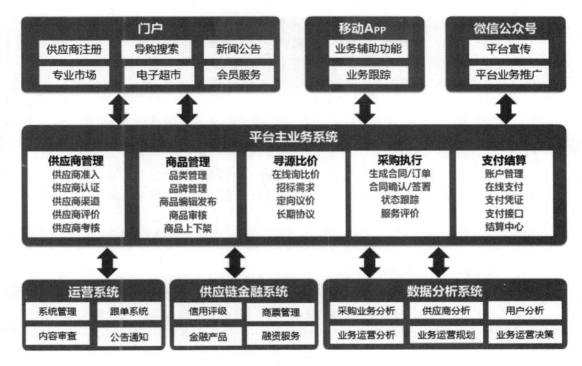

图 7-3 平台采购系统结构

4. 平台产品介绍

"电子招投标平台"是根据大型央企的特点，按照国家检测认证标准建设的全流程电子招标投标交易平台。平台充分发挥互联网技术在提高招标投标效率和透明度上的优势，利用标准流程确保交易过程规范诚信、公平公正，以信息化为抓手，实现全部决策和交易行为可追溯、可监控的管理效果。

"专业市场"依托集团公司或核心企业与供应商已经签署明确采购条件的长期协议，引导其他中小规模采购单位自愿参加并同等享受长期协议优惠采购条件的联合采购模式，实现强势企业采购带动弱势企业采购、生产物资采购带动科研物资采购的效果，形成集团局部和整体的采购合力，逐步扩大集中采购范围。

"物资调剂"通过信息化手段整合集团内部各企业的积压物资信息和资源，形成统一的积压物资信息和资源库，在供求双方之间搭建通道，实现资源信息共享和需求撮合，促进库存管理从粗放向集约转变，盘活企业存量资产，帮助企业瘦身健体、提质增效。

"差旅平台"面向集团因公出行员工，提供从预订审批到报销结算的全流程差旅方案，包括机票、酒店、火车票、用车等一条龙服务。系统绑定企业差旅政策，员工出行无须借款、垫钱，企业与服务提供商定期统一支付、开票、结算。特点：移动端操作方便快捷，协议酒店和大客户协议共享，简化管理流程。

"电子超市"集成社会成熟电商，集团统签优惠协议，实现集中、阳光采购，降低企业管理成本，优化采购体验。特点：简化审批流程，降低管理成本，全程可追溯。

"寻源比价"是针对大型集团企业采购现状开发的标准化寻源工具，企业可根据物资和自身采购管理要求选择采购模式，主要包括：询比价采购、定向议价采购、招标采购和长期协议采购等四种。特点：统一采购规则，阳光、透明、高效。

5. 平台服务价值

1）招标比价，阳光采购

从需求发布、在线寻源、招标比价、电子合同、合同管理、收发货管理，到结算、融资、售后服务、供应商评价全流程服务，打造公开、公正、公平的商务环境。

2）资源共享，优中选优

集成供应商市场信息，资源共享、良性竞争、优中选优，引导企业向优质供应资源集中，优化供应保障和服务体系。

3）供需融合，协作共赢

根据物资特点，加强与战略供应商的融合协作，分级分类推进采购模式由交易型向集成服务型、专家服务型、平台服务型转型升级。

第三节　小结与思考

一、小结

在新技术革命时代背景下，以数字化平台为中心构建开放性生态，是装备制造企业推进供应链管理变革的有效抓手和必然趋势。平台建设和推广既需要充分利用先进的信息技术手段，保持技术的前瞻性，又需要根据行业实际情况，结合制度、流程、运行机制的持续完善，在顶层设计的指导下分步推进，通过实际效果坚定各级决策者的信心。构建了电子招标投标交易平台、专业市场平台、物资调剂平台、差旅平台、电子超市和寻源比价平台。最终实现了阳光采购的招标比价方式，实现公开、公正、公平的商务环境；采用优中选优的资源共享方式，引导企业向优质供应资源集中，优化供应保障和服务体系；采用协作共赢的供需融合方式，加强与战略供应商的融合协作，分级分类推进采购模式由交易型向集成服务型、专家服务型、平台服务型转型升级。

二、思考题

1. 航空工业电子采购平台为什么要改造升级？
2. 航空工业电子采购平台数字化、智能化的特点有哪些？
3. 请分析航空工业电子采购平台功能与架构的优劣势。

思考题答案

第八章

中航工业：坚守航空报国初心，践行航空强国使命

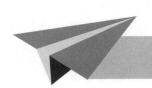

学习重点：

1. 战略承诺的内涵，UVCA 时代如何在战略承诺的坚守以及环境适应中保持平衡。
2. 多元化战略类型及其对企业绩效的意义。
3. 国际化进入方式的选择依据及影响因素。

学习难点：

1. 战略承诺的内涵，UVCA 时代如何在战略承诺的坚守以及环境适应中保持平衡。
2. 国际化进入方式的选择依据及影响因素。

第一节 引 言

中国航空工业创建于新中国成立之初，经历了从无到有、从小到大、从弱到强的发展历程。几代航空人在航空救国、航空报国到航空强国的奋进征程中阐释了中国航空工业的使命担当。2015 年，中国航空工业集团公司（后于 2017 年 12 月改称"中国航空工业集团有限公司"，简称"中航工业""航空工业"）董事长林左鸣被评为十大经济年度人物。评奖理由是，他自称是为国家打工的"商人"，作为一家特大型军工企业掌舵人，他左手"技术"，右手"资本"，运作出 29 家境内外上市公司，用市场的力量让国有企业焕发活力；他是志存高远、为国图利、"破茧"改革的试水者和领路人。2019 年，中航工业党组

提出了"一心、两融、三力、五化"的新时代发展战略。年度人物评奖理由恰好点明了以中航工业党组为引领的航空人是如何把中航工业从"官办无助"做到"官办商助",如何实现从"做大"到"做强",如何呼应新时代发展态势实施战略转型,如何坚守初心,践行使命的。

第二节 案例解析

一、案例摘要

中航工业在改革开放以后经历了20世纪90年代的拆分和2008年的重新合并。2008年合并以后,中航工业利用旗下的上市平台对下设的发动机、飞机、直升机、机电、航电等板块资产分别进行了专业化整合和资本化运作;中航工业坚决退出非主业,优化国有资本布局,创造资金回笼反哺主业,在用市场的力量让国有企业焕发活力的同时逐步建立起基于战略管控的母子公司管理体系,即针对航空业务全产业链、全价值链的特点,在航空业务方面强调严格规划,避免内耗;而对于非航空业务,针对其市场环境变化迅速,需要灵活快速的决策机制的特点,将决策权主要放由各经营实体把握。中航工业积极融入全球航空产业链,通过转包生产、合资合作、项目联合开发和企业并购、国际贸易等合作方式逐步延长中国航空工业在全球航空产业的价值链环节。2020年,中航工业连续12年进入《财富》杂志世界500强榜单,排名第163位,在国资委对中央企业实施经营业绩考核中,连续16次获得年度考核A级。

关键词:中航工业 坚守初心 践行使命

二、案例背景

(一)行业背景

航空工业被形容为"现代工业之花",是一个国家技术、经济、国防实力和工业化水平的重要标志。根据《2020世界航空航天产业百强榜单》来看,百强企业主要分布在22个国家。美国是上榜企业数量最多的国家,有43家企业上榜,紧随其后的是法国(10家)、日本(6家)、英国(5家)、加拿大(4家)和德国(4家)。中国有2家企业上榜,分别是位列第30位的中国航空工业集团有限公司和位列第68位的台湾汉翔航空工业股份有限公司。从销售额来看,美国43家上榜企业销售额总计3996.57亿美元,占比高达60%。由此可以看出,无论是从上榜企业数量还是销售额来看,美国都是全球航空航天产业绝对的"超级大国"。紧随其后的是只有2家上榜企业的荷兰,这主要是因为空客集团注册地在荷兰。法国和英国分别位居第三和第四,占据7.2%和4.9%的销售额。中国上榜的2家企业销售额合计为57.73亿美元,占比仅为0.86%。1991年,《飞行国际》首次评出的百强榜单中,上榜企业分布在16个国家。如今30多年过去了,尽管涉足航空产业的国家有所增加,产业区域也有所扩展,但总体来看,真正进入航空产业的国家仍然十分有限,这也从一个侧面反映出了航空业的高门槛特征。

(二)公司历史沿革

中国航空工业集团有限公司是中央直接管理的国有特大型企业集团。1951年4月,新中国成立航空工业管理委员会;1951年4月,成立航空工业局;1952年8月,航空工业局划归二机部,为第二机械工业部第四局;1958年2月,改称一机部四局;1960年9月,改为三机部四局;1963年9月,成立新三机部(航空工业部);1982年4月,成立航空工业部;1988年4月,成立航空航天工业部;1993年6月,成立中国航空工业总公司;1999年7月,组建中国航空工业第一集团公司和中国航空工业第二集团公司,由中央管理;2008年11月,经国务院批准,中国航空工业第一、第二集团公司整合组建中国航空工业集团公司;2013年4月,设立董事会;2017年12月,名称变更为中国航空工业集团有限公司;2018年12月,成为国有资本投资公司试点单位;2018年1月,提出"建设航空强国、成为世界一流航空企业集团"的"两步走"发展目标;2019年1月,确定并实施"一心、两融、三力、五化"发展战略。

图8-1为中航工业历史沿革及关键战略事件。

(三)公司主要业务板块及财务状况

中航工业设有航空武器装备、军用运输类飞机、直升机、机载系统、通用航空、航空研究、飞行试验、航空供应链与军贸、专用装备、汽车零部件、资产管理、金融、工程建设等产业。2020年,在全球经济发展受新冠肺炎疫情暴发严重影响的背景下,中航工业全面超额完成全年发展目标任务,各项指标实现历史最好水平。全年实现净利润155.9亿元,同比增长16.3%;经济增加值83.6亿元,同比增长12.2%;研发经费投入强度较上年提高1.7个百分点。连续12年进入《财富》杂志世界500强榜单,排名第163位,位列航空航天与防务板块前列。在国资委对中央企业实施经营业绩考核中,2020年度航空工业再获A级,是第16次获得年度考核A级,排名稳步提升。

表8-1为中航工业2010—2019年营收及利润。

表8-1 中航工业2010—2019年营收及利润　　　　　　　　　　单位:亿元

年份	2010年	2011年	2012年	2013年	2014年	2015年	2016年	2017年	2018年	2019年
营收	2640	3006	3494	3863.8	3802	3712	4035	4388	4618	4580
利润	124	132	139.7	143.2	173	167.8	165	182.5	223.1	198

第八章　中航工业：坚守航空报国初心，践行航空强国使命

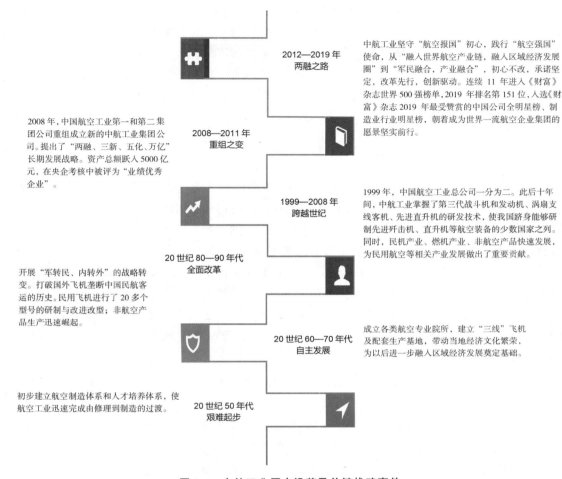

图 8-1　中航工业历史沿革及关键战略事件

70 多年来，中国航空工业经受了创建的艰辛、成长的考验、改革的磨砺，始终坚守航空报国初心，践行航空强国使命，从无到有、从小到大、从弱到强，实现了我国航空装备从第三代到第四代、从机械化到信息化、从陆基到海基、从中小型到大中型、从有人到无人的五大跨越发展的伟大成就；展现了中国航空工业与世界强者"同代对抗、同场竞技"的斗志和能力；体现了中华民族捍卫自身生存权、发展权、话语权的坚定意志，已经成为共和国保卫人民幸福、支撑民族复兴的中坚力量。

三、案例正文

2008 年 11 月，中国航空工业第一集团公司和第二集团公司合并为中国航空工业集团公司，提出"两融、三新、五化、万亿"的发展战略。2019 年 1 月，在开启全面建设航空强国新征程的关键时刻，中航工业党组审时度势，研究确认并发布了"一心、两融、三力、五化"的新时代集团发展战略。董事长谭瑞松认为，不忘本来才能开辟未来，善于继承才能更好创新。"一心、两融、三力、五化"战略是对"两融、三新、五化、万亿"战

略的继承与创新,具有把握大势、洞悉潮流的时代特征,体现了对航空报国精神的代代坚守,体现了对强军首责的始终铭记,体现了对新时代国家总体战略要求的呼应与承接。董事长谭瑞松对"一心、两融、三力、五化"战略给出如下阐释:"一心"使命指航空报国、航空强国;"两融"模式即军民融合、产业融合;"三力"目标是领先的创新力、先进的文化力、卓越的竞争力;"五化"路径指集约化经营、精准化管理、市场化改革、体系化发展、国际化共赢。

(一) 专业化整合、资本化运作

中航工业2008年成立之时,集团领导层就明确要对各业务板块进行专业化整合,尽快完成主营业务和主要资产上市,最终争取实现集团公司和直属单位两级整体上市。中航工业以龙头上市公司为平台,开展多项专业化整合,推动各类资源向主业集中,促进结构调整,优化资源配置。中航工业集团合并之初已拥有多个上市平台,具备一定的先天优势。中航工业很好地利用了这样的优势,利用旗下的上市平台对下设的发动机、飞机、直升机、机电、航电等板块资产分别进行了专业化整合和资本化运作。2008年底至2013年,共计完成12项资产重组项目,涉及集团所属46家单位,注入资产净值合计333亿元;集团资本证券化率从2008年底的15%上升至51.79%。该时期中航工业借助资本市场进行的专业化整合主要包括:

2008年11月,西安航空发动机公司成功借壳ST吉生化上市,改称"航空动力";

2009年5月及2011年4月,航电系统公司将所属8家企业分两次注入ST昌河,置出原有的整车业务,中航电子涅槃重生;

2010年7月,东安黑豹完成资产重组,成功将中航特种车业务注入;

2010年10月,ST宇航摘掉"ST帽子",变为中航动控;

2012年6月,中航国际重大资产重组获国资委批准,以H股上市公司深圳中航集团为平台,将其主要资产分两期注入上市公司;

2012年8月,中航投资通过借壳ST北亚实现整体上市,成功搭建集团金融业务上市平台;

2012年11月,西飞国际完成重大资产重组,成功将飞机板块所属4家企业注入,实现飞机业务整体上市,改称"中航飞机";

2012年12月,中航精机完成重大资产重组,成功将机电板块所属7家企业注入,基本实现机电板块整体上市;

2013年2月,哈飞股份启动重大资产重组,将直升机所属4家企业注入,实现直升机整体上市;

2013年3月,中航电测启动重大资产重组,收购汉中一零一航空电子设备有限公司,实现资源优化配置;

2013年12月,航空动力公告称,将募资127.6亿元购买中航工业旗下8家公司与航空发动机业务等有关的资产,中航工业旗下发动机业务也将实现整体上市;

2014年5月，中航工业宣布重大资产重组预案，拟将包括歼击机、空面导弹等核心防务资产注入深圳上市的成飞集成，整体上市的脚步进一步加快；

2019年度完成直升机产业重组、洪都资产置换工作，启动中航飞机资产重组。

上述中航工业资本运作措施始终贯穿中航工业专业化整合、资本化运作战略的主线，通过重组，实现各业务板块的整体上市。集团内部，子公司实现整体上市或主营业务上市，相互之间交叉持股，形成资本和产业结构上的呼应和联动；在此基础上，中航工业持有的子公司股权发行上市，形成母子公司两级上市呼应互动的格局，实现中航工业各子公司80%以上的主营业务和资产注入上市公司。中航工业通过资本运作改变了国有军工企业依赖国家的传统思想，建立产融结合的跨国集团，改变"官办无助"的局面，最终实现"官办商助"。集团外部则充分利用国内国外两个市场的资源，通过并购发展航空产业。

（二）退出非主业、突出主业

中航工业坚决贯彻落实国家发展战略性新兴产业的战略思想，坚决退出非主业，优化国有资本布局，创造资金回笼反哺主业。2019年度与招商集团合作，完成物业、船舶业务退出；与地方政府常州金坛合作，完成锂电业务退出；与海南省政府携手，启动玻璃业务退出工作。打造有进有退的资本化运营策略。

从2018年开始，合肥江航作为首批进行混合所有制试点改革的央企之一，基本完成改革任务，其改革举措之一就是进行了一系列突出主业、退出非主业的改革。合肥江航以"1+2"为产业布局，航空产业围绕"建能力、补短板、强专业"，非航空防务及民品围绕"双管控、放活力、拓市场、做精品"，形成以航空供氧、制氮和副油箱为主，以特种制冷和医疗健康产品为辅的产业格局。在设计退出非主业领域方案时，按照国家"瘦身健体、提质增效"的要求，聚焦战略、聚焦主业、聚焦核心技术，集中优势资源做强做优做大航空主业，增强制冷及医疗健康产业市场竞争力。同时，将一航万科地产、汽车零部件业务、"三供一业"等非主业资产和与主业无关的土地、房产进行退出。先后退出工程安装、举升机、立体停车设备、汽车零部件等非主业，完成了8家子公司清理。

2009年底，号称航空工业第一股的"力源液压"重组为中航重机，随后几年在全国范围内开始了密集的并购重组，业务范围也覆盖风力发电、燃气轮机、新能源、3D激光打印、金属再生资源等热门产业。"当时的想法是，通过整合上下游资源，提升锻铸产业的竞争力。"中航重机董事长、党委书记姬苏春说。收购后管理不当，新成员各自为政、难以融合，亏损、破产接二连三，开始影响中航重机的整体业绩，至2016年，亏损额高达3亿元。中航重机的班子深刻反思，决心回归出发地的同时，全面回归主业。据不完全统计，近年来，中航重机处置僵尸和破产企业9家。2019年12月19日晚，中航重机发布公告称：公司已成功定向增发融资13.27亿元。这是该公司继10年前融资16.8亿元之后，再度借势资本市场的重要一步。这笔资金将用于中航重机先进锻造产业基地、航空环形锻件生产线、国家基础件液压项目和军民两用热交换器等主业项目。

2019年，中航工业基本完成"三供一业"分离移交。"三供一业"分离移交完成率100%，全面进入中央财政补助资金清算工作。厂办大集体改革取得积极进展。推进解决退休人员移交社会化管理各项准备工作。完成市政设施、社区管理等职能分离移交工作，32个社区管理机构、42个市政设施全部完成管理职能移交和资产移交，14个消防机构完成分类处理工作。

（三）市场化改革、创新管理

中航工业不断加强党对企业的领导，贯彻落实国家战略方针，推动自主创新，深化企业改革，做强做优做大航空主业，持续提升核心竞争力。中航工业结合中国特色和企业实际，将其"突出航空主业，业务多元发展"战略解读为"规划森林，让树木自由成长"，即针对航空业务全产业链、全价值链的特点，在航空业务方面强调严格规划，避免内耗；而对于非航空业务，针对其市场环境变化迅速，需要灵活快速的决策机制的特点，将决策权主要放由各经营实体把握。中航工业在资本化运作过程中，以此思想为指导，逐步建立起基于战略管控的母子公司管理体系。

集团公司依法对所属单位行使出资人权利，对其资产进行经营、管理和监督，承担保值增值责任。负责对国家武器装备、民电航空器等重大项目实施系统工程管理，拓展航空高新技术应用，带动相关产业技术进步。集团公司不断优化公司治理，持续完善中国特色现代企业制度。集团公司设立董事会、经理层，集团公司总部设置13个部门、3个特设机构；集团公司下辖11家（二级）直属单位、11家（二级）直属业务单位、11家（三级）直管功能单位、98家（三级）成员单位，其中境内外上市公司27家。

中航工业目前下辖100多家成员单位，每家成员单位的业务重点和所属产业各有不同，既有以航空业务为主业的企业，也有以非航空民品、第三产业、非银行金融业务为主业的企业。基于前期的专业化整合，中航工业将原有的"总部→成员单位"的两级管控体系变更为"总部→子公司（直属单位）→成员单位（三级单位）"的三级管控体系，明确三级组织各自的权责。集团公司总部的功能定位是"战略管控、资源配置、统筹协调、绩效监控"，直属单位层面主要目标是建设成以市场为导向的市场主体，成员单位层面做好从法人主体转向以业务活动为主的专业化运营中心。

中航工业集团总部定位为战略管控和财务管控中心，直属单位为利润和产业化中心，成员单位为成本和专业化中心。总部对航空为主业的子公司实行战略管控，对非航空为主业的子公司实行财务管控。战略管控是指总部要关注这些子公司的战略目标、技术发展指标、经济发展指标等等。对于非航空为主业的子公司，总部的管控功能强调财务管控，更关注的是其在市场上的盈利能力。只有这些非航空主业的公司形成强大的盈利能力之后，才能"反哺"航空主业在技术研发方面的投入。基于以上管控思路和管控模式，中航工业对下属27家上市公司的管控主要通过治理结构实现。中航工业在推动专业化整合的基础上，在子公司着力推进现代企业制度建设，完善公司治理结构，所有子公司都规范地设立了董事会、监事会、事业部和直属机构。各上市公司均设有专职董事，确保董事长不由集团领导兼任，使公司尽可能少地受到集团领导个人想法的左右，保证公司的市场化运作。并且董事的收入与公司的业绩挂钩，将个人绩效与公司业绩紧密结合。另外，公司还聘请了许多外部专家作为公司的外部董事，增强上市公司董事会的专业性。集团公司不再干涉上市公司的经营事宜。

集团落实国资委深化三项制度改革专项行动部署，取得阶段性成果。在4家单位选聘9名职业经理人试点的基础上，2019年持续推进市场化选聘职业经理人试点。修订出台《中国航空工业集团有限公司工资总额管理实施办法》，根据单位的不同类型采取差异化的分配策略和管理方法，对特殊事项、特殊人员、特殊业务设计实施单列政策。为突出主业，同时考虑部分军品单位反映近几年来外部人才竞争加剧等问题，出台针对核心骨干人才的特殊津贴制度，将激励资源向科研生产经营一线、向价值创造者倾斜。继续做好岗位分红、项目分红、股权激励等中长期激励工作，扩大集团科技类企业股权激励和分红激励及上市公司股权激励的覆盖面。2019年，新增上市公司股权激励2家、科技型企业岗位分红激励11家、项目分红激励4家。集团公司中长期激励总实施户数位列中央企业前列。

按照中央"思路要清、破局要深"的要求，集团公司深入推进"1+N"综合性改革，梳理明确了7个方面35项改革任务，2019年10月试点方案获得国资委批复同意，各项改革举措已全面启动。经过两到三年试点，将探索建立军工特色国有资本授权经营体制，充分发挥投资公司市场化运作专业平台作用，打造若干个新型航空产业集团。三家企业获得第四批混改试点资格，成都无人机混改方案上报发改委审批，上海空管、北京航为高科的混改方案正在履行内部决策程序。合肥江航2018年完成混改后，有效扩大了市场、技术和管理领先优势。2019年，企业效益得到明显提升，上海证券交易所已受理上市申请。继安吉精铸混改后，陕硬、宏峰、巴山等"三线"特困企业通过混改"引战投"增资，转换经营机制，实现僵尸、特困企业扭亏脱困。

（四）融入全球产业链、国际化共赢

中航工业积极融入全球航空产业链，通过转包生产、合资合作、项目联合开发和企业并购、国际贸易等合作方式逐步延长中国航空工业在全球航空产业的价值链环节。

1. 转包生产

以中航工业西飞为例，国际转包生产业务每年以超过20%的速度增长，与波音、空客建立了稳定的合作关系。2010年1月，成功交付1500架波音737NG垂尾，并签署后续1500架的合同。同年3月，西飞国际天津公司制造的首架A320机翼成功与机身对接，A320机翼插上"西飞翅膀"。2012年2月，中航工业陕飞与美国诺丹公司正式签署G450项目长期合作协议；2012年6月，中航工业哈飞与波音澳大利亚公司签约，转包生产波音737副翼调整片。

2. 合资合作

2012年3月，集团公司与美国赛斯纳飞机公司的母公司德事隆集团签署"战略合作协议"，旗下中航航空装备有限责任公司将与成都市政府、赛斯纳三方合资合作公务机项目；2012年6月，集团公司与巴西航空工业公司签署了合作生产莱格赛600/650公务机项目启动协议。

3. 项目联合开发

2012年，集团公司与美国Parker公司合作研发C919飞机燃油测量系统，承担燃油油量传感器、密度传感器等产品研制；与英国Weston公司合作研发燃油密度传感器，该项工作已进入装机应用和核心技术国产化阶段。

4. 企业并购

2009年12月，中航工业西飞收购奥地利FACC公司，是中国航空工业首次实施海外并购，也是亚洲航空制造企业首次并购欧美航空制造企业。中航工业副总经理、西飞董事长、FACC公司监事会主席耿汝光说，"通过并购FACC、特别是成功管理FACC，我们将建立以欧洲为核心的航空复合材料结构件研发试制中心，以我国本土为核心的生产制造中心和位于我国香港地区的资本中心，充分发挥FACC公司贴近市场、贴近用户和高技术人才聚集的优势，我国内地制造成本相对低廉、生产能力强大的优势，以及我国香港地区国际金融中心的优势，通过全球范围内的资源整合，为推进中航工业战略实施探索一种全新的发展模式，构建世界领先的航空复合材料研制生产平台。"

2011年3月1日，中航工业通飞总经理孟祥凯宣布，中航工业通飞近日已经与美国西锐飞机工业公司股东签订协议，将以公司合并的形式，收购美国西锐公司100%的股权。这将是中国航空企业首次并购欧美发达国家飞机整机制造企业。2012年10月，中航国际北京公司正式签约收购芬兰德他马林船舶设计公司，建立了集船舶研发、设计、制造、销售于一体的船舶产业体系，提升了公司在国际船舶领域的核心竞争力。

2013年7月，中航国际完成了蒂勒特航空活塞发动机公司资产收购。这是中航国际继2011年成功收购美国大陆发动机公司之后又一重要的布局通航产业的战略性收购。中航国际通过收购美国大陆发动机公司和德国蒂勒特公司资产，已经成为全球唯一拥有全系列航空汽油活塞发动机和全系列航空煤油活塞发动机的供应商，具备了满足通航市场多样化需求的能力，将致力于为通航产业发展提供最佳服务和完整解决方案。

在融入全球航空产业链的同时，中航工业积极响应"一带一路"倡议，架设"空中丝路"，实现国际化共赢。中航工业积极建设"一带一路"、架设"空中丝路"、开拓全球业务，境外机构布局进一步完善，已在全球70多个国家和地区设立了220多个境外机构。海外投资企业发展和国际化经营方面，企业发展战略明确，员工队伍稳定，风险管控措施到位，实现投资企业稳步发展，业绩持续向好。2019年，集团公司实现国际化收入超过1200亿元（包括国内企业出口收入和境外企业营业收入），占比27%；境外资产超过1700亿元；境外员工3.6万人。西锐公司2019年实现创纪录的增长和扩张，实现连续6年300架以上交付。耐世特公司各项财务指标持续增长，核心产品在全球排名第三，在2018年全球汽车零部件百强企业中排名第60位。

同时，中航工业不忘"超越商业、共创美好世界"的初心，在企业所在国广泛开展公益活动，支持地方社会和经济发展，彰显大国航空的风范和担当。2005年至今，中航工业共承办援外民航培训项目39期，累计培训近千名来自亚洲、非洲、拉美、欧洲和大洋洲等发展中国家和地区的民航官员，实现了中国民用航空技术的全球推广，促进了国产民机及民航产品更好地"走出去"。2019年,援外培训创造了培训班数量最多、受训人员最多的新纪录,共有来自21个国家的约200名民航官员分别参加了七期培训,其中70%来自非洲国家,成为走出去的一张"国家名片"。

第三节 小结与思考

 一、小结

中航工业业绩斐然源于其清晰而坚定的战略承诺。首先,从中国工业的使命来看,基于历史原因,公司成立伊始即担当着强国、保军、富民的国家使命。成立70多年来,秉承"航空报国,航空强国"的使命,公司始终坚持将"航空报国,航空强国"作为价值创造的基点,体现了承诺坚定。航空制造是一项复杂的系统工程,被誉为"现代工业之花",只有承诺坚定,逐步完整、做强本国航空产业链,并融入世界航空产业链,才有可能得以发展。从中航工业的愿景来看,"成为世界一流航空企业"是其不懈动力。公司成立以来,坚持不懈、努力奋斗,在经营管理中持续不断地探索世界一流航空企业的成长路径,通过转包生产、合资合作、项目联合开发、企业并购等方式加快融入全球航空产业链,积累了较为丰富的实践经验。例如,世界一流航空企业必须主业突出,因此公司不断进行专业化整合,从最初的航空主业与非航空主业齐头并进的多元化发展,到聚焦航空主业、逐步退出非航空的战略聚焦。世界一流航空企业也一定是具有核心专长的企业,因此公司专注于航空行业进行专业化发展,强调取舍清晰和承诺坚定,不断地构建、发挥和强化核心专长。

中航工业能做优做强还源于战略管理者的领导。正如中航工业2019年社会责任报告所阐释的航空报国精神内涵:

(1)使命担当的忠诚精神。新中国航空工业从抗美援朝的硝烟中一路走来,忠诚始终是航空人最鲜明的政治本色。

(2)敢于突破的创新精神。"亦余心之所善兮,虽九死其犹未悔"。在不断的超越中,创新始终是航空人最昂扬的奋进姿态。

(3)坚韧执着的奉献精神。在航空事业从无到有、从弱到强的伟大征程中,奉献始终是航空人最可贵的高尚情怀。

(4)接续奋斗的逐梦精神。敢于有梦、勇于追梦、勤于圆梦,就会汇聚起磅礴力量,逐梦蓝天始终是航空人最笃定的高远志向。

这种航空报国的精神已经成为中航工业的企业信仰,而打造企业信仰要充分发挥企业家的作用。企业家不仅是创造商业奇迹的主导者,更是打造企业信仰的第一责任人。中航工业成立以来,通过中国民航大学,对企业中高级管理人员、中青年后备干部进行集中培训，每年培训高达 6000 多人次。集团公司高管经常去做演讲报告、开展思想管理，对塑造"航空报国、航空强国"的企业信仰，用发展战略统一全集团的思想和行动，发挥了重要作用。

二、思考题

1. 如何理解中航工业的战略承诺实施过程中坚持与创新之间的关系？
2. 中航工业采取多元化战略的类型和程度怎样？对企业绩效有什么影响？
3. 中航工业国际化进入方式有哪几种？进入方式的选择依据是什么？有哪些影响因素？

思考题答案

第九章
中国民用大飞机研制的战略选择

学习重点：
1. 中国民用大飞机市场进入战略以及研制路径选择。
2. 了解航空产业供应链特征。

学习难点：
技术创新路径以及航空产业链管理。

第一节 引 言

民用大飞机研制对于基础学科以及技术创新要求非常高,被称为"工业之花"和"工业上的皇冠"。我国是制造业大国,但是大型民机市场长期被波音与空客所垄断。为了打破这一局面,我国《国家中长期科学和技术发展规划纲要(2006—2020年)》确定大飞机研制作为16个重大专项之一,并且将其写入了党的十九大报告。中国大飞机项目是建设创新型国家、提高国家自主创新能力和增强国家核心竞争力的重大战略决策。

从全球范围来看,大型民机制造业经历了多次技术革新和产业整合,竞争格局向波音、空客双寡头垄断逐渐演化,并渐渐趋于稳定。自二战结束以来,美国波音和麦道,欧洲空中客车,巴西航空工业公司,英国宇航,以及苏联图波列夫等飞机制造商曾经展开多方面的竞争,此时大多数公司产品种类多,没有行程规模经济和范围经济,难以实现盈利。随着空客竞争能力不断争强,不断蚕食波音与麦道的市场份额。自1992年美国和欧盟达成民用飞机贸易协定以及1997年波音兼并麦道之后，大型民机制造业正式形成了波音与空客的双寡头垄断格局，两家公司的产品线涵盖从100～150座的窄体干线客机到300座以上的宽体干线客机，双方在市场份额、订单量和交付量等方面形成了较为均衡的状态，市场格局逐渐趋于稳定。

伴随相关产业政策的出台，多领域、多层次的推动力使我国民用航空制造业有望逐渐成长为规模突破万亿元的全新产业。我国在上海启动了ARJ21支线客机项目，截至2021年11月，全国共运营ARJ飞机63架，订单800余架，这为C919的研制和运营积累了宝贵的经验。2017年5月，由中国商用飞机有限责任公司（简称"中国商飞"）研制的窄体客机C919首飞成功，标志着我国正式迈入干线客机制造行业，未来将直面与波音、空客的竞争。截至2021年11月份，C919的订单量已超过1000架。不过这些订单主要集中在国内市场，尚未得到国外市场特别是欧美市场的认可。

第二节　案例解析

一、案例摘要

本案例第一部分阐述在当前民用飞机双寡头垄断格局的基础上，我国民用飞机进入必须选择单通道这一细分市场的战略。第二部分详细论述我国民用飞机进入市场将遇到一系列问题，为此我们应该先占领国内市场，其次要与欧盟及美国在飞机适航认证上进行谈判与合作。考虑到民用飞机研制的周期性与资本密集型特点，民机市场进入世界市场必须要有政府的财政补贴与支持。波音与空客的发展历史就是政府不断提供财政支持的历史。第三部分阐述航空供应链、产业链的管理与整合战略。航空研制是一个国际化专业分工协作的产业，涉及数百上千家境外企业。因此，不仅要培育国内的供应商，而且要与国外的供应商建立长期的战略合作关系。第四部分论述航空产业的技术发展创新战略路径，即核心技术必须依靠自主创新，辅助技术要引进创新，一般技术采用国际外包。

关键词：民用大飞机　自主创新　技术合作　供应链管理　战略路径

二、案例背景

发展大飞机具有重要的战略意义，是提高我国自主创新能力和增强国家核心竞争力的重大战略决策。大飞机更是制造业中顶尖技术的体现，一旦中国能够将大飞机突破，则意味着我们在航空领域取得了较大突破。中国这些年的工业发展还是非常不错的，这个时候，着手制造我们梦寐以求的大飞机，是一个很合适的时机。除此之外，发展大飞机，还能对我国军事应用带来极大的帮助。我们常见的加油机、预警机、运输机等，都是以大飞机为载体，如果我国能够自主掌握大飞机的制造技术，那么对于军事发展来说，也是一种利好。

2007年，国家宣布，自主研制大型飞机，自主设计、系统集成、全球采购、逐步国产。2017年5月5日，我国自主设计的大型客机C919在上海浦东国际机场成功首飞。

三、案例正文

民航客机制造业供应链高度全球化，面临来自在位者的巨大竞争压力。为了进入市场，中国商飞不仅要提高自身制造能力，还要密切关注在位寡头的竞争战略并积极应对，同时要考虑对供应商的影响。本案例主要分析中国民营大飞机进入国际市场的战略、供应链整合战略以及研制路径选择战略等。

（一）全球大型民用飞机市场格局

1. 波音、空客市场双寡头垄断格局短期内不会改变

自2007年空客飞机交付数量超过波音以来，民用大飞机市场的双寡头格局全面形成，双方在单通道和双通道飞机市场展开全面竞争，市场份额犬牙交错。表9-1为2012年至2021年的飞机交付数据及订单存量数据（2021年数据截止到11月30日）。

表9-1　2012年至2021年的飞机交付数据及订单存量数据　　　　单位：架

项目	2012年	2013年	2014年	2015年	2016年	2017年	2018年	2019年	2020年	2021年	订单存量
空客	588	626	629	635	688	718	800	863	566	518	7036
波音	601	648	723	762	748	763	806	380	157	302	4210

由于在2018年10月和2019年3月，波音737MAX飞机连续两次坠机，导致737MAX飞机停飞以及延迟甚至订单取消，因此波音在2019年之后飞机交付数量大幅度降低。另外，由于2020年初新冠肺炎疫情在全球的暴发，导致对航空运输业的重创，因此波音、空客的飞机交付量大幅下降。根据国际航空运输协会（IATA）预测，航空运输业将在2024—2025年恢复到正常水平，因此飞机交付也将在那时恢复到正常水平。

2. 全球航空发展趋势预测

据IATA预测，2050年全球航空旅客运输量将超过160亿人次，是2020年的3倍；航空货物运输量将超过4亿吨，是2020年的5倍。全球经济的持续增长带动了航空运输业的长期发展。未来20年，预计全球GDP年均增长率为2.7%，全球航空旅客周转量的年均增长率为4%。其中中国和亚太具有强大的增长潜力，中国的GDP年均增长率为4.4%，航空旅客周转量年均增长率为6.1%，高于全球平均水平。

波音预测，2021—2040 年，全球需要 43600 架新飞机，总价值 9.5 万亿美元。中国民航机队规模将达到现有机队规模的 2.5 倍，增加新飞机 5000 架，总价值 7000 亿美元。中国所需新飞机数量约占全球总数的 17.5%，其中四分之三为新增长需求，四分之一为替换旧机型。2030 年，中国将超过美国成为全球最大的航空市场。空客也有相似的预测。

3. 波音和空客的市场以及细分战略

开发全球市场，产品升级换代，按照订单生产，是波音和空客的基本经营战略。波音和空客基本按照订单安排生产和交付。

对于窄体喷气飞机，波音和空客 2019 年的生产能力都达到每年 700 架左右的规模。到 2025 年，两家公司预计可以达到 1000 架的年生产能力，能够满足全球所有客户的需求。

面对客户的需求，空客、波音几乎在所有机型上都有相互竞争的产品（见表 9-2）。现阶段我国正在研制的 C919 是单通道飞机，要与波音、空客形成三足鼎立的局面，中国民用大飞机还有很长的路要走。

表 9-2　空客、波音竞争机型

项目	单通道飞机		双通道飞机		巨型飞机
空客	A320CEO （A319CEO/A320CEO/ A321CEO）	A320NEO （A319NEO/A320NEO/ A321NEO）	A330	A350	B747
波音	B737NG （B737-700NG/B737-800NG/ B737-900NG）	B737Max （737MAX8/737MAX9/ B737MAX10）	B777	B787	A380

（二）中国民用大飞机市场进入的战略选择

新入者进入市场，会遇到两个问题：一是市场容量本身的问题；二是在位者总是想方设法阻止新入者进入市场的问题。关于前者，大飞机的世界市场需求量增长强劲，中国民用大飞机进入的市场容量不是最重要的问题。关于后者，中国民用大飞机在进入世界市场时，必定会遭遇在位者波音与空客制造的一系列壁垒的挑战。

第一，市场容量限制壁垒。在规模效应非常显著的产业中，往往存在市场容量限制性的壁垒。由于大飞机制造产业是技术和资金密集的产业，需要达到一定的产量才能保证企业的盈利能力。需求是有限的，为了达到规模效应点，在位者数量必须足够少。一般来说，单通道飞机的盈亏平衡点在 1000 架，C919 必须要进入国际市场，才能达到规模效应。

第二，产品差异化壁垒。不同公司和系列的民航客机并非同质化的完全替代产品，存在一定的技术差异性，使得产品差异化成为横亘在新进入者面前的一类壁垒。此类壁垒体现为两个方面。一方面，大飞机制造业是极为复杂的系统集成产业，涉及数千家供应商和数百万零部件。在位者由于积累了一定的专利、人才和生产经验,产品经过市场考验,在技术上成熟度更高,因此议价能力更高。另一方面,不同制造商的飞机在飞行员培养、地勤维护、返厂维修等方面不同,为了避免额外的运营成本,飞机买方更偏好购买已有机队的生产厂商的产品,形成产品序列化现象,导致新进入厂商的产品导入困难。对于新进入者来说,由于差异化壁垒的存在,如果不能做出技术领先产品,就需要接受一个更低的价格以获得市场份额。在航空制造历史上,发生过几次即使新进入者可以生产与在位者相当甚至更好的产品,但是客户基于产品忠诚度、序列化和风险规避的考虑,仍然选择已有的成熟产品,对新进入者产品持观望态度的事件。

第三,政策与贸易方面也是较大壁垒。各国适航部门基于飞机安全性和空域主权等理由,对外国飞行器进行适航性限制。主要体现为:① 增加航空产品试航条款,如波音 787 取证过程中增加了飞行器主动安保条款,增加了试验飞行时间;② 增加适航取证难度,延长取证时间。

第四,作为一个具有较大经济效应的产业,大型民用飞机产业的国际竞争涉及国家利益的竞争。有关国家政府为了扶持本国产业,有时会采取措施阻止竞争对手或是新进入者。如 20 世纪 70 年代中后期,麦道公司与法国达索公司的合作被法国政府阻止,法国政府主动提高壁垒以防止麦道威胁法国航空产业的发展。2018 年,美国政府基于国家利益的考虑,对我国飞机制造产品提高关税,限制我国企业收购美国公司。对于新进入者,尤其对于本国市场需求较小而依赖国际市场的潜在制造商,此类壁垒是难以避免的。

第五,适航证是中国大飞机研制的"软肋"。适航证由型号证、生产许可证和单机适航证组成,是对客机安全性能的认证。国际上最为权威的欧洲(EASA)与美国适航当局(FAA)颁发的适航证为大多数国家认可,我国的大飞机只有取得其中一种适航证,才可以得到进入国际市场的通行证。适航证理论上是最低安全标准,实际上是市场的准入证,是航空强国垄断世界飞机市场,阻止他国飞机产业发展的政治、经济、技术壁垒。我国大飞机产业还没有走完一个真正意义上的先进民用飞机研制的全过程,取得国际适航证是需要积极应对的难题。

为了克服以上壁垒进入全球市场,我们可考虑以下战略。

1. 依托国内消费市场,跨越容量限制壁垒

首先,中国商飞要跨越航空产业容量限制壁垒,重要的是依靠我国广阔的航空运输市场。截至 2021 年底,我国共有航空公司 50 余家、定期航班航线 4418 条、运输飞机 3600 余架、颁证运输机场 247 座。2010 年以来,除金融危机和新冠肺炎疫情以外,航空需求增速始终维持在 7%~10%,波动幅度较小。在铁路、公路、民航、水运这四种主要的交通方式中,唯有民航运输量始终保持 10% 以上增速,大幅领先于其他交通方式。事实上 C919 订单主要来自国内,截至 2021 年 11 月,C919 的国内订单已经超过 1000 架,已经达到项目盈亏平衡点。

其次,在产品定位方面,新进入者在选择细分市场时,应该尽量选择"远离竞争对手"的策略,如空客设计研发了世界上第一款双发动机宽体客机 A300,进入了波音没有涉足的中短程宽体机市场,而波音后来才跟进。虽然由于产品差异化壁垒,A300 的交付

量不及预期,但是至少证明了空客在某些技术方面的领先性,帮助空客获得一定的市场份额,为发展后续机型打好了基础。但是,自从1997年后,几乎所有细分市场均被已有的航空寡头所占领,此时次优的策略是选择市场容量较大的细分市场,波音预测未来20年全球窄体机需求约35000架,占总需求比重高达80%,是增量最大的细分市场。我国在未来20年需要单通道飞机4000架。因此,我国优先发展150～200座的中近程窄体机的策略,无疑是非常正确的。

2. 通过适航互认跨越政策壁垒,完善主制造商+供应商体系跨越贸易壁垒

中国民用航空局与美国联邦航空局的《适航实施程序》在美、中双方分别于2017年9月28日和2017年10月17日签署后,已于2017年10月17日正式生效,这意味着中、美两国民航产品已完成全面对等互认。中国与欧盟2019年5月20日在布鲁塞尔共同签署了《中华人民共和国政府和欧洲联盟民用航空安全协定》和《中华人民共和国政府和欧洲联盟关于航班若干方面的协定》。目前世界上最重要的两大适航认证机构FAA、EASA与我国的适航证对等互认,这可能基本没有太大障碍。

另外,分工和协作贯穿了20世纪90年代大型民机研发、生产和售后服务的全过程,中国商飞选择了主制造商+供应商生产体系,顺应了国际民机制造主流趋势,也为克服国外取证壁垒创造了条件,有利于融入全球航空体系。

一方面,主制造商多元化是上游供应商喜闻乐见的。由于上游的发动机、分系统集成商和机载设备供应商都是行业巨头,其有较强的游说能力,对于国产大飞机进入国际市场有推动作用。

另一方面,面对国外适航当局的取证要求,成熟的供应商已经有了信用背书,更容易获得适航认证。从而缩短大飞机从研发到取证的时间,有利于产品早日进入市场产生经济效益。以下为C919的一些重要美国供应商名单:派克汉尼芬公司的燃油和液压等系统;CFM国际公司的LEAP-1C发动机;霍尼韦尔国际公司的电传系统;美国联合技术航空系统公司的照明系统、除冰、防火以及驾驶舱控制等系统;美国汉胜公司的电源系统和飞机驾驶员控制等系统。

3. 提供合理的政策支持和完善的融资渠道,跨越后进入者的市场壁垒

当在位者数量为两个(波音与空客),在不存在事前协商机制的前提下,存在不扩产、同等扩产和一方扩产的多重分离均衡,给新进入者(中国商飞)的成功提供了可能性。面对有政府支持,可以接受较大亏损的进入者,在位者发现即使扩大产能也不能达到阻止效应,在位者会选择放弃阻止,导致主动性策略壁垒失效。因此,针对这一壁垒,中国商飞方面应该坚定进入行业的决心,释放信息让在位厂商放弃扩产或打价格战的行为,并做好初期亏损的准备。政府方面应该在WTO合理框架下,提供合理的政策支持和完善的融资渠道,一方面释放发展大飞机行业的决心,另一方面帮助商飞提高抵御风险的能力。

在大型民机发展史上,各国政府扶持政策发挥了非常重要的作用,如法国、德国、英国、西班牙等四国政府制定了对空客公司的启动援助制度,政府对新机型的开发提供优惠贷款,利率低于政府借入的利率等,这些贷款构成事实上的直接补贴;美国政府通过长期

军机合同间接扶持美国民机行业，美国国防部与航空制造商签署军品采购合同，通过长期稳定大额的订单给企业带来稳定的收入和现金流，烫平经营周期性波动。这些措施本质上构成了政府对大飞机项目的支持。

国产大飞机难以通过技术创新抢占市场，而低价渗透是成功的主要策略之一，从空客进入市场的历史看，其即使长期亏损也要以重点客户为目标提供性价比高的产品。我国势必采用这一策略，通过国有资本的介入和政府的信贷支持保持现金流的稳定，拓宽融资渠道，以支持前期的发展。

大型民用飞机制造业本质上是国家之间的竞争，我国存在完整的工业体系，具备一定的零部件设计制造能力和系统集成能力，但需要一个龙头企业加以集聚。上海汇集了商飞、商发、民航审定中心等核心资源，具备产业集聚的潜力。在产业层面，应当依托制造业的扎实基础，以国家意识推动产业集聚，以上海为中心搭建类似于西雅图航空城和图卢兹航空谷这样的产业集聚园区，缩短供应链，汇集专业人才，助推大飞机制造实现跨越式发展。

（三）民用飞机供应商整合战略选择

波音、空客等大飞机研制厂家拥有庞大的供应商，供应商可提供上百万零部件，这对飞机的生产至关重要。以波音787为例，其供应商遍布全球数十个国家。只要有一个供应商出现问题，就可能影响飞机的出厂，这种情况屡见不鲜。因此，中国商飞与供应商的合作关系，对C919等我国民机产业发展显得非常重要。

1. 航空产业供应链特征

航空制造工艺复杂，上游供应商数目繁多。以波音制造的B747为例，整个生产线由约1500家大型企业、15000家中小企业提供超过400万个分系统或零部件，供应商跨越65个国家。经过几十年的发展，波音和空客均已形成完备的供应商管理体系。飞机制造生产端供应链体系可以分为三个层级：一级制造商负责飞机设计、总装、实验、适航取证和机体拼装等业务，目前有两家，即波音和空客，商飞公司也将处于这个层级；二级制造厂商主要是发动机制造商、航电/机电设备制造商、分系统集成商等，目前全球有20多家；三级制造商主要为二级制造商提供零部件、设备、材料、服务，也可能直接为一级制造商提供标准件或零部件。

从合同关系来看，供应商之间、供应商和主制造商的交易关系主要包括以下几种。采购现货，常见于紧固件、标准件和成熟的机载设备领域供应商与主制造商之间的一种合同关系，也存在于供应商之间。转包生产，这是航空工业中常见的分工方式之一，存在于一级供应商和二级供应商之间，也存在于各级供应商之间。由上一级供应商提供生产技术、图纸、标准、制作工艺要求等，下一级供应商进行生产。此类合同关系存续时间较长，合作关系比采购现货类更紧密。值得一提的是，转包生产是我国供应商参与全球供应链体系的重要方式。

由于纵向一体化，原厂商的配套供应商不能分得新进入者的产量增量，其产销量取决于原厂商与新进入厂商的比较优势，其比较欢迎生产效率偏低的主制造商进入市场。

经过以上的分析,我们发现对于"纵向分拆"型供应链上游的供应商,新进入厂商会导致其产销量上升、价格波动。如果新进入者足够有效率的话,会造成这些供应商产品"价量齐升"的局面。总体上,此类供应商欢迎下游厂商的扩容,可以分享新厂商带来的需求增量;对于纵向一体化厂商,由于供应链与特定主制造商深度绑定,达到利益共享、风险共担的局面,分析新进入厂商对其影响可以转化为分析对下游利益绑定的主制造商的影响。需求层面的波动,取决于新进入厂商效率,如果新进入者足够有效率的话,会造成上游供应商产品产销量下降。由于厂商进入往往伴随着市场价格的下降,也通常造成上游厂商价格承压,造成这些供应商的产品"价量齐跌"的局面。总体上,此类供应商若不能分享下游新增厂商带来的增量需求,是会抵制新进入厂商的。值得关注的是,纵向一体化的厂商往往是拥有核心技术和自主研发能力的关键厂商,拥有一定的游说能力,如果缺乏这些关键零部件和分系统厂商的支持,商飞不仅难以生产出合格的产品,而且难以获得其他国的适航准入。

2. 中国商用飞机主要供应商分析:复杂的供应链管理重大挑战

根据中国商飞官方网站公布的数据,我国C919的Ⅰ类、Ⅱ类和Ⅲ类供应商共有125个,其中我国供应商有50个,占40%。但是,许多关键和重要的供应商大多来自欧美(见表9-3)。

表 9-3 C919 主要部件供应商

系统组件	供应商	所在国
机鼻段机身	成都飞机工业集团	中国
前后段机身	中航工业洪都	中国
机尾段机身	中航工业沈阳	中国
中段机身(含机翼副翼等)	中航工业西安	中国
发动机	CFM International	美国/法国
发动机机罩(含反推力装置)	Nexcelle	美国/法国
发动机排气系统	Nexcelle	美国/法国
辅助动力装置	Honeywell	美国
发电和配电系统	Hamilton Sundstrand	美国
启动发电机	Honeywell	美国
油料惰化、液压与线传系统	Parker	美国
油料液压传输系统	Parker	美国
火警和防护系统	Exaton	美国
空气管理系统	Liebherr	法国
轮胎刹车系统	Honeywell	美国

在高端制造业领域,最复杂的产品当属商用大飞机。商用大飞机约有 300 万个零件,约为汽车的 100 倍,手机的 10000 倍。与汽车、手机相比,飞机的生命周期更长,可达几十年,对安全、持久性的要求更高,供应链也更复杂,供应链的整合难度也高出几个数量级。我国可以生产出性能优良的汽车和手机,但大飞机研制依然面临诸多困难。这些困难有两个:一是技术;二是有效整合全球供应链资源的能力。

大飞机有几百万个零件,来自全球 5400 个工厂,每年的采购额达 300 多亿美元。要把这么多的零件做好计划、采购以及组装,全球供应链的复杂度可想而知。而波音、空客能有效管理复杂的供应链,是其竞争优势之一。可以说,大飞机是对中国民用飞机制造的终极检验,不但表现在技术方面,更重要的是供应链管理能力方面。

在过去的几十年里,我们聚焦的主要是技术研制领域。对于技术差距,我们看到了,也承认了,愿意大幅投入来弥补;对于管理差距,我们需要更加重视,提升供应链管理能力。我们要在思想上认识到供应链管理与技术的赶超同等重要,全球供应链的成功整合关系到中国民用大飞机的成功研制。

3. 中国商用飞机产业链整合战略

航空制造产业尤其是大飞机产业是国家战略产业,不仅关系到一般意义上的经济发展,而且关系到中国在关键领域的技术能力提升。需要通盘考虑产业链整合、系统创新,形成中国大飞机的国际产业竞争力。

第一,航空产业的持续发展要求必须培育大飞机产业集群。世界大飞机产业的发展历程证明,由于大飞机产业的特殊性,大飞机产业的集群化是必经之路。法国的图卢兹、美国的西雅图、加拿大的蒙特利尔和巴西的坎普斯都是飞机产业集聚的地区,是大飞机产业集群化战略发展的典型范例。这些飞机产业集群不仅使世界著名的飞机公司更加壮大,而且使产业群内大量的中小飞机企业和配套企业得以蓬勃发展,产生了巨大的产业聚集效应。大飞机产业集群发展可以使企业的原材料采购和零部件销售规模化,能够把具有产业关联的各个企业联结成紧密联系的团队。大飞机产业集群产生的"邻近效应",不但使飞机技术创新所需要的大量经验类知识通过面对面交流在飞机产业的企业群体内部共享,更促进企业间的人才交流和技术交流,促使企业间竞争意识的增强。

第二,要大力培养国内民机产业链,推进国内零部件企业和分包商的研发和管理水平,加强企业协作,吸引多种体制的企业加入民机产业队伍,培养出一大批能够生产出符合国际适航认证标准的原材料和零部件的厂商,逐步实现发动机、机载设备和先进复合材料的国产化,这样生产成本才有可能降低,产品才有可能在市场上有竞争力。产业集群发展战略有利于飞机产业发展,我国政府应因势利导,通过产业政策的引导,形成比较有影响的若干大飞机产业集群。

第三,在起步初期,一味地强调全产业链自主创新,完全采用国产零部件厂商的策略,会侵蚀已有供应商的利润空间。而飞机产业链上的供应商往往具有较强的游说能力,影响其利益将不利于商飞获得当地市场准入。因此,中国商飞顺应国际上大飞机全球分工和协作的模式,在尚未成熟时期,坚持主制造商+供应商生产体系,通过全球采购,与成

熟供应商建立深度转包生产或者风险合作关系。等产品获得市场认可后，逐渐培育本土供应商，将其纳入供应商管理体系，等到生产技术成熟后再逐步实现国产替代。

（四）中国大飞机研制路径选择

回顾我国民航制造业几十年的发展历程，从独立研发的运十客机到和国际厂商联合生产的 MD、AE100 和 A320 系列，再到独立研制的 ARJ 支线机和 C919 干线窄体机系列，国产民用客机制造业经历了很多弯路，才最终选择了一条依托国内消费市场，采用主制造商＋供应商的生产体系，开拓干线窄体机市场的发展路径。另外，从现实意义上看，中国商飞已经选择了一条技术上"自主创新"，路线上"优先发展干线窄体客，合作研发宽体机"，供应链管理方面采用"主供应商＋供应商"的发展路径。

1. 核心技术创新的战略路径选择

大飞机产业的技术可以分为核心技术、辅助技术、一般技术。

各种类型的技术跨越对应于不同的技术实现途径。核心技术是需要原始创新的技术，这类行业核心技术都是垄断的，只有少数厂商拥有。因为其研发的投资额大、风险高、时间长，大多数厂商无力进行该类技术的开发，并且垄断厂商严格限制核心技术的外溢，这就是国际大飞机整机厂商保留大飞机设计研发和最后组装等核心业务的原因。因此，发展我国大飞机产业，这些最关键的技术不得不通过自主创新来获取。

拥有一般技术的厂商非常多。与完全竞争市场的产品类似，因此可以在全球各角落购买，波音、空客通常集聚创新资源于关键技术环节，而把一般技术环节外包。处于核心技术与一般技术之间的辅助技术，不同于核心技术只属于少数垄断厂商，也不同于一般技术具有同质特征，这类技术具有一定的难度和专用性。它具有与垄断竞争市场的产品相似的特征。因此，对于这类技术，可以通过对已有技术进行集成创新，或在引进消化吸收的基础上进行再创新。国际大飞机制造商涉及的辅助技术环节，通常采用风险共担的国际合作方式共同开发。

针对不同的技术创新路径，表 9-4 从研发力度、投资、商品化进程、风险性、适用范围和知识产权归属等六个方面对自主创新、集成创新、国际外包等战略进行比较。

表 9-4　产业技术创新战略比较

项目	自主创新	集成创新	国际外包
研发力度	有较强或全面的研发力量	有一定的消化、吸收、开发能力	无须再进行研发
投资	所需投资大	所需费用一般较小，但有时也很高	按国际市场定价
商品化进程	研发与商品化周期较长	商品化速度较快	已经商品化
风险性	技术、商业上的风险较大	风险较小	风险极低

续表

项目	自主创新	集成创新	国际外包
适用范围	独创性的核心技术	国外已开发成功且愿意转让的先进技术	国外已成熟的一般技术
知识产权归属	自主知识产权	外方拥有	外方拥有

对于我国的大飞机研制来说，关键核心技术引进几乎是不可能的，自主设计无法回避。即使能引进技术，也无法引进创新能力，必须开辟自己的技术创新轨道。所以更加要求建立自己的研发平台，通过整合基础研究力量提高原始创新能力以形成自主创新的源头，通过自主飞机设计提升集成创新能力，形成自主知识产权的产品，争取非关键领域的国际合作，提高对引进技术的消化吸收能力，以使自主创新活动拥有更高的起点。

辅助技术可以采用国际合作的方式。国际合作可以利用全球较好的技术、人才和制造工艺，对于国际大飞机制造商来说，可以降低制造成本、提高飞机性能、加快研发进程、降低研发费用，从而成为提升竞争力的主要战略。实际上没有一架大飞机不是国际合作的产物，并且许多大部件，包括机身在内都采用国际合作方式生产。因此，在中国的大飞机项目上，坚持自主研发并不意味着排斥国际合作。辅助技术不同于核心技术和一般技术，它既对最终产品的性能起较大作用，同时产品也具有多样化特征，该特征决定整机厂商会根据自己的需要选择供应商，采用风险共担、利益共享的合作生产方式，这对整机厂商及其合作伙伴都是有利的双赢策略。一般技术处于大飞机产业链中附加值最低的环节。一般技术环节如低端材料、基础部件等由于产品同质，技术含量较低，因此整机厂商对供应商并没有特殊要求，可以实行全球采购，通过国际外包的形式积累研发管理经验。

2. 技术储备战略路径选择

提升核心技术能力对大飞机产业的重要性是毋庸置疑的。技术的获得，尤其是核心技术的获得，仅仅依靠国际合作是不够的。与技术先进的国家和企业进行合作并不等于可同时获得核心技术。因为发达国家与发展中国家合作的原动力是潜在的市场和丰厚的回报。世界上没有一个企业会把核心技术轻易转让给合作伙伴。国际合作其实只是基础和手段，技术储备才是关键和目的。总结以往的经验教训，如果我们的国际合作仍像先前那样仅仅局限于合作，而不能形成技术储备，不能构建研发平台，不能提升核心能力的话，我国只能成为国际巨头的一个飞机制造基地而已。

中国大飞机项目必将触动波音、空客的利益，我们不能低估国外竞争对手政商合谋扼杀中国大飞机产业的动机和实力。国际竞争对手会通过价格、技术、适航认证、WTO规则，甚至简单的政府"断供"等多种手段阻挠甚至扼杀中国的大飞机项目。应对的方法可以相机抉择，关键在于自主创新政策坚定不移，在发展本土技术能力的问题上绝不动摇，这样才能真正培育我国大飞机产业的国际竞争力。

3. 掌握大飞机研发的自主知识产权

培育大飞机产业国际竞争力的核心是必须掌握飞机研制的自主知识产权。中国民用飞机20多年来与外国企业合资合作的经验同样证明，不拥有相关的知识产权，就只能组装外国品，不仅遭受盘剥，而且接触不到国外的先进技术，从而在国际分工和全球化竞争中处于不利地位。要掌握知识产权就必须进行自主产品开发。

世界上没有几个国家能够拥有大飞机工业。原因不仅在于技术，而且在于市场。大飞机技术门槛高，意味着巨大的前期沉没投资，而回收投资并盈利需要相应的市场规模。因此，在全球大飞机市场已经被波音和空客主宰的背景下，任何其他国家再想进入大飞机市场都是困难重重的。但我国几乎拥有独一无二的发展机会，国内航空市场规模和成长动力为我国发展大飞机工业提供了难得的历史机遇。具有这样的市场条件和发展机遇，放弃自主设计等高端技术活动而去转包生产，即使从经济效益的角度来看也属于短期行为，大飞机项目的意义就是要培育出相应的自主创新能力来抓住这样的战略机遇。

4. 国际合作技术路径与战略

建立大飞机产业的自主创新体系，不等于我们要把自主创新与国际合作割裂开来，即确立自主创新战略，并不等于要排斥国际合作，而是把国际合作基础上的学习和再创新作为增强自主创新能力的重要路径。将二者有机结合起来，不仅能有效地利用外资和成熟技术促进经济发展，而且能够较快地接近高端技术，提高自身的研发能力。在我国现有的技术水平下研制大飞机，我们不可能在大飞机产业链的所有环节都实行自主创新，那样不仅浪费资金和时间，而且风险较高。

2006年6月和2016年底，空客A320系列飞机和波音737MAX总装线分别落户天津滨海新区和浙江舟山，这是我国通过国际合作发展我国大飞机产业的重要举措。国际合作的意义在于，走航空技术的引进、消化、吸收、再创新之路，坚持在国际合作中推动自主创新，减少创新的盲目性，降低创新成本。虽然我国大飞机产业在国际合作上栽过跟头，但是无法否认国际合作仍是促进我国大飞机产业发展的重要途径之一。此次与空客、波音的合作项目，与以往的背景和合作模式都有所不同，本次合作是基于共同发展理念上的全新合作，是对自主创新内涵深刻理解基础上，根据我国国情做出的符合创新规律和市场规律的科学决策，对于优化我国航空工业的产业结构，推动我国大飞机研制进程，逐步完善大飞机产业集群，最终实现我国大飞机强国战略目标，具有深远的意义。

通过国际合作，有机会取得部分先进技术，但我们必须清醒地认识到，这些先进技术中绝不包括核心技术。我们必须在这些先进技术的基础上吸收、改进、合作开发，最终通过独立研究开发形成自己的核心技术。提倡国际合作，但绝不能动摇自主创新的既定原则，要掌握知识产权就必须进行自主研发，而自主研发也将促进技术创新能力的提升。

第三节 小结与思考

一、小结

创新战略是中国大飞机发展的必由之路。对经济增长的拉动、对基础科学的促进以及对技术创新的推动，使得我国大飞机产业成为国家的重要战略之一。飞机研制和发展具有"高风险、高投入，长周期"的特征，行业门槛极高，目前世界上只有少数国家的几个大型企业可以进入。大飞机是高端装备制造业的代表，发展大飞机对于提高自主创新能力、增强国家核心竞争力，对于转变经济发展方式、推动供给侧结构性改革、建设制造强国，具有较大的推动作用。

2015年11月，我国ARJ21新支线飞机研制成功，国内首次系统完整地建立了民机适航设计和验证技术体系，解决了系统间互联安全性评估技术难题，攻克了双发动机失效等特殊风险验证的技术难关，突破了结冰、高温高寒等极端复杂气象条件下的分析和试验验证技术，掌握了包括高平尾飞机失速、最小离地速度等多项验证试飞关键技术。我国首次走完了喷气支线客机设计、制造、试验、试飞、交付、批产等阶段的全过程，积累了重大创新工程的项目管理经验，初步探索并建立了一条"自主研制、国际合作、国际标准"，我国商用飞机产业、技术创新和项目管理的路径。

2017年C919试飞成功，在工程技术上走出了一条拥有完全自主知识产权的商用飞机研制的正向设计之路。新技术的采用，提升了C919大型客机的安全性、经济性、舒适性和环保性，极大地促进了中国及全球航空工程技术的发展。而CR929远程宽体客机也正在由中国商飞和俄罗斯联合航空制造集团公司联合研制，CR929远程宽体客机已基本完成总体技术方案设计，转入初步设计阶段。

经过十余年的探索实践，ARJ21飞机已经进入国际市场，C919也有一些国际订单，进入国际市场的战略初步成功，接下来要取得FAA、EASA的适航证书。另外，通过对ARJ、C919的供应链整合实践，这一战略也初见成效。对于技术创新战略，还需进一步加强，实现关键技术和重要部件国产化，从而与波音、空客真正形成三足鼎立局面。

二、思考题

1. 始于20世纪70年代的空客民机研制战略成功的历史对我国民机发展战略有什么启示与借鉴意义？

2. 中国商飞打破波音与空客的世界民机双寡头垄断格局,将会遇到什么样的挑战?应该如何应对?

3. 为什么关键技术的获取路径要靠自己研发创新而不能依靠从国外进口?

4. 民机供应链管理是一个庞大的系统工程,我们应该采取哪些措施?

思考题答案

航空企业管理经典案例分析

第二篇　营销

第十章
新加坡航空公司商业模式分析

学习重点：
了解新加坡航空公司商业模式的分析框架。

学习难点：
理解新加坡航空公司的价值创造过程。

第一节　引　言

在 Skytrax 2016 年度最佳航空公司榜单上，享誉全球的顶尖航空公司——新加坡航空公司（简称"新加坡航空""新航"）排名第三，并获得了全球最佳商务舱座椅奖，同年度荣膺亚洲地区最佳航空公司。十四五期间，我国将大力发展航空产业，据预测，中国国内航空客流量将超过美国，成为全球最大的民用航空市场。新加坡航空公司取得成功的过程，对我国快速发展的航空产业有重要的借鉴意义。

第二节 案例解析

一、案例摘要

本文采用魏江的商业模式分析框架，从顾客价值主张、价值创造、价值获取、架构四个维度分析新加坡航空公司的成功经验，以期为我国航空产业发展过程中的内部运营管理模式提供有益的借鉴。

关键词：新加坡航空　顾客价值主张　价值创造　价值获取　架构

二、案例背景

新加坡是个国土面积仅700多平方千米的国家，凭借得天独厚的地理位置和明确的发展定位，航空业如今已经成为新加坡国民经济的重要组成部分。目前新加坡航空产业约占其GDP的5.4%，对新加坡GDP的直接和间接贡献约为142亿新元。航空业的直接雇员约有6万人，加上产业链相关企业的雇员，总数近12万人。据国际航空评级机构Skytrax统计，在客户服务和产品质量方面，只有6家航空公司达到了五星级标准，而新加坡航空公司正是其中之一。

新加坡航空公司重大事件如下。

新加坡航空公司始建于1947年，当时是马来西亚政府和新加坡政府设立的合资公司——马来西亚航空公司。

1972年，马来西亚航空公司改组成两家公司，新加坡航空公司脱颖而出，当时旗下仅有B707和B737客机各五架。主要经营国际航空客货运输业及相关服务（机场地面服务、机上配餐、飞机维护检修服务）。

1984年，欧洲旅行代理商展开的调查报告显示，在四十九家航空公司中，新加坡航空公司在七项调查中获得五个第一：服务和表现第一；航空公司印象第一；广告第一；和旅行代理商的合作第一；向目的地国家推荐的第一个航空公司。

1986年，新加坡航空公司订购二十架B747-400飞机，是世界现代航空史上截至当时最大手笔的订购。

1987年，新加坡航空公司的最大股东是政府的投资机构淡马锡控股公司，占总股权的63%。

1988年，新加坡航空公司成为世界上首家安装用于飞行员培训的B747-400飞行模拟装置的航空公司，以保证它的飞行员受到极好的训练。

1989年，新加坡航空公司投资业务趋于多元化，主要有机场搭客服务，机场停机坪服务，机场货物服务，膳食供应，维修引擎及有关服务，包机及旅游，航空及普通保险，技术人员训练，建筑服务，投资控股，电脑服务，的士服务，产业发展，出售免税商品等。

1991年，新加坡航空公司率先引进全球卫星通信服务和常规空中传真服务，为长途飞行的旅客提供一包赠送的化妆用品。

1997年，新加坡航空公司与德国汉莎航空公司建立战略联盟，覆盖航班号共享，网络时刻表发展，经常性的飞行员安排，产品发展，地面处理，顾客服务，信息技术和货物管理。

2001年7月，新加坡航空全资子公司新加坡货运航空公司成立。

2005年，新加坡航空公司净利润达72亿元人民币，共有25家子公司，主要有新加坡机场终站服务公司，新加坡航空工程公司，新加坡航空货运公司，胜安航空公司，新加坡航空租赁公司，等等。对新加坡樟宜机场的相对垄断经营带来较高的利润，新加坡航空公司的交易成本，因其诸多上下游企业均为附属公司而大大减少。

2007年，由空客研制生产的A380客机在新加坡航空公司投入商业运营，新加坡航空成为世界上第一家运营这款空中巨无霸的航空公司。

2011年，新加坡航空在原有商业模式的基础上，应对廉价航空市场的崛起，开发酷航，涉足中短程低成本航空领域。同年，新加坡航空100%出资设立专营中长程航线的廉价航空公司新廉航，由宽体客机（机内设双通道）执飞。

2013年，新加坡航空公司净利润全球排名第16位，达33.7亿美元。

2014年，新加坡航空公司实现营收156亿新元，营业利润达4亿新元。

2015年，新加坡航空公司选用霍尼韦尔提供的JetWave卫星通信系统，从而为乘客提供覆盖全球且无缝连接的高速机上网络体验。

2018年，新加坡航空公司开通全球最长商业航线——新加坡直达美国纽约的航线，距离约为16700千米，航班时长达18小时45分钟。

2020年，新加坡航空公司推出其首部烹饪书籍《超越一切：新航国际烹饪顾问团食谱集锦》，其中包含十位世界名厨创制的50款美食菜谱。

面对航空市场新情况、新变化，新加坡航空公司正不断演变发展和调整多元化的商业模式，通过寻求新的合作伙伴、引入先进机型、扩大航线网络等，力求持续适应不确定性条件下的航空市场挑战。

三、案例正文

新加坡航空公司商业模式是以顾客价值主张为导向，经过内部动态自我强化系统，以及与外部上下游企业及政府的稳定联系，通过企业的核心创新体系，实现价值创造，并成功获取价值。本案例运用魏江的商业模式分析框架，从顾客价值主张、价值创造、价值获取和架构四个维度阐述新加坡航空公司商业模式。

(一）顾客价值主张

新加坡航空的顾客价值主张是"为顾客提供全方位、高效、卓越的顾客体验"。

新加坡航空公司是奢侈的代名词，在过去数年中获得了多项荣誉，涵盖了机载娱乐、餐饮、地面服务、安全和公司管理等多个领域，体现了其持续创新以满足消费者不断变化的品味与喜好的经营理念。

新加坡航空自成立之初，就面临着没有内陆航线，不得不扩展国际航班，与其他区域的航空公司争夺市场的困境，所以自成立之初就确定了以新加坡为中心向全球铺开航线的战略。在航空领域，有很多不可控因素，比如天气情况、流量管制等，但可以保证的是服务质量。新加坡航空的服务理念是"任何事都要做到最好"，这是一种姿态，也是一种要求。有"做到最好"的观念和"做到最好"的态度，才有"做到最好"的可能。

（二）价值创造

新加坡航空的价值创造：以为顾客提供高效益卓越服务为导向，不断进行开发创新以创造价值。

新加坡航空始终以其高质量的服务标准在全世界享有盛誉，该公司刚成立时就实行品牌导向的差异化战略，一直致力于做两件事：一是空乘人员的培训和服务至上理念的普及；二是服务产品的不断创新。

图 10-1 为 2014 年国际及地区航空公司机上服务综合得分。

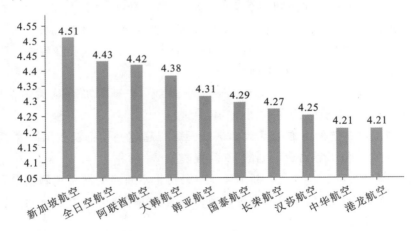

图 10-1　2014 年国际及地区航空公司机上服务综合得分

新加坡航空建立了先进的"服务质量信息系统"和"综合客户反馈系统"来了解客户的需求，从而制定自身的服务方案。一是倾听客户和一线员工的意见。用抽样调查、问卷收集等方式大范围汲取乘客意见，同时建立客户到一线人员、一线人员到管理人员的意见上传体制，保证信息通道顺畅。二是了解客户的生活方式。三是创造出其不意的效果。设立产品创新部，用新生事物刺激客户的需要，如提供客舱邮件服务，开通空中股市，空中地图等。四是学习应用"表扬与投诉"。如乘客要想一份新加坡航空意见卡留作纪念，被

第十章 新加坡航空公司商业模式分析

告知是公司内部资料，不能提供，乘务员随即赠送一副扑克牌和新加坡的明信片，以示歉意。礼物虽小，但是这种积极服务、主动补救的态度令人感动。

"新加坡空姐"作为新加坡航空的象征，成为全球标志性品牌，是航空公司出色空乘服务质量人性化的代表，努力做到标准化服务和个性化服务的平衡。一方面强调服务的一致性，不因为客户的不同而改变服务质量，不因为员工的不同而影响服务效果。另一方面又创造性用更好的处理方式解决问题，热情关心对客户差异性需求的满足。如有位乘客要求吃素食，飞机上没有准备这种食物，新加坡航空的工作人员就把厨房里的蔬菜和水果拼在一起做成沙拉。而不是告诉乘客，我们没有准备这种食物，你无法享用。个性化的服务往往会让客户感觉更贴心，这种"量身定做"的专属感会让客户留下深刻的印象，从而快速加强客户的忠诚度。

在机上餐食方面，新加坡航空是全球首家实现热餐服务的航空公司，并建立了国际烹饪顾问团，有资格进入顾问团的员工都是世界著名的主厨。在新加坡航空高度频繁的班次中，菜单每星期就要改变一次，而在其他公司每年只变更四次。在客舱服务方面，公司有计划推行技术创新，如每个头等舱和商务舱座位上都安装小电视屏为顾客提供电视服务。新加坡航空是首家在飞机上安装躺式座椅的航空公司，每名乘客座椅的间距都是经科学研究后定制的安全距离，还配备了电动脚踏和气压式垫子，以及收纳盒、充电电源、方便阅读的灯具等。在机上娱乐服务方面，新加坡航空具备机上通信服务，旅客能够在万米高空上网、收发邮件、使用兼容 GSM 的手机进行通话等。除此之外，新加坡航空的任何一架飞机的任何一个座位都配置了娱乐系统，同时还非常贴心地为一些商务舱旅客提供眼罩和袜套、耳塞及洗漱用品等。新加坡航空推出全球首个区块链忠诚度数字钱包 App，主要针对旗下航空里程忠诚度项目，旨在帮助乘客的 KrisFlyer 里程奖励能够用于在新加坡航空合作商户轻松进行日常消费。乘客可以享受总部的健身房、会议厅、展览厅、商业中心等。以美国作为目的地的乘客使用蓝色航线设备，乘客资料在飞机着陆前就被传输给美国移民局，在机场上用于完成入境手续的实际时间就可缩短。在新加坡航空公司的飞机上，服务员在第一次给客人送餐后，待客人用完餐便将机舱内的灯光变暗，服务员会问每位乘客："您要不要睡觉？"如需睡觉，她们就把一张贴纸贴在椅子上，上写着"客人要休息，下次送餐不要打扰"。因为人一旦被吵醒后就很难再睡着。新加坡航空公司的一张贴纸就让乘客体会到了他们细微服务的良苦用心。所有自中国出发的航班每个座位都配有"银刃世界"个人娱乐系统，提供超过 200 种不同类型的娱乐项目，让乘客随意挑选。无论是最新最卖座电影、热门电视剧、紧张刺激的互动游戏、曲目广泛的音乐或不断更新的卫星新闻，都能让乘客乐在其中。每月提供最新中文影片及 7 部中文字幕的最新外语院线影片供乘客欣赏，并提供中文的定位操作指南。

新加坡航空以樟宜机场为基地。在樟宜机场，快捷二字得到真正体现。根据机场标准，在飞机落地 12 分钟内，飞机上的第一只行李箱，必须出现在传输带上。入境手续的办理和行李的提取都可以在半小时内完成。在旅客运送上，机场采用计算机控制的高架快运系统，通过航站楼间的机场轻轨，每次载客 100 人，每隔 2～3 分钟一趟，在两航站楼间运送时间仅 1 分钟，同时，突破了旅客在航站楼内步行距离不超过 300 米的一般要求，从而将航站楼群融为一体。在旅客的候机上，樟宜机场一改传统的离港程序，旅客在办理

完登机手续后,过完海关不需要安检即可进入候机厅。机场在每个登机口附近都设置了安检人员和设备,旅客只需要登机前在登机口处安检即可,在安检口不会出现"排长龙"的现象。在行李服务上,樟宜机场的乘客无须拎着行李出境后再次办理登记手续,使旅客中转更为方便。在服务标准上,无论乘客购买哪一个舱位的飞机票,在樟宜机场都将享受到头等舱般的服务,获得广大旅客赞誉。樟宜机场快捷、舒适、高效的服务,让旅客体验到在这里乘机,是一种高质量享受。

2001年7月,新加坡航空全资子公司新加坡货运航空公司(简称"新货航")成立,新货航货运量在全球货运航空公司中一直排在前四位,仅次于大韩、汉莎航空、国泰航空。截至2011年,新货航全球运营网络覆盖37个国家的70多个城市,每周有超过600个航空,是连接五大洲的重要贸易中心,由14架B747-400全货机组成的机队运营,新货航同时也销售新加坡航空客运航班的腹舱舱位。新货航多次被亚洲货运及供应链评为"最佳绿色服务提供商",既体现了新货航的绿色服务水平,也是对新货航在环境保护方面所做努力的认可。在环境保护越来越受到重视,并成为社会关注热点话题的今天,新货航的绿色服务形象塑造得极为适时和成功。新货航重视社会营销,这不仅使新货航在业内的名誉大大提升,而且这种主动承担社会责任、积极创造社会效益的经营方式迎合了新时代企业可持续发展的要求。2008年3月20日,新货航与新加坡野生动物保护协会形成伙伴关系,签订协议并承诺共同保护野生动物。由此,新货航承担了新加坡野生动物保护协会全球范围内的动物运送。新货航先后与新加坡野生动物保护协会、国家遗产委员会、国家文物局及新加坡驻马尼拉大使馆等单位进行合作,在动物保护、艺术推广、文化建设等方面都做出了重要贡献。新货航拥有自己的环境报告,每年都对企业的废弃物排放等指标进行计算并发布在报告里面。新货航设定了专业的环境保护政策和措施,并对环境的可持续发展进行分析和宣传。在环境保护方面所做的努力充分体现了新货航强烈的社会责任感和企业使命感。为此,新货航获得了政府、社会公众、社区和媒体的一致好评,在一些海外地区也获得了高度的社会评价。

新加坡航空公司将精益思想融入到价值创造全过程中。精益思想可以概述为五个原则:其一,根据客户需求,重新定义价值;其二,识别价值流,重新制定企业活动;其三,使价值流动起来;其四,依靠客户需求拉动价值流;其五,追求尽善尽美。

(三)价值获取

价值获取:降低成本的同时,制定较高的服务价格,从而获取价值。

新加坡航空主要的运营利润得益于其强劲的客运表现。对比亚太市场的其他航空公司,新加坡航空的平均上座率保持在73%的水平,与东南亚航空公司平均50%的上座率相比,表现相当不俗。新加坡航空拥有的飞机大部分是从事国际航线运营的大型飞机,降低了起降费用。新加坡航空的飞机规格比较统一,便于管理和维修,飞机维护成本相对较低。新加坡航空的飞机在所有主要航空公司中是机龄较年轻的。公司飞机平均机龄5年零3个月,该行业的平均机龄是13年。因此,新加坡航空的飞机更可靠、更安静和更宽敞,提高了飞行安全和飞行质量,降低了维修费用。以短期租赁的方式租赁飞机,节省了大量经营活动现金支出,提高了公司的资产流动性。

第十章　新加坡航空公司商业模式分析

从新加坡航空营运收入的全球性分布来看，除了在亚洲市场所占的份额较大外，在南太平洋、欧洲、美洲分布的差别并不显著。没有格外重视哪一个市场，平均分配的原则避免了可能因地区不平衡性或区域经济波动而带来的业绩影响，避免了经济形势可能对公司经营业绩的冲击。风险被平均分散在全球不同的区域内，整体抗行业冲击的风险把控能力就会提高。这也是新加坡航空自成立以来就确定的核心战略。新加坡航空建立自有的低成本航空酷航，形成长短航线相接、整个网络相连的格局，进一步增强新加坡航空的竞争力。

新加坡航空公司下属公司新加坡机场终站服务有限公司于1972年成立，最赚钱的业务是供应膳食，每天为新加坡航空公司和其他航空公司提供14000多份食品；新加坡引擎维修中心私人有限公司的主要业务是为各航空公司提供维修、保养和修理风扇引擎及辅助电力等方面的服务。

培育航空维修产业。运输业的持续增长带动了新加坡航空维修产业的崛起与成熟，借助ASL计划，在新加坡企业上缴17%所得税的基础上，针对飞机租赁业务收入的适用税率可在5年间降至10%，甚至5%。同时，在2017年3月31日前用于购买飞机或飞机发动机的贷款可享受预扣税豁免和极为优惠的双边税收协定，新加坡已成为全球重要的航空金融租赁中心之一，世界前十大飞机租赁巨头都已进驻。目前，在新加坡实里达航空工业园拥有大型维修企业40余家，占亚太地区航空维修市场近1/4的份额，产值近百亿新元。新加坡航空维修业从20世纪70年代的军机翻修业务起家，经过多年的发展，形成了多家具有国际竞争力的维修企业，并在全球树立了新加坡航空维修的品牌。如今，新加坡共有100多家国际性航空维修企业。其中，本土的新科宇航和新加坡航空工程公司都是世界重要航空维修商。前者的维修工时在2012年就已突破千万小时，并被美国《航空周刊》评为世界最大的独立第三方机体维修提供商。

新加坡航空公司受益于拥有世界上最有价值的航空枢纽之一新加坡樟宜机场。作为新加坡航空公司的枢纽，樟宜机场长期以来对航空公司快速壮大发挥着特有的国际交通连接与发展的重要作用。2019年，新加坡樟宜机场旅客运输量6830万人次，同比增长4.1%。像新加坡航空一样，樟宜机场也在寻找新的方法来保持竞争优势。该机场持续投入资金用于改建机场服务设施，如在2019年4月新建名为"珠宝"的核心综合体大楼。2020年，机场扩建工程从2号航站楼开始，计划于2024年完工。大型的第五航站楼也计划于2030年初对外开放。

（四）架构

架构：动态的、可以自我强化的架构。创新、高效、低成本、优质服务相互作用，自我强化，本文从营销模式、流程模式、资源模式三个维度介绍新加坡航空公司的运营架构。

1. 营销模式

新加坡航空强调航空公司要想获得成功，就必须是服务创新者而不是价格领导者。公司建立用于训练员工、服务顾客的艺术的培训中心，公司所有培训均可在此举行，公司员

工,从楼层清洁人员到副总经理都将接受这种训练。每周例会不仅进行最新政策的通告以及人事上的考评,很重要的一项工作就是案例分析。案例分析就是把本周出现的典型案例拿出来进行分析,所有人进行讨论,通过案例分析可以使员工了解正确的工作流程,提升服务技巧,促进整个组织的更新。为了保持不断创新,新加坡航空特意设置了独立的产品创新部,主要任务是构思新创意来进行商业运作,这个部门曾推出过很多"世界第一",如第一个在所有舱位引进机载航空娱乐系统。公司毛收入的 2% 用于广告和促销活动。1991 年,公司启用电脑预订系统,提供包括航空和旅店预订、地面安排和地区旅行新闻在内的拓展服务的旅行代理。

2. 流程模式

新加坡航空在招聘时就注意尽量选择那些和善亲切、有发自内心的服务意识的人,这就需要人力资源管理人员具有丰富的阅人经验,寻找那些善于人际交往、待人接物大方稳妥的人。新加坡航空的成功得益于持续改进,培训是新加坡航空持续改进的核心,即使在经济情况不好的时候,培训也不会被忽略。在 2003 年非典疫情期间,为了节省开支,总部削减了很多开支,然而占开支相当大比例的培训费用却一分也没有减少。公司购买最好的软件和硬件设施用来培训员工。没有人会因为太年轻或太年老而不需要接受培训。与空客共同建立"亚洲飞行员培训中心",为以后向海外发展和拓展相关产业打下基础。为了确保管理人员能同时顾及全局,新加坡航空在高级管理层中实行轮岗制度,每隔几年,就轮流调换各个部门的高级经理。这样经理们能了解更多部门的工作内容,它促使经理们看问题时,能从全公司的角度出发。还能减少部门之间的矛盾,也培养大家变化和创新的兴趣,使人们在新的岗位上,不断地产生新想法。

3. 资源模式

公司实施一项被称为"40-30-30 法则"的全面创新:40% 的资源用于员工培训和激励,30% 的资源用于过程和程序的评审,30% 的资源用于新产品和新服务创意的开发。

新加坡航空一直在调整组织结构与精简机构,其中一项重要的结构重组变化在于将胜安航空整合到母公司新加坡航空,届时最后一条胜安航空的航线将被移交给提供全服务的母公司新加坡航空或酷航。新加坡航空届时将拥有两大实体:一个提供全服务的运营公司和一个低成本航空公司。Scoot 已于 2017 年完成与新加坡航空子公司虎航的合并,进一步整合低成本航空事业部。

酷航自 2012 年开始运营至今,在新加坡航空的长期战略中发挥着越来越重要的作用。其机队规模已发展到 20 架波音 787、26 架空客 A320 和 2 架 A320NEO,同时面向远程与短程航空市场提供国际航空运输服务。从可用座千米投入看,酷航整体运力已占到新加坡航空集团公司运力的 20%,旅客运输量占比几乎达到 30%。拥有低成本航空而实现多元化组合业务运营,意味着新加坡航空可为更多原本无法通达的目的地提供服务。例如,酷航在至关重要的中国市场,运营着新加坡航空约 70% 的航线。由于 B737 机型调整,酷航运力投入受到部分影响,但酷航扩张发展步伐可能会再次加快,因为该航空公司仍有超过 45 架 A320NEO 和 A321NEO 飞机在订购中,这与大多数亚太低成本航空公司一样,低成

本航空公司对市场前景的乐观态度，正驱动航空公司加快储备运力资源。数据显示，截至2019年底，在新加坡航空市场，低成本运力份额高达31%。

人力资源竞争优势造就了航空业的一个世界名牌：良好的人资关系；有效的人力资源培训（新加坡航空人均培训费是全国平均水平的12倍）；独特的激励方式（公司建立了获胜途径颁奖制度以承认和奖励向顾客提供优秀服务的员工）。1998年，经济衰退最严重时，新加坡航空公司总裁和325位高管自愿放弃平均4%的年工资增长额，此举使该公司27000名雇员也纷纷效仿，自愿放弃加薪机会，无须采取任何强制手段。这是公司历史上从来没有过的，总裁也从未考虑过大规模的裁员，始终坚持不能当经济形势变坏时才想起节约成本。

2020年新冠肺炎疫情严重削弱了全球航空业，据了解，新加坡航空集团旗下新加坡航空、胜安航空、新加坡酷航将共计减少约4300个职位。除去自2020年3月起实施的招聘冻结、职位空缺、地服人员和飞行员的提前退休计划、空乘人员的主动离岗机制等，新加坡及海外航站的潜在裁员数量降低至2400人。

第三节　小结与思考

一、小结

通过回顾新加坡航空的发展历程，以及对新加坡航空顾客价值主张、价值创造、价值获取和架构等商业模式分析可知，正确的市场定位是成功的基础。如新加坡航空通过市场定位，才能决定机队的飞机型号结构和设计飞行航线；公司架构与价值主张、价值创造、价值获取相互匹配、协调一致才可以有效形成合力；服务创新是新加坡航空价值创造的核心，人力资源优势是实现价值获取的根本保证。

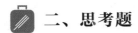

二、思考题

1. 新加坡航空创造辉煌业绩的主要原因是什么？其核心竞争力体现在哪些方面？
2. 试用魏江的商业模式分析框架（顾客价值主张、价值创造、价值获取和架构）分析国内航空公司的商业模式。

思考题答案

第十一章
春秋航空：国内低成本航空的领导者

学习重点：

掌握春秋航空如何实现低成本盈利模式。

学习难点：

掌握低成本航空公司如何实现高盈利。

第一节 引　言

目前，中国民航业日益发展壮大，低成本航空行业发展前景良好，许多航空公司着手打造低成本盈利模式的公司或部门。通过本案例，可以了解春秋航空公司（简称"春秋航空"）实现盈利的历程，思考如何在竞争激烈的航空领域实现创新创业，分析以春秋航空为代表的低成本航空公司的发展前景和挑战。

第二节 案例解析

 一、案例摘要

本案例阐述春秋航空公司的创新创业之路，重点对其低成本盈利模式进行多方面介绍。春秋航空不同于国外低成本航空公司，它通过与旅游的结合实现了一种新的低成本盈利模式，并在订票系统、减少油耗、成本管理、人员激励等方面展开了创新，从而在竞争激烈的民航领域生存并逐渐壮大起来。

关键词：春秋航空 低成本 盈利

 二、案例背景

春秋航空公司是中国首家民营资本独资经营的低成本航空公司，也是中国首家由旅行社起家的低成本航空公司，总部在上海，在上海虹桥国际机场、上海浦东国际机场、石家庄正定国际机场、沈阳桃仙国际机场等设有基地。春秋航空公司自2004年5月26日得到中国民用航空总局（于2008年改为"中国民用航空局"）批准后开始筹建，由春秋旅行社创办，注册资本8000万元，约一年后成功开航。首航班机于2005年7月18日上午由上海虹桥国际机场起飞前往山东烟台。创立之初，只有3架租赁的空客A320飞机，经营国内航空客货运输业务和旅游客运包机运输业务。春秋航空平均上座率达到95.4%，成为国内民航客座率最高的航空公司。2018年5月15日，获"中国优秀空乘团队"排行榜第三名。2019年7月，获评全国模范劳动关系和谐企业。

搭乘春秋航空的飞机遨游蓝天要容忍这样的事实：比老牌航空公司略微狭小的座椅空间；餐食要自掏腰包，只有一瓶330毫升的免费矿泉水；除此之外，行李箱的重量要格外留意，这里的免费行李额度通常要比老牌航空公司低5千克……

也许你仍然会选择它，原因很简单，它能提供与火车硬卧一较高低的票价：99元、199元、299元。如果运气好，还能买到1元钱的飞机票……还有在老牌航空公司头等舱才可能享受到的一些待遇。

在首航18个月里，春秋航空这些颠覆性的做法在中国航空市场上"炸开了锅"。在国有航空公司和一部分挑剔的旅客眼中，王正华与他的春秋航空都被看成"异类"，个别旅客要求春秋航空的服务"减、免"项目应该向老牌航空公司看齐，恢复标准；此外，廉价机票遭遇到来自其他航空公司及个别职权部门的打压。

而这个"低成本、廉价航空"的缔造者王正华仍在继续发飙：在一些民营航空公司抱怨中国没有低成本的"土壤"从而令其深陷客运市场泥潭时，他高调地宣称，春秋航空将用 3~5 年的时间达到连续赢利要求后上市。

在一些老牌航空公司赢利不甚理想之际，只拥有 3 架租赁来的 A320 飞机的春秋航空曝出 2006 年前 8 个月赢利 1000 多万元的消息。此消息一出，立即招致业界的大范围质疑。一位服务于其他航空公司的财务人士甚至坚称，按照春秋航空的票价和目前的成本结构，得出其赢利的概率是 10 的负 9 次方；更有人在春秋航空内部网站发帖称王正华吹牛，春秋航空的飞机是他"吹"上天的。

2007 年 1 月 10 日，性格倔强的王正华对外再次重申：2006 财年春秋航空赢利 3000 万元左右，1 架飞机平均赢利近 1000 万元。

这实在是有些不可思议。在单架飞机的赢利水平上，拥有 200 架左右的中国三大航空公司也难以望其项背。此外，春秋航空在连续两个航季，获得由民航总局评定的五率（公司原因飞行事故征候万时率、公司原因航班不正常率、旅客投诉万人率、正班执行率、基金缴纳率）加权总评分第一名，将老牌航空公司甩在后面。

王正华，这个当年力排众议带领春秋国旅杀入传统旅行社市场的一个"闯入者"，还能第二次复制成功吗？

三、案例正文

（一）低价破冰

与占据了整条马路的东航集团相比，对面的春秋航空总部小得不起眼。偏处于一家宾馆的二层小楼，略显拥挤的办公区，如果没有身着统一制服的飞行员穿梭往来，还以为来到其母公司春秋国旅的一家分店。

在这间略显残破的小楼里，春秋航空经历了中国民营航空动荡的 2006 年。与它同期的奥凯欲与大韩航空合资，向货运市场发展，后由于控股权问题，两家不欢而散；随后均瑶成为幕后控股股东，如今奥凯开始发展支线航空。鹰联的状况似乎糟糕，与新加坡大股东对簿公堂之后，地方航空公司川航"接盘"。为何唯独王正华碰不到"天花板"？

在一个向来由大型国有航空公司主导的市场里，王正华的春秋航空特立独行。2005 年首飞（上海—烟台）199 元的特价票几乎成为春秋航空低成本的标签。通常，春秋航空的票价是市场平均票价的 3.6 折，这已经是老牌航空公司所能接受的底线。让那些掌握垄断资源的航空大佬们更为气愤的是，在打破航空业由来已久的某些"行规"上，春秋航空似乎从未停止过折腾：就在 2006 年 11 月，王正华公然"犯禁"——将"上海—济南"的票价定在了 1 元钱。

其实在国外，极低的票价是许多航空公司常用的市场促销手段。在整个票价结构中，也许这样的座位不足 10%。

从航班时刻上看，春秋航空从上海直飞济南的飞机要在海南凤凰机场过夜，因此，在航班时刻的安排上偏晚，而这个时间段的散客极少。1 元票价实属无奈之举，亦是春秋航空的宣传"噱头"。

王正华却面临着巨大的压力。不到一个星期的时间，济南市物价局到春秋航空进行调查后，开出15万元的罚单，并决定召开听证会。

"听证会要民航总局和发改委出面，可以想象他们可能会左右为难。支持我王正华，第二天各大媒体的头版头条一定是'自破行规'。但要反对春秋航空1元票价，同样让他们为难，对于民航业改革的先行者，他们是支持中国的低成本、廉价航空的。"王正华陷入短暂沉思，"最后，我提议取消听证会，票价恢复到正常。"

事情并没有结束。不久以后，春秋航空遭到老牌航空公司的"群殴"——南航和东航参与到票价大战之中。比如：南航对郑州至上海的机票实行2.5折优惠，票价为200元，但要求旅客提前预订，优惠限量；东航在这条航线上推出199元的特价机票，每天3个航班，每个航班20张，售完为止。对于两家老牌航空公司的低价，王正华选择和其对着干，将每条航线中99系列票价由30%扩大到40%。

"虽然我们是草根出身，但是我们从来不惧怕打压。"春秋航空的新闻发言人张磊说，"春秋航空的客座率仍然在95%以上。"

2006年底，春秋航空再次面临选择：要不要进入干线市场？过往的经验是：在公司重大决策面前，无论反对的声音有多强，反对的理由有多充分，王正华每次的坚持最后都让公司正向发展。他因此在内部被称为"伟大的决策者"。但是这一次，王正华自己犹豫了。

上海—广州航线齐集了中国几家实力雄厚的航空公司——国航、东航、南航和上航，而以往春秋航空的航线，比如上海—珠海，基本上只有一家公司在飞。经营热门航线，春秋航空有优势吗？王正华拨通了东航集团董事长李丰华的电话，这个公开的竞争对手私下里也是他的朋友，让他没想到是，李丰华坚定地告诉他，"飞，为什么不飞？一定要飞！"不久，王正华决定向民航总局申请上海—广州航线。

"其实，无论战略选择，还是日常的经营之道，有许多点子和招数都是从大的航空公司学来的、讨教来的。外界评论说2006年春秋航空赢利是一家民营航空公司在给老牌航空公司'上课'，其实不然，我的角色永远是'学生'。"王正华说。

（二）创业维艰

很多时候，是一次次剑走偏锋式的战略选择让王正华坚持到了最后。1981年，街道里分管经济的党委副书记王正华，为解决回沪知青就业问题，仅仅依靠3000元的培训费办起了一家旅行社——春秋国旅。彼时，团体游大行其道，他力排众议将公司的目标客户锁定在"散客"市场上。10年的冒险，让其初尝甜头。他很快就不顾众人反对开始在全国中心城市设立分社，每年投入500万~700万元却血本无归。在近10年几乎年年亏损的情况下，王正华没有放弃。2001年，春秋国旅终于恢复赢利。而"不安分"的他又开始变招，从自行销售变为与交通、酒店资源一起打包，设计整合旅游产品为主。

早在1994年，王正华刚刚将春秋国旅做成中国国内旅游第一的时候，他就产生了创办民营航空公司的想法。他的副手们当时都认为他"疯掉了"——进入一个利润率只有1.5%的旅游业，春秋国旅的管理团队已经焦头烂额，更何况民航业是资金密集型、回报低和周期长的行业。当时存在着许多政策风险，春秋国旅能玩得转吗？

王正华却坚持认为：航空是属于人们出行在 100 千米以外 24 小时以上的非居住性转移，统统叫旅游行为，它和旅游同属一个大范畴。1997 年，他不顾旁人反对，做起了旅游包机生意。2003 年，民航业向民营资本开放，王正华经过对欧美的低成本航空公司进行考察之后，投资 8000 万元建立中国第一家"低成本、廉价航空公司"——春秋航空。

令人意想不到的是，王正华的春秋航空受到了民航总局局长杨元元的鼎力支持，杨元元希望民营航空的成立能切实推动整个中国民航业的改革。"其实'第一个吃螃蟹的人'应该是杨元元。"王正华说。在 2004 年 4 月一次民航内部会议上，杨元元还给他提了一个建议：春秋航空能否不用中航信网络信息系统，自己独立开发一套 IT 系统？

要知道，中航信是中国民航业主要的信息服务提供商，为国内所有主要航空公司和主要机场提供旅客订座和离港信息系统服务，系统规模居于世界前五位，每天处理超过 50 万人次旅客的订票和离港操作。离港系统技术复杂，要求 24 小时实时不间断运行。当时一位大航空公司的副总裁劝王正华，千万不要做这个，这不是旅游，航空的事情太复杂了。

自 1992 年起，王正华陆续斥资 2000 万元开发了一个统一的即时网络系统，这个系统帮助春秋国旅成为全国最大的散客资源聚集商。现在，历史似乎重新来过，和上次一样，王正华一咬牙，投资几十万开发了春秋航空自己的信息处理系统。

事实证明，春秋航空 2006 年 1—11 月，这套 IT 系统安全、正常地执行了 6007 个航班，输送旅客约 102 万人次。春秋航空公司网上销售量从开航初的 20％增长到 60％，厦门、广州航线已经突破 80％。

在多年沉静如水的中国航空市场上，王正华和春秋航空的到来似乎像是"外星来客"，而同为民营出身的东星航空董事长兰世立给予其的称呼是"滚地雷者"。

春秋航空运输部经理朱沪生回忆，在 2004 年春秋航空开始筹建时，公司的管理团队就意识到未来上海的航班时刻将非常紧张，一定要建设春秋航空的第二基地。但是建设地点，管理团队一直在海口、三亚、珠海和昆明等五个城市徘徊。建设时间，当时春秋航空预定是 2008 年。但是从 2006 年起，上海的航班时刻陡然紧张。管理团队立即将这个议题正式摆到桌面上来。"春秋内部对五个城市都有分析，一共用了近 20 个指标逐一衡量，但是管理团队仍不能做出最后决策。"朱沪生说。

其时正值王正华在海南的旅行社遭遇同业排挤。2006 年 8 月，他给海南省政府的一封信中无奈地写道：市场经济似乎是大型企业主导的经济，像春秋国旅这样的民营旅行社的利益得不到保障。"当时，春秋的管理团队都感觉我说得有点过分，但我还是将信寄出去了。"在信中，王正华吐露了在海南省设立春秋航空第二基地的愿望。

王正华没想到，一个星期后，海南省政府的最高领导对此给予了批示，还专门成立了"春秋做大、做强服务小组"，帮助春秋在海南发展。这让王正华下定决心将春秋航空第二基地设在海南三亚。

然而，王正华很快遭遇了海航控股的三亚凤凰国际机场给他的一记"闷棍"——机场维修厂房的租金疯长到每平方米 10 元，而在上海虹桥国际机场这项费用是 0.5 元。此外，三亚凤凰国际机场牵引车使用费用也提高到上海虹桥国际机场的 3~4 倍。

为了降低机修成本,王正华将急用的部件维修维护放在三亚凤凰国际机场内,而大部分材料不得不安置在机场外。

王正华认为海航的反应有些太过敏感,"你要知道,一个真正的强者,没有人能将你置于死地,断送你的只有你自己。"王正华说。

王正华这样的理念源于这样的一种经历:20世纪80年代末90年代初,春秋国旅在上海西藏路经营旅行社店面时,所在地的区政府组织一批精英在马路对面成立新世界旅行社,誓要赶超春秋国旅。店面宽敞、气派,让春秋国旅处于下风。

出乎意料的是,王正华"慷慨解囊",竟然为这家旅行社支持了店面经理、业务经理、业务副经理和旅游科长4个核心业务人员。半年后,这4名员工回归春秋国旅,而新世界旅行社马上召开誓师大会,宣称将在3年内超过春秋国旅。王正华淡淡一笑不以为意:"有个人在后面追赶你,你会跑得更快。"如今,春秋国旅西藏路店的生意仍旧红红火火,而新世界旅行社由于违反行业规定早已变得碌碌无为。

(三)省钱有道

从一点直接飞往另一点,不绕行;用一种型号的飞机(波音737或空客320)以减轻维修、保养负担;只飞二类机场,以避免较高的机场费及长时间等待起飞和降落;不断降低票价。这是拥有30多年赢利记录的美国西南航空公司为全球低成本航空公司总结的"铁律"。这也是低成本航空公司与老牌航空公司所提的"成本控制"的最大区别。

然而,和欧洲最大的低成本航空公司瑞安航空的首席执行官奥利里一样,王正华同样不完全迷信美国西南航空公司董事长凯勒赫的种种做法:在春秋航空的航班上,不可能像美国西南航空公司那样有额外赠送的饮料。

王正华将低成本航空公司归为三种。第一种称为原始型运营模式,也就是传统的低价航空经营模式,以美国西南航空公司为代表;第二种称为相对型运营模式,以捷蓝航空公司为代表,这类公司将传统低价客户群的外延进行拓展,以满足客户的一些额外需求,比如它们也会在休息室设置皮椅,在飞机上安装液晶电视等,把服务标准提高了;第三种可称为绝对型运营模式,这方面的典型公司是马来西亚的亚洲航空公司和爱尔兰的瑞安航空公司,它们的一个显著特点是将服务中能够减免的东西都减免。

"春秋航空公司目前正倾向于借鉴亚洲航空公司和瑞安航空公司的这种模式,力图将各项额外的服务成本压至极限。"王正华说。

航空业分析师、罗兰贝格中国区副总裁吴琪认为,在中国,做廉价航空容易,但是做低成本很难。其一,美国西南航空从美国的二类机场做起,在那里其可以得到很少甚至全免的机场起降费,而在中国这是不可能的。其二,通常在民营航空业80%是刚性成本,不可能改变。而20%的成本中,还有人力成本省不了,尤其是低成本航空的人力成本,要比传统的航空公司高50%左右。"低成本"从何而来呢?

王正华却不这样认为,"大家基本上都是把西南航空、瑞安航空、亚洲航空的经验教条化了。关键还是'市场上有没有这个需要'。现实是,春秋航空2006年1—11月,安全、正常执行6007个航班,输送旅客约102万人次,共开通了15条航线"。

为了降低燃油消耗,春秋航空的飞行员冒着紫外线辐射的危险,在起飞后尽快将飞机升至最高航高。为鼓励飞行员，春秋航空设立了"节油奖"。与老牌航空公司不同的是，奖金与节油量挂钩，而且并非所有部门平均分，而是主要奖励飞行员和运控。

在上海虹桥国际机场，春秋航空使用的是国产摆渡车。想想看，老牌航空公司统一使用的是进口的COBUS摆渡车，要知道二者的价格相差4倍左右。

初创春秋航空时，王正华曾在内部社区网上写道："记得我妈妈在世的时候经常说：'钱，一半是赚的，一半是省的。'随着生活积累的沉淀，妈妈的话日益显示出'家教重万金'。"

春秋航空新闻发言人张磊告诉记者，在没成立航空公司前，春秋的管理团队出差，交通工具一定是火车。

2006年底，王正华参加了在英国伦敦举行的世界低成本航空大会，王正华又打起了他的"算盘"。为了省钱，他和三个高管睡在一个没有桌子、凳子的地下室里。"与上海本部联系工作，只好坐在行李包上，电脑放在床上。"他说。

"我们每天去参加国际会议或是拜访英国航空公司的CEO，如果乘坐的士，那要花去大约150英镑，相当于人民币2000多元。还好我们发现了5英镑的地铁。"王正华流露出得意的神情，"而且票可以用一天，一天之内到哪都行，畅通无阻。"

但是，王正华也有"出手阔绰"的时候。2004年，春秋航空筹备期间，王正华投资几十万元建立了独立于中航信之外的网络系统。这是花巨资租赁飞机外的第二笔大开销。王正华丝毫没有犹豫。一直以来，春秋航空的营销费用差不多只占总成本的1.5%（老牌航空公司的要占到8%～10%），这套系统功不可没。

2005年12月8日，春秋航空首次开辟飞温州的商务航线，为了温州首航，王正华让手下的人提前做了很多宣传。甚至温州市市长都准备在温州机场迎接春秋航空的飞机。可是，就在温州首航的前一天晚上，机组报告说驾驶舱前面一层玻璃上有一个很细微的裂纹。尽管对照飞行业内的飞机最低设备清单，这种故障在可以飞行的范围之内，但是出于安全考虑，王正华还是决定取消第二天的温州首航。这让春秋航空承担了近20万元的直接经济损失。

省钱有道，春秋航空赚钱的秘诀又是什么呢？王正华说，春秋航空的目标客户定位在三个层面：旅游客户——这是春秋国旅的老客户；自掏腰包的商务旅客——这部分群体对价格敏感；年轻的都市白领——他们赚的钱多，但是花钱的地方也很多，而且他们上网购买机票的能力很强。第一部分主要依赖春秋国旅年组团200万人次的庞大客源网络，它每年可以为春秋航空贡献40%的旅客量；余下的60%则依靠春秋航空廉价的机票政策和优质的服务。

为了体验乘客心理，提高服务质量，王正华和管理团队每次都自己装卸行李包和推行李车。"只有离客户近了，才能与竞争对手拉远距离。"他说。

春秋航空沿用了春秋国旅的全面质量管理系统，比如在质量回访环节，春秋航空要求原汁原味：第一，回访员一定是外行，最好是人力资源或财务人员来做；第二，原原本本反映客人的评价，哪怕客人说的脏话，不用加工，用特殊符号记下。王正华告诉记者，目前2次乘坐春秋航空飞机的有50%～60%，3～4次的有20%～30%，比例很高。而春秋航空的平均客座率是95.4%，高于老牌航空公司2成之多。

吴琪分析,欧洲一些成功的旅行社也有旅游+航空的商业模式,但它们的发展轨迹是旅行社—包机—不定期航班—定期航班。与之相比,春秋航空则是跳过中间环节,从包机直接过渡到航空公司运营,这一独特的商业模型蕴含着对如何盈利的不同追求。

随后几年,低成本航空进入了发展的快车道。从行业角度看,2008年至2017年,全球低成本航空的国内航线市场份额从23.6%提高到31.4%,国际航线市场份额则从4.4%提升到11.4%;而亚太地区国内航线的市场份额则从13.6%攀升到26.9%,国际航线份额从2.8%提升到7.8%,亚太地区的低成本航空份额提升更加明显。目前我国低成本航空,国内航线市场份额仅9.7%,低成本航空市场份额仍然较少,而国内需求日渐旺盛,市场前景广阔。

春秋航空紧紧抓住这个机会,逐渐形成成熟的"两单""两高""两低"经营模式,一举成为我国低成本航空的先行者和领跑者。"两单"指单一机型和单一舱位。春秋航空全部采用空客A320机型,统一配备CFM56-5B发动机,单一机型集中采购,可以降低采购成本、维修成本,也可以降低飞行员、乘务员等培训的复杂程度;单一舱位则只有单一经济舱,不设头等舱和公务舱,提供的座位数比采用两舱模式的空客A320增加15%~20%,新引进的A320进一步将座位数从180座增加至186座。"两高"指高客座率和高飞机日利用率,这些都能显著提升运营效率和盈利能力,春秋航空长期客座率高于90%,在国内航空公司中排名第一;公司充分提升飞机日利用小时数,由于公司固定成本占主营业务成本的三分之一,通过提高飞机利用小时数,可以降低单位固定成本,从而降低运营成本。"两低"指低销售费用和低管理费用。公司以电子商务直销为主要销售渠道,有效降低了销售代理费用,公司拥有国内唯一独立于中航信体系的分销、订座、结算和离港系统,公司除了包机业务外,2017年电子商务直销占比达91.7%,单位直销费用远低于可比上市公司水平。公司通过严格预算管理及合理人机比控制,有效降低了人力成本和日常费用,2017年公司人机比为86:1,大幅度领先于行业平均水平。

(四)全面管理

春秋航空的利润来源主要为销售机票的收入、销售机上服务的收入以及其他相关的能为企业带来利润的经济活动产生的收入。最近几年,为了进一步增强公司的竞争力,春秋航空全面加强了核心业务的创新,以保持公司的进一步发展。

1. 会员制度

春秋航空每月会员日推出会员抢特价活动,不仅提高了销售量,而且吸引了大量会员,建立了大批客户基础。春秋航空会员在官方渠道使用会员账号预订春秋航空机票,在符合相应规定下,每笔订单均有价格上的优惠。春秋航空会员购买机票还可以获得相应的积分,该积分可以兑换服务。不仅如此,春秋航空为会员开设独有的秒杀活动,让其会员买到超低价格的机票。2018年,春秋航空对会员积分体系和常旅客计划进行了全面升级。通过积分翻倍、优先特权、精致服务等措施强化金银卡会员的体验,金银卡高端常旅客数量快速增长,会员复购率达25.5%,同比提升约4个百分点。

2. 减少油耗

航油价格频繁波动以及民航局起降费收费标准的规定，使得航油费及起降费成本控制有一定的局限性。春秋航空在充分确保飞行安全的前提下，改进现有空客 A320 的机翼，减小飞行时的空气阻力，从而节约了燃油。同时，改装客舱布局，可提供座位数较改装之前增加了至少 15 个座位，将座椅及客舱配件更换成更轻更可靠的材料，减轻了飞机负重，也降低了油耗。与此同时，春秋航空 2018 年开发了一套新系统，能够监测飞机飞行动态数据，及时改正问题，优化飞行，进而节省了燃油。2018 年前 10 个月国际油价涨幅较大，公司航油采购均价较去年上涨 24.6%，单位航油成本较去年上涨 21.3%。在油价上涨的大环境下，春秋航空节油精细化管理的效果逐渐释放，2018 年单位油耗较 2017 年下降 3.2%。春秋航空 2018 年财务报告表示，2018 年前 10 个月国际油价大幅度上涨，公司航油的采购均价比去年上升近四分之一，单位航油成本较去年上涨了五分之一。为了应对全球油价上涨的威胁，春秋航空在 2018 年 10 月引进了 A320NEO 飞机，该机型比之前使用的 A320CEO 理论上可以节约 15% 的油耗，并且春秋航空未来计划引进飞机的机型均为 A320NEO，期望以此来节约燃油成本。春秋航空还与欧洲著名飞机制造公司"空中客车"签署了协议，共同合作开发新的节油系统，未来或能进一步降低油耗。

3. 提高利用率

春秋航空由于低廉的价格，优质的服务，遍布全国大型城市及中型城市的航空网络而备受人们青睐，客座率一直居于前列。2014—2018 年财报显示，每年平均客座率均接近 90%，并且还将在未来继续保持较高的客座率，以求增加收入，降低单位成本。春秋航空还在确保安全的前提下，更多地利用非繁忙时段如清晨八点之前或者晚上九点以后起飞，这样可以增加每天飞行的航班次数，提高飞机的日利用率。由于航空运输业的特性，固定成本所占比例较高，所以通过提高飞机的日利用率，能有效摊薄单位固定成本，从而降低运营成本。

4. 削减成本

春秋航空通过削减期间费用与降低人工成本的方式来提高利润。具体表现为春秋航空主要销售方式为直销，2018 年财报显示，春秋航空除包机包座业务以外电子商务直销比例达 90.7%，这大大降低了代理成本与销售费用。而春秋航空的管理费用较低也显示了成本控制的成功实行。在保证飞行安全、公司运行顺畅和服务质量较好的情况下，春秋航空尽可能降低日常管理费用，减少人员浪费，严格地实行公司的预算管理，提高考核绩效所占工资比例，并尽量降低人机比例，以期降低管理费用。2018 年，春秋航空的单位销售费用（销售费用/可用座位千米）为 0.0067 元，较去年同期下降 25.4%，春秋航空单位管理费用（管理费用/可用座位千米）0.0052 元，远低于行业可比上市公司水平。由此可见，春秋航空削减期间费用与人工成本的策略颇见成效，为企业争取了更大的利润。

5. 定制旅游航线

春秋航空还根据不同季节推出例如踏青、戏水、赏雪等不同特价活动，根据客户偏好加开或关闭航线等。如在2019年初,春秋航空官网及App正式推出春秋读书航班系列活动。该系列涵盖18个国内外城市,包括哈尔滨、兰州、沈阳、深圳、济州岛、曼谷、大阪等,由春秋航空联合FM107.2上海故事广播共同打造。该活动不仅与作为大众传媒之一的广播电台联合起来吸引更多的客源,也能寻求文化和城市旅行的有效结合,促进旅游升级。

6. 产业链增值

春秋航空通过电子商务直销的方式以及促销、优惠活动等,吸引了大量的旅客。春秋航空运用自身会员基础较好的特性,发展常旅客计划,积极推动互联网销售模式,并且加大官方App的优惠力度,扩大直销影响力,吸引更多客流从官方直接订票,降低了销售代理费用。与此同时,春秋航空还运用母公司为春秋国旅的优势,借助独一无二的航旅平台,利用线下的旅行社扩大了线下的销售优势。不仅如此,春秋航空还与日本零售企业Bic Camera进行合作,不仅为春秋航空做了宣传,加大了春秋航空在日本的知名度,而且能吸引客流,加大机票的销量。合作双方均为对方提供了较大的优惠,如Bic Camera在店堂中悬挂春秋航空的宣传彩页,会员能享受更多优惠,持春秋航空机票的旅客也能在Bic Camera享受更大的折扣。春秋航空通过线上线下的全渠道布局,增加了企业知名度,扩大了机票的销售量。

7. 政府补贴

中国民航局2019年在全国民航工作会议中指出,我国加大了对民航业的扶持力度,支线航班数量大幅度增加,国家对三四线城市的中小型机场以及支线航班的补贴资金近30亿元,并且我国将继续支线航空的发展,对发展支线航班的航空公司给予补贴。春秋航空在2018年与潮汕机场签署了协议,不断增加在潮汕机场的运力及航线开拓,获得相应的航线补贴。2019年10月,春秋航空与扬州市政府合作,发挥公司的航空与旅游优势,发展扬州旅游业。春秋航空注重支线的开发,不仅发挥了自身具有旅行社资源的平台优势,也获得了合作政府的相应经济补贴。

(五)春秋基石

生存或者灭亡,这是每天摆在王正华及其团队面前的一个问题。春秋航空公司之所以能够多年维持低成本与保证合理利润之间的平衡,依靠的就是与众不同的团队。与老牌航空公司管理团队多为飞行员出身不同,王正华的管理团队显得异常"另类"。王正华原本是上海一个区的党工委干部。而CEO张秀智原本是上海纺织厂的一名女工,后来与王正华共同创建了春秋国旅,是春秋国旅当年的销售冠军。运输部经理朱沪生,之前是上海一家贸易公司卖玩具的销售经理。研发独立航空网络系统的CTO之前是一家知名跨国IT公司的高级工程师。春秋高管团队唯一一位民航出身的高管是执行总裁葛学进,此前是山东航空的副总经理。

同时,春秋航空内部执行的是一个鼓励冒尖和创新的激励机制。十几位中高层管理者都持有公司股份,其中王正华持股仅占19.7%。这也是管理团队能够死心塌地跟随王正华一同吃苦、创业的原因。另外，春秋航空的员工享有比同行高20%的收入。王正华虽然把部分公司股权给了员工，但他希望能保持自己对春秋航空的控制权。他解释称："如果有一个战略投资者，他对航空非常有经验，那么春秋航空现有的管理团队在他的眼里一定只是一个外行，我们也许连发言的资格都没有。所以，春秋航空一直不太主张引进一个战略投资者。"

正是因为有了这种制度上的保证，王正华与他的团队才能在过去多年中，一直将"不可能"变为"可能"。这条创新创业之路虽然充满了荆棘和坎坷，但是整个管理团队的高度凝聚力让春秋航空有了稳定的基石。

第三节 小结与思考

一、小结

本案例对我国低成本航空业的代表性企业春秋航空的低成本航空创新创业之路进行研究，有助于国内航空公司找到更加合适的发展方向，希望能够助力国内航空公司寻找到更好的经营理念和发展思路，在激烈的行业竞争中健康快速地发展。

二、思考题

1. 春秋航空公司与国外低成本航空公司的不同之处是什么？
2. 春秋航空公司凭借什么与国内几大航空公司竞争？
3. 春秋航空公司的盈利特点是什么？
4. 航空公司之间竞争的关键是什么？
5. 春秋航空公司的发展道路对我国其他企业有什么借鉴意义？

思考题答案

第十二章 疫情冲击下航空公司的"过冬"运营模式

学习重点：
1. 航空公司运营模式。
2. 疫情冲击下航空公司的困境。

学习难点：
各大航空公司的抗疫策略。

第一节 引 言

2020年初，新冠肺炎疫情暴发，对全球运输业影响深远。据统计，2020年2月份，中国民航旅客运输量只有834万人次，同比下降84.5%，民航单月亏损累计245.9亿元，创下单月亏损纪录。新冠肺炎疫情对全球航空业造成了很大打击。国际航空运输协会（IATA）发布的报告数据显示，新冠肺炎疫情给人员流动带来的巨大影响，使2020年全球航空活动比2019年减少了56%，航空业全年亏损预计达1185亿美元。全球已有多家航空公司宣布破产，其中不乏一些知名公司。

在疫情冲击下，首当其冲的就是航空公司，各航空公司纷纷以成本控制为导向调整运营模式，低成本市场空间不断被压缩，加速了低成本航空公司探索新的运营模式的进程。本文以厦门航空、春秋航空和东方航空为例，探讨在疫情冲击下新的运营模式，希望能为其他航空公司转型提供参考。

第二节 案例解析

一、案例摘要

航空公司纷纷选择在服务产品、营销渠道、营销促销、成本控制上破局，参考新的航空公司运营模式特点并结合自身网络优势寻求创新来获客和增长，赢得生存空间。本文以三个航空公司为例，结合服务创新战略、低成本竞争战略、多元化战略、嵌入式价值服务平台等，分析疫情冲击下航空公司的运营模式。厦门航空凭借一如既往的服务创新举措，开创了"厦航空厨"品牌，带来的不只是味觉上的体验升级，并通过花式联名的方式使之成功出圈。春秋航空继续发挥成本控制的优势，想尽一切办法进行成本控制，用实际行动向行业证明了廉价航空模式是有效的、可行的，通过对固定成本的控制，采取精细化管理的方式，赢得了最佳客座率，使公司能够在低成本航空的市场中站稳脚跟，发展壮大。东方航空采用了一套产品、价格、渠道和营销组合创新模式，其中不少措施快速被行业内伙伴借鉴使用，共同抵抗疫情的严寒。

关键词：疫情　服务创新　低成本战略　营销创新

二、案例背景

疫情前民航业连续11年盈利，2019年利润总额达549亿元，而疫情以来累计亏损近3000亿元。"2022上半年亏损超过了2020年、2021全年的亏损额，截至目前，航空公司资产负债率达82.2%，较疫情前上升11.9个百分点，12家航空公司资产负债率超过100%。"此次新冠肺炎疫情，在近年来快速扩张的各国航空业同质化竞争日益严重的情况下，使全球航空业遭受严重打击，全球航空业眼下可以说正处在黎明前的至暗时刻，存活下来便是希望。同时，疫情的发生也使得中国航空市场发生了一些变化，如"客改货"市场非常活跃。相比全球航空业，中国航空业受益于中国宏观经济预期好转、政府多项支持举措以及行业创新经营思路，将率先走出低谷，稳步复苏，成为全球航空业的曙光。政府的支持和投资也是中国航空业快速复苏的关键因素，比如天津自贸区飞机租赁的成功模式，已经吸引了其他自贸区、综保区及保税区对飞机租赁的极大兴趣，一些地方政府也纷纷投资航空领域。由此，越来越多的城市正通过在机场周边建立大修车间、工业园区（拥有备件存储和小型设备生产线）以及飞机租赁中心，来鼓励本地公司进行航空投资，并对这些公司提供税收优惠或直接补贴。

航空公司运营模式应紧跟数字化时代，创造旅客需求，回归旅客价值，致力于创造不可替代性平台来构建协同共生型组织，最终向多元化战略运营模式转型，一些航空公司在疫情期间也取得了一定的成绩。疫情下的民航寒冬如何度过？平稳度过艰难时刻，取得阶段性成绩的背后到底有哪些值得探索和研究的破局之道？

三、案例正文

（一）厦门航空——服务创新

航空公司在疫情冲击下面临的困难其实不小，包括一旦某些地方出现疫情牵扯的赔付问题、机场人员配置不足导致的服务体验不尽如人意，以及一些竞价升舱、登机口升舱因支付方式不同导致的众多流程问题等。国内某航空公司品牌顾问 Partner 曾表示，对民航来说，要想恢复疫情前水平甚至在行业内发声，必须得有所创新才行。于是，一人多座、机票盲盒、随心飞、机上升舱、付费休息室以及付费餐食等一系列产品相继推出。但创新产品的推出要有持续性才能起到良性效果，纵观各航空公司的"生存表现"，为顺利度过民航寒冬的厦航，借着"东风"展开了不少新动作，厦门航空进入到人们的视线中。2020年全球唯一盈利的中大型客运航空公司，这是厦门航空在疫情的巨大冲击下取得的成绩。它意味着厦门航空已经连续盈利 34 年，成为全球民航业的翘楚。在 2020 年的冲击下，民航业最为知名的低成本航空公司——西南航空都未能延续其保持的 47 年盈利纪录而败下阵来，厦门航空却实现了来之不易的盈利状态。

从 1984 年第一架波音 737-200 型飞机、1997 年率先实行全员劳动合同制、2001 年有偿兼并福建航空公司，到如今机队规模达 209 架、全球航线约 350 条、年旅客运输量近 4000 万人次，作为中国首家按现代企业制度运营的航空公司，厦门航空有着航空服务创新的基因，凭借着以下创新模式取得了辉煌的成绩。

1. "厦航空厨"品牌上线

2021 年是厦航飞速发展的一年。这一年，厦航首次推出全经济舱免费选餐服务，推出省心改、间隔坐，发布自有品牌"厦航空厨"，与新式茶饮品牌跨界合作……一系列的创新玩法都在向人们展示着"如何能让一段飞行更有趣、更好玩"。

2021 年 2 月初，厦门航空首度推出了全经济舱免费选餐服务，把选择权交到了旅客手中。全经济舱免费选餐服务一经推出便引发关注，对经济舱旅客来说简直是一次空中美味的升级。据厦门航空品牌部方面介绍，目前"飞要好好吃"的选餐服务是一系列"飞要"中的一项，其余还包括"飞要要大牌""飞要省心改""飞要享积分"，以及疫情期间推出的"飞要间隔坐"等系列内容。

厦门航空表示，"飞要好好吃"具体在选餐服务方面，旅客需在航班计划起飞 6 小时前通过 App、微信公众号线上办理选餐。心选库每周持续上新，让人们的空中美味体验不重样。据初步统计，旅客选购这项服务较多，而且复购率高。此外，北京大兴航线成为较热门的选餐航线之一。实际上，这一系列关于机上餐食的改变和升级都离不开厦航发布的自有品牌"厦航空厨"，这便是厦航的第二个创新动作。

2021年5月10日，"厦航空厨"品牌正式发布，这是厦航全新打造的自有品牌。据厦门航空介绍："厦航空厨本着探索健康新食尚的理念，致力于为更多人带来引领趋势的、可持续的新式食品和餐饮服务。"它不只是一个连接线下线上的商业服务渠道，更充分利用了在地化优势，给人们提供了更多独具特色的美味。

2021年7月底，"厦航空厨"打造了全新菜单"巡味八闽"，推出厦门面线糊、泉州牛肉羹、洋烧排骨、香菇酿豆腐、闽南红烧比目鱼等美味，分别呈现了来自福州、闽南以及闽西客家的风味料理，带人们寻找一代闽南人独有的儿时记忆。

同样，早在2021年4月，厦航还将沙县小吃带上了万米高空，让人们在飞行中也能吃到正宗的沙县味。其中，被称为沙县小吃"四大金刚"的蒸饺、扁肉、拌面和炖罐，有三样被带上了云端。飘香拌面、姬松茸炖猪软骨、金线莲番鸭汤、蒸饺、芋饺、水晶烧卖和南瓜饼……一系列美味成为人们探索"巡味八闽"的起点。

在"厦航空厨"的小程序上，顾客看到产品不仅限于客舱，其依托"互联网＋"的模式"飞"到了线上商城和更多线下渠道。烘焙坊、糕点零食、天际酒廊、粮油乳品、茶水饮品、特色干货、扶贫专区等等，种类繁多。线上下单送货上门的电商方式习以为常，但不同的是一些只有在万米高空才能享有的服务和体验也落了"地"。

当前，数字化浪潮正在全方位重塑民航业态、商业模式和竞争格局。"厦航空厨"品牌的推出，也让我们看到当发展列车插上数字化的羽翼，更便利的智能交互方式、更广泛的新型消费场景、更优化的商业服务模式，在提升顾客幸福感的同时，也让培育经济新增长点、形成发展新动能成为可能。

2. 花式联名，不止有美味

当然，"厦航空厨"带来的不只是味觉上的体验升级，通过花式联名的方式，它也成功出了圈。2021年中秋节，"厦航空厨"联名艾尔文视觉推出的"首饰月饼礼盒"受到千禧一代和Z世代的热捧。这款月饼礼盒中既包含了奶黄流心、黑松露抹茶等花式口味月饼，又能变身为双层首饰盒，其中还有荣获德国iF奖的环保纸艺设计。会"变身"的首饰月饼礼盒完美契合当下年轻人崇尚健康、环保的生活方式，也击中了他们偏爱更具潮流与灵感设计的心。

同时，厦航的新联名将新式茶饮带进了客舱。厦航同茶饮品牌BASAO联名，推出铁观音、茉莉毛峰和鸭屎香单丛冷萃茶，给人们带来完全不同于热泡茶的体验。据厦航介绍，此次甄选的三款冷泡茶，铁观音产自福建安溪，茉莉毛峰取自盛夏时节采摘的茉莉，鸭屎香是目前最受欢迎的凤凰单丛茶之一。新式茶饮进入客舱，希望能让人们品味茶最本真的味道，也能将颐养身心的新生活方式传递给人们。

3. 提供个性化服务产品

针对不同旅客，制定不同的产品方案。针对高端旅客，为了彰显其特殊性，需开发制定一对一专享式服务。当旅客购买机票的那一刻开始，就掌握其出行信息，主动提供服务,在办理值机、托运行李、机场贵宾室休息、餐食、机上服务、到站后等各个环节,都要主动进行服务。在值机时,主动为旅客办理留座服务,问询旅客座位喜好,优先办理值机,提供独特的饮食等。建立旅客全流程服务保障系统,主动记录旅客的座位偏好、饮食偏好等个人服务数据,在旅客下次乘机时,可以迅速提供个性化服务方案。对于商务航线的旅客,票价的高低对他们影响并不大,他们关注航班准点率,关注机上服务的品质和细节。对于休闲旅客,让其感受到乘机的超值,提供免费升舱等,以此增强旅客的忠诚度,在服务上提供标准化、规范化的服务,与旅行社进行"一体式"服务,打造全方位游、购、娱、吃、住、行一体化的旅行服务。追求性价比的旅客选乘航班的原则性较强,主要是需要价格实惠,针对这类旅客,可适时推出特价产品,在服务保障上也应该提供标准化服务,让其感受乘机出行所带来的优越感,促使其更多地选择乘机出行。

提供个性化服务,提高旅客满意度,这是航空公司发展的精髓所在。好的服务,体察需求,化解尴尬,不事张扬。同样,要把握不同航线客户资源的需求差异。

从接连不断的动作上可以看出,厦航的创新还在继续,将颇具创意和新奇的设计落了地,成就厦航在行业有了一席之地。

(二)春秋航空——低成本运营战略

受疫情影响,国内外经济状况不容乐观,国内航空企业很多航班取消,导致国内民航业连亏两年,只有票价相对低廉的春秋航空客座率仍保持在63.21%,春秋航空挣钱了。春秋航空2021年国内航线运力较2019年增长50%,春秋航空的资产负债率为66.31%,是所有上市航空公司中最低的。

低成本航空公司,发展时间较短,经济体量较小,稍有不慎就会面临财务风险和其他风险。春秋航空是国内第一家由民营资本独立经营的低成本航空公司,也是国内第一家由旅行社起家的低成本航空公司。公司成立于2004年,十多年来取得了不小的成就。疫情暴发之际,春秋航空想尽一切办法进行成本控制,使公司能够在低成本航空的市场中站稳脚跟,发展壮大。无论是春秋航空的机队规模、资产比例还是营业收入等都值得资本市场的肯定。如财务保障先行,控制航线固定成本,精细化管理能力降低成本压力等综合有效措施,并尽力维护行业最佳客座率。为了防范和化解可能出现的风险,春秋航空需要不断完善管理体系,发展和挖掘不同于其他同类企业的管理优势,稳定用工团队和构建航线网络枢纽,致力于成为行业内的标杆企业。

目前我国低成本航空的市场占有率约为11.1%,较2019年提升1个百分点,全球平均市场占有率大致为35%,公司的市场空间还很大。后续继续跟踪公司的市场占有率情况,以及公司运力情况。近年来新增了许多国内航线,由于机票价格多数时间很便宜,相当于行业变相在为低成本航空公司培育市场。再加上如果国际航线开放的话,春秋航空可以发挥自身在国际航线上的优势,同时,国内新增航线也不断培育,为未来公司成长打下基础。

1. 财务保障先行

2020年疫情暴发初期，春秋航空财务比较保守，负债率在50%左右。疫情刚发生时，公司判断情况会非常严重，因此增加了紧急性融资和缩小成本，公司预备了6个月左右的"类灾难拨备"。2020年2月初，紧急拿到了开行、招行和工行的贷款，应对退票和主要成本开支。公司在2月18日晚间披露公开发行2020年公司债券预案，发行总额不超过50亿元，扣除发行费用后，将用于补充流动资金、偿还计息负债等用途。3月初发了疫情债，270天，6亿元的额度，2.85%的利率。公司进了上海的疫情扶持名单，可以拿到政府扶持低息贷款，额度在5亿~7亿元左右，利率较低。到2020年底，公司大约可以获得60亿元的现金，公司有更多的手段应对、调整。

2. 航线固定成本控制

在疫情的影响下，2020年春秋航空的业绩亏损近6亿元，股价却上涨26%，且继续上涨。而航空公司未来能赚多少钱，取决于其机队规模、航线优势、成本控制，以及航空行业的发展。

图12-1是春秋航空的机队规划，相比当初的规划，公司加大了飞机的引进力度。2022年的规划上调至117架，且2023年公司的机队规模规划至129架。截至2021年3月底，公司又引进了一架A321NEO飞机（240座）。从2020年年中至2021年3月底，公司共计5架A321NEO飞机。240座的A321NEO和186、160座的A320油耗几乎是一样的，摊薄到座位数上的成本会低很多，可见该飞机比例的提高更加有利于公司成本下降。2020年引入的全为A321机型，预计单机成本不会比A320高很多。根据经验，窄体机换宽体机，客收不会发生很大变化，所以整体上对公司的利润会有很大贡献。

图12-1 春秋航空的机队规划

春秋航空的油耗一直在下降，如图12-2所示，主要是由于公司使用专门定制的飞机。随着后续240座的A321NEO比例提升，公司该项指标会继续改善。

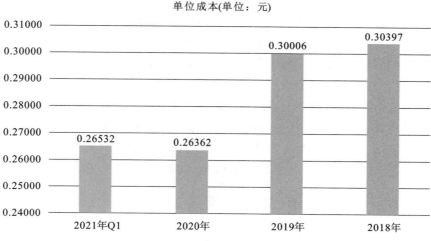

图 12-2 客座油耗单位成本

3. 精细化管理缓解成本压力

2021年燃油成本上行在一定程度上拖累业绩，但疫情下公司仍然坚持精细化管理，成本管控水平保持业内领先。2021年营业成本同比增长13.6%，单位ASK营业成本同比增加3.6%，单位ASK非油成本下降2.5%，整体毛利率为－4.35%。费用方面，经营租赁并表导致财务费用增加，管理人员补薪使得管理费用上涨。其他收益方面，航线补贴保持相对稳定。

4. 客座率仍为行业最佳

疫情散发背景下，春秋航空整体经营情况有所下滑，但相对表现仍然领跑上市航空公司。低成本航空公司展现较强韧性，春秋航空在疫情冲击下积极探索国内外可飞市场。随着日韩泰航线回暖，利好主做日韩泰航线的春秋航空。2021年第一季度受就地过年政策影响经营情况较弱；第二季度和第三季度展现良好复苏态势，客座率分别达到88%和85%；第三季度末奥密克戎变异毒株在国内扩散；第四季度和2022年第一季度经营情况明显下降，客座率分别为79%和72%。2022年初新的疫情再次暴发，2022年第一季度单位座收水平基本与2021第四季度持平。2022年4月以来，公司上海航班受疫情影响严重，但其他基地仍有航班在正常运行，4月日均航班量在110班左右，后续随着疫情好转，航班量逐步提升。

疫情期间，春秋航空依然十分优秀，虽然航空业短时间受到疫情冲击，但是春秋航空的发展不仅没有慢下来，反而加快了。春秋航空用实际行动向行业证明了廉价航空模式是有效的、可行的。等疫情恢复后，公司业绩也会是最早恢复的航空公司。春秋航空仍是国内竞争优势较突出的航空公司。春秋航空目标定位明确，在成立之前充分研究了国内外低成本航空公司的运营模式，并能够结合我国的基本国情确定低成本竞争战略。为春秋航空提供了良好的市场基础，有利于发展国内外航空业务，同时还开通了二、三线城市的航线

发挥主、支线协同优势。必须寻找积极有效的配套战略来配合现有战略的使用，这样才能保证企业的竞争优势。除此之外，也应该看到，低成本竞争战略的实施并不意味着成本能够一味地被压缩，刚性成本能被压缩的空间已经不大。当疫情结束后，会发现公司利润依然复合增长，而且经历了这次危机，应该对公司应对危机的能力更加有信心。未来随着经济恢复，公司业绩也将更上一层楼。

疫情后的市场表现，表明低成本航空公司在经济环境处于低谷时仍然具有弹性。即使在2020年上半年的至暗时刻，这些低成本航空公司也实现了盈利，而主流航空公司只能依靠低价机票勉强提高其流动性以维持生存。这些将增加投资者未来构建低成本模式航空公司的信心，未来主流航空公司也极有可能建设以低成本运营为主的子公司。

（三）东方航空——营销组合创新模式

1. 产品策略

1）"周末随心飞"产品

在疫情暴发后，为助力复工复产，促进国内消费，回馈广大旅客长期以来对东航、上航的信任和支持，2020年6月18日，在东航App限量发售"周末随心飞"产品，用户购买后可在有效期内不限次数乘坐东航和上航的班机，积极响应了市场需求，创造了新的购票营销模式。适用航班日期是购买之日起至2020年12月31日，计划起飞时间为周六、周日的航班，半年内周六、周日可以任意往返，让旅客出行更便捷。针对外地上班的群体，周末双休，既可选择飞机出行，还可借用周末双休在附近游玩，刺激旅游业复苏发展。在疫情防控时期，很多航线得不到充分利用，随心飞的推出，首先通过不限时间段吸引了广大旅客的注意，同时在价格上吸引更多的客户群体去购买，推出合适的产品吸引旅客，增加了客户黏性。

自东方航空首推"周末随心飞"产品，以缓解疫情对业绩带来的影响以来，各航空公司在短时间内纷纷跟进，推出了类似产品，如南航的快乐飞、祥鹏的无限飞、春秋的想飞就飞等。可以看出，东航作为我国三大航之一，在促进民航业经济复苏方面发挥着较大的引领作用。

同时，拓展辅助产品，推出"一人多座"等产品，提高辅助产品的营业收入。推出东航钱包，增加积分使用范围，固化客户。根据疫情发生实际情况，适当进行会员等级延期，提升会员满意度。

2）持续优化航线网络结构

国际航线上，山东作为面向日韩的门户，利用区域优势，全面打造济南、青岛、烟台三地面向日韩的国际中转航线，吸引全国旅客中转山东到日韩，持续打造航空公司面向日韩的竞争优势。在国内航线上，通过对航线网络的改造优化，继续加大济南、青岛、烟台基地的运力投入，提升主基地市场份额。同时，随着国内机场吞吐量的增加，应在除山东、厦门、重庆主基地之外，占据更多市场份额，增加与东北、西南区域之间的航班密度，

第十二章 疫情冲击下航空公司的"过冬"运营模式

与此同时加强与其他航空公司的联营合作。不断增加航线分布，从太原出港，有很多旅游航线有空缺，各大航空公司尤其是二线城市的航空子公司，加强航线网的分布，方便旅客出行，增大旅客入座率，避免出现航线上的漏洞和不完整。

2. 价格策略

在航空公司的定价策略中，通常把顾客分为价格敏感型、便利敏感型、关系敏感型、性价比敏感型。航空公司一般会依托大量的历史数据来识别特定航线和航班的消费者类型及其占比，从而确定利润最大化的定价方案。

对于东方航空而言，区域内的企事业单位等大客户同样会带来可观的收益，此部分旅客属于关系敏感型，需要提供专属保障服务，提供全流程化的服务。目前东方航空公司推出了针对大客户的专属产品，该类产品对合作的企事业大客户提供票务方面的保障之外，还提供专车接送、机场免费泊车等系列服务，此促销手段可有效吸引区域内的企事业单位加入到高端旅客计划中，东方航空公司也可实现自身的旅客积累。休闲旅客大多属于价格敏感型和性价比敏感型，可借助当前电商直播的契机，开展直播特定航线团购活动，推出比日常特价机票更优惠的团购价格。但一味打折促销只能讨好价格敏感型和性价比敏感型客户，并不能讨好便利敏感型客户，还会给投资人传递出缺钱的信号，比较打击资本市场的投资者信心。而便利敏感型客户更在乎的是时间安排和方便程度，对价格和性价比相对没有那么敏感。3322元的"随心飞"，对于西安飞深圳这类长途航线来说，飞两个来回就能值回票价。平均三个月出行一次，不仅保证了性价比，总体上还显得比较便利。在挖掘了图便宜的客户之后，还讨好了一部分图方便的客户，同时满足了性价比敏感型和便利敏感型顾客需求。通过铺天盖地的宣传，还能够使得一批消费冲动型旅客购买产品。

而打折和"随心飞"的目的是相同的，都是为了提振销售，获取现金流，但效果有所不同。"随心飞"的本质属于预付卡，消费者相当于预支了一大笔现金给航空公司，而预订机票仅仅是将一次购票的款项付给了航空公司。从现金周转角度来讲，"随心飞"无疑技高一筹。总的来讲，打折和"随心飞"两种促销方式各有利弊，二者相互配合才能使得东航目前闲置的座位和运力资源得以充分利用，尽量改善盈利状况。

3. 渠道策略

（1）强化直销渠道建设及使用。随着当前智能时代的到来，机票销售渠道逐渐趋向线上销售，传统的售票处日益转向售后保障。2019年，东方航空公司销售渠道主要在旗舰店以及OTA代理，直销占比已达到55%。直销渠道占比的增加，提出"提直降代"的要求，也有航空公司利用减少代理费而主动需求直销的诉求。目前公司直属售票渠道主要包含官网、App、小程序等，2020年启用新官网，实现了部分功能，随着近年来"提直降代"的要求，东方航空公司直销占比虽已提高，但是仍需要注意的是直销比例中绝大部分占比仍属于旗舰店数据。东航进一步优化自身线上渠道的建设，对官网、App等进行更新升级，对于当前不正常航班非自愿退改签，实现全渠道数据的互通及利用，旅客通过App即可实现购票、值机、退改签等全流程服务。与此同时，借助当前电商带货等趋势，紧跟

当前时代潮流,加强与流量明星的合作,打造个性化产品,并尽可能引导旅客到官网进行购票。

(2) 加强分销渠道管控。在采取上述直销渠道的同时,加强分销渠道的整合。分销渠道仍主要集中在代理人销售渠道上,而且随着OTA平台日渐区域集中,目前活跃在市场上的主要为携程、天猫、去哪儿等大型平台。虽然这些OTA平台对公司有较强的议价能力,但不可否认的是东航乃至整个行业都无法摆脱对此类平台的依赖。因此东航继续保持与大型代理商的合作,持续开展交流。

4. 促销策略

开展针对性促销,针对高端旅客,实施常旅客计划,通过资源的整合及优化,常旅客会员为东方航空公司带来了可观的效益。常旅客计划在于增强顾客的忠诚度,增加旅客乘坐次数,对于常旅客而言,里程累积奖励为主要的促销手段,对于经常飞行的商务旅客具有较大的吸引力,通过积分可兑换航空公司航班机票及其他权益,通过日常飞行,金卡以上客户可享有优先免费升舱、优先登机等一系列权益。加大日常关系维护,通过了解高端旅客的兴趣爱好进行私人化定制,并为其提供生日赠礼、优先选座等附加的定制化服务,加强高端客户的服务体验。这些促销手段有效提高了常旅客的忠诚度。

第三节　小结与思考

一、小结

随着全球经济一体化进程与我国人民生活水平的不断提高,商旅、购物、文化交流等国内外需求极大促进了航空业的发展。需求的增多使航空公司的竞争逐步加剧,价格上的竞争也越来越激烈。

经历疫情后,小型航空公司如果想存活,仅仅依靠自身经营太难,要么有很硬的"靠山",比如地方政府,大型财团等,要么转而运营国产民机,背靠中国商飞这颗"大树"。为了进一步提高地方机场的客运量和货运量,一些地方政府也已经开始收购那些早在疫情暴发前就陷入流动性危机的小型民营航空公司,比如瑞丽航空、红土航空等。同时,机场也直接受益于来自政府实体资金鼓励的项目(包括新航站楼、新增跑道、航空经济区扩张等)。疫情再难熬也是暂时的,市场竞争的脚步或许会慢一些,但绝不会停下。只要企业同心协力,熬过这段艰难期,就一定能够迎来胜利的曙光。

二、思考题

1. 疫情暴发之后,给航空公司带来了哪些影响?
2. 面对疫情冲击,航空公司采取的防御举措有哪些?给我们的启示是什么?
3. 未来航空公司之间的竞争主要在哪里?

思考题答案

航空企业管理经典案例分析

第三篇　服务

第十三章
阿联酋航空公司为何持续盈利？

学习重点：
1. 掌握阿联酋航空公司的品牌定位。
2. 理解阿联酋航空公司的服务理念。
3. 熟悉服务营销8要素。

学习重点：
1. 掌握阿联酋航空公司服务营销的差异化。
2. 理解阿联酋航空公司的创新理念。

第一节 引 言

阿联酋航空公司（简称"阿联酋航空""阿航"）2020年5月12日宣布连续32年实现盈利。尽管航班运营减少致使收入下降，这主要源于第一季度计划中的迪拜国际机场跑道关闭，以及第四季度因新冠肺炎疫情造成的航班和旅行限制。

阿联酋航空公司公布的2019—2020年财报显示，截至2020年3月31日，阿联酋航空集团本财年净利润达17亿迪拉姆（约合4.56亿美元），与去年同比下降28%。集团收入达1040亿迪拉姆（约合283亿美元），较去年同比下降5%。集团的现金余额为256亿迪拉姆（约合70亿美元），同比增加15%，主要源于2020年2月前的强劲业务表现和与去年同比降低的燃油成本。

阿联酋航空公司及集团主席兼首席执行官谢赫·阿姆德·本·萨伊德·阿尔马克托姆表示：在 2019—2020 财年的前 11 个月中，阿联酋航空公司业务表现强劲，在稳步就班地实现其业务目标。然而自 2020 年 2 月开始，随着新冠肺炎疫情席卷全球，情况发生了巨大的变化。随着各国采取关闭边境举措和严格的旅行限制，国际航空旅行遭受了突如其来且显著的下滑。而且，在 2019—2020 财年，美元对主要货币的进一步走强致使其利润缩水了 10 亿迪拉姆，全年中的大部分时间全球航空货运需求持续疲软。同时，阿联酋航空公司在主要业务市场上的竞争也进一步加剧。

尽管面临这些挑战，阿联酋航空公司仍实现了连续 32 年盈利的业绩，主要源于市场对其屡获殊荣的产品和服务的健康需求。

第二节　案例解析

一、案例摘要

随着新冠肺炎疫情造成的航班和旅行限制，2019—2020 年的大部分航空公司的财政报表都显示了不同程度的亏损。然而成立于 1985 年 5 月 25 日的阿联酋航空凭借其出色的客户服务体验及经营管理之道，在此年度实现了 32 年的持续盈利。本文以此为案例，阐述其发展历程和业务状况，分析其品牌定位、服务理念和服务营销 8 要素。该案例探究，可为类似航空公司的发展提供一定的启示和借鉴作用。

关键词：阿联酋航空公司　服务理念　服务营销 8 要素分析

二、案例背景

阿联酋航空公司，成立于 1985 年 10 月 25 日，向政府贷款 1000 万美元启动公司业务，当时只有 2 架租来的飞机和 3 条航线。成立短短 5 个月后，阿联酋航空就将自己的第一架飞机送上了蓝天，总部设于迪拜，以迪拜国际机场为基地，阿联酋航空公司的母公司称为阿联酋航空集团，阿联酋航空由迪拜酋长国政府拥有。

（一）历史沿革

阿联酋航空成立之初，只租用一架波音 737 及一架空中客车 A300B4。随着迪拜积极的天空开放政策，阿联酋航空不断发展和扩充，以保持竞争优势。自运营第三年起即连年盈利。在首个十年内，每三年半即增长一倍，增长幅度惊人。

在 2003 年的巴黎航空展览上,阿联酋航空宣布航空史上最大宗的客机交易,共 71 架新客机,总值 190 亿美元,包括空中客车及波音的客机。阿联酋航空成为 A340-600 HGW 及 A380 两款客机的最大买家。

在 2005 年迪拜第九届国际航空展览上,阿联酋航空宣布正式订购 42 架波音 777 客机,总值相当于 97 亿美元,是波音 777 历史上最大的交易,包括 24 架波音 777-300ER、10 架波音 777-200LR、8 架波音 777F。

在 2006 年的英国范堡罗航空展上,阿联酋航空签下了包括 10 架波音 747-8F 客机的采购意向书,交易价值达 33 亿美元。

在 2007 年 11 月的迪拜航空展上,阿联酋航空公布了一份具有历史意义的民航客机订单,该笔采购包括 120 架空中客车 A350 客机、11 架 A380 客机及 12 架波音 777-300ER 客机,估价约 349 亿美元。在与空中客车签署的这份协议中,阿联酋航空确定会采购 50 架 A350-900 客机、20 架 A350-1000 客机,并可能再采购 50 架 A350-900 客机。

阿联酋航空还就 2011 年初已签署采购意向书的 8 架 A380 客机下达了确认订单,并确认再增订 3 架此型号的双层客机,至此 A380 的确定采购总数已增至 58 架。

加上 12 架 777-300ER 客机(价值 32 亿美元)的新订单,阿联酋航空共有 48 架波音 777 等待交付,在未来几年内有望成为世界上最大的波音 777 运营商。

2013 年 11 月 17 日开幕的 2013 迪拜航展上,以迪拜为基地的阿联酋航空公司与空中客车签订合同,确认增购 50 架空客 A380 飞机。

至此,阿联酋航空订购的空客 A380 飞机总数达到 140 架。该订单充分表明中东地区对超大型飞机持续强劲的需求。中东地区的航空运输增长速度高于全球平均水平。

阿联酋航空公司截至 2012 年 12 月运营 191 架飞机,还握有 209 架飞机的巨额订单。

2018 年 7 月 19 日,2018 年《财富》世界 500 强排行榜发布,阿联酋航空公司居于第 474 位。

2018 年 12 月,世界品牌实验室编制的"2018 世界品牌 500 强"揭晓,阿联酋航空公司排名第 177。

2019 年 11 月 20 日,阿联酋航空公司宣布与美国飞机制造商波音公司达成协议,将订购 30 架波音 787-9 梦想飞机,总价值约 88 亿美元。

2020 年 8 月 8 日起,阿联酋航空在迪拜往返广州航线重启空客 A380 服务,同时将于本周在迪拜往返阿姆斯特丹、迪拜往返开罗航线恢复空客 A380 服务,并在迪拜往返伦敦希思罗航线增加每日第二班空客 A380 航班。

(二) 业务概况

阿联酋航空在财政上充裕而独立,除成立时的资金外,无须持有人任何补助。自运营第三年起即连年盈利。于短短十数年内,在全球旅游业及旅运业中占有一席之地。

阿联酋航空结合成熟的目的地管理及休闲分站、全球货物分站,国际化地面管理及航机信息科技发展部,从而获取两大优势——持续的急剧增长与不变的卓越服务,这也是阿联酋航空的成功之道。其以拥有国际化机组人员以及现代化机队而著称。

在阿联酋航空的完全扩展计划中,包括扩大机队、不停站航线、新增的每日双倍服务及目的地、增加航班数目。

现时,阿联酋航空航线网络服务范围覆盖欧洲、中东、远东、非洲、亚洲及大洋洲,在全球连接超过 90 个目的地。2002 年,阿联酋航空开通了至中国的直航航班。

阿联酋航空拥有较年轻及现代化的机队,客机平均机龄只有 55 个月。阿联酋航空占迪拜国际机场飞机升降量超过 70%。阿联酋航空计划把迪拜发展成完善的航空中心,以作为全球远程飞行枢纽。

阿联酋航空在特选机型的头等舱中提供了更舒适的私人套间。在头等舱、商务舱提供睡椅以及平躺式座椅。部分机型上还提供 Wi-Fi 上网服务,经济舱提供更宽敞的空间以及 ice 机上娱乐系统。乘客可在座位上收发短信或电子邮件、拨打或接听电话。

阿联酋航空获得了英国 Official Airline Guide 旅游服务公司颁发的全球最佳航空公司大奖。由于表现卓越,已荣获国际奖项超过 200 个。

2003 年 4 月 1 日,该公司开通了上海至迪拜的直航客运航班。上海由此成为阿联酋航空公司在中国内地最主要的货运与客运空港基地。并且,从 4 月 10 日开始,阿联酋航空公司开通了从德国杜塞尔多夫,法兰克福和慕尼黑经停迪拜飞往上海的航班。

2010 年第一季度,阿联酋航空货运部 SkyCargo 分别荣膺印度航空货运博览会"年度国际货运航空公司",以及新加坡《航空运输世界》广告奖货运服务类金奖。

在 2012 年度 Skytrax 卓越航空公司大奖上再获殊荣,其 ice 机上娱乐系统连续第八年蝉联年度世界最佳机上娱乐大奖。Skytrax 卓越航空公司大奖是航空史上较重要的奖项之一,用于表彰杰出的产品质量和卓越的客户服务,该奖项由来自全球 100 多个不同国家超过 1800 万乘客共同投票评选而出。

于 2005 年起,连续 13 年获得 Skytrax "全球最佳机上娱乐大奖",多次入选 Skytrax "全球最佳航空公司"前十名。并于 2013 年和 2016 年问鼎 Skytrax "全球最佳航空公司"。2015 年获得阿拉伯商业成就奖年度航空公司。2019 年荣登由英国品牌价值咨询公司 Brand Finance 公布的全球航空公司品牌价值 50 强榜单第四名,约合 62.68 亿美元。

是什么使阿联酋航空公司能够实现连续 32 年盈利且具有如此高的品牌价值?本文首先从阿联酋航空公司的品牌定位谈起。

三、案例正文

(一)品牌定位

品牌形象是航空公司产品的一个重要特性,航空公司都想借此获得旅客以及社会公众的认可,因此也是航空公司核心竞争力之一。在航空公司服务品牌建设中,关键在于能满足客户需求,推出优质的服务产品。只有始终保持优质的服务质量,培养忠诚客户,才能打造良好的服务品牌形象。在建立服务品牌形象之前,航空公司首先必须确定市场定位。阿联酋航空的定位是打造世界一流的机上服务设施和提供卓越的客舱服务。根据市场定位明确细分市场,并针对不同市场规划不同的服务产品,以及保证所提供产品和服务的质量。

1. 精准的细分市场

阿航的市场定位匹配其基地城市迪拜的城市定位,兼顾高端市场的商务旅客、政府官员,以及休闲市场的游客。作为中东地区的金融中心,政府对迪拜城市的发展定位是"高端和奢侈",建造了世界七星级帆船酒店、世界最大的购物中心 Dubai Mall、世界最大的人造岛屿棕榈岛。针对高端商务旅客,阿航打造号称世界上最奢华的头等舱和商务舱,是第一家在客舱中建造浴室和空中酒吧的航空公司。另外,随着航线网络的不断扩展,枢纽网络的成形以及迪拜城市的转型,迪拜近年来作为中转城市以及旅游观光城市的地位逐步上升,旅游客户群体的比例在阿航的细分市场逐步扩大。阿航把经济舱产品当成品牌的一种差异性营销,在营销活动中把更多的重点放在经济舱产品上,目标是让搭乘经济舱的旅客也能感受世界一流的客舱服务。

2. 总体营销战略定位

根据细分市场的需求特征,结合其网络型枢纽发展的商业模式,阿联酋航空制定的总体营销战略是为旅客提供世界一流的、安全、高效、高质量的航空服务。

作为一家全服务的航空公司,阿联酋航空为高端商务旅客提供更宽敞的座椅布局、更私密的个人空间以及更私人的服务,因为他们对票价敏感度较低,注重飞行的舒适性和服务的质量。经济舱旅客则希望所购买的机票能物超所值,用经济实惠的价钱享受到超出期待的客舱服务。阿航经济舱的产品包括提供多种选择且量足的餐食、丰富的机上娱乐系统、免费的儿童玩具以及免费的 Wi-Fi。总而言之,阿联酋航空能根据不同细分市场的需求特征提供相对应的优质服务,树立良好的服务口碑,最终实现盈利。准确的市场定位以及精准的营销战略,通过传播在目标消费者心目中树立独特的企业形象,在激烈的航空市场竞争中突围而出。

在清晰的品牌定位之下,作为公司的主要产品——服务,又应该遵循什么样的理念呢?

(二) 服务理念

民航业,本质上就是服务行业,服务产品不同于实物产品,具有无形性的特点,即产品是抽象的、不可触摸的。因而航空公司需要有明确的服务理念指导设计和传递服务产品。根据细分市场旅客的特点以及总体的营销战略定位,阿联酋航空确立清晰准确的服务使命,就是致力于提供世界最佳的客舱体验。

服务愿景是超出旅客期待。阿联酋航空的广告标语很好地诠释了它的公司定位以及服务理念。2018年,阿联酋航空更新广告语为"飞悦卓越"(Fly Better),旨在为旅客创造不同寻常的旅行体验,为旅客提供更多样化、更优质的服务。

从最新的广告标语可以看出,阿航把服务体验放在了更突出的位置。

阿航相对应地设立了一套彰显自己公司理念与愿景的服务特性。阿航拥有个性鲜明的服务特点,分别是国际化的、个性化的、体贴的、开拓的以及全面的。

在阿航的总部大楼内，随处可见这五点标语。

1. 国际化的

阿航的员工来自全球各地，其执行总裁 Tim Clark 来自英国，管理层多来自欧美地区。阿航打造了一支来自 160 多个国家和地区的空乘队伍，使用超过 60 种语言。这样的空乘人员在服务过程中能将他们多元化的背景带到客舱服务，更好地感知并尊重不同旅客的文化，更好地理解每一位旅客的服务需求。阿航每一趟航班都有规定，必须至少配有一名会说目的地语言的空乘。

由于亚洲旅客性格大都较为内敛，英语水平一般，所以亚洲航班，特别是中国、日本和韩国航班，都会配有一定比例的该国国籍的乘务员。

2. 个性化的

个性化的服务是标准化服务的升华，指提供有针对性的客舱服务。根据不同旅客的舱位、国籍、年龄提供相对应的服务。对于头等舱旅客或 VIP 等，给予他们更多的私密空间，更灵活的服务时间，例如没有特定的餐饮服务时间，完全根据客人的要求提供用餐服务。

对于不同客舱的旅客，在登机阶段，对应工作区域的空乘人员会进行一对一的介绍，空乘人员能在第一时间了解到服务对象的偏好，与之建立良好的第一印象。

这种做法有助于让旅客感受到服务是私人化而非机械化的，每一位空乘人员在提供服务的同时融入了自己的个性特征，服务灵活而有温度。

3. 体贴的

阿航的客舱服务产品的设计围绕如何让旅客在飞行途中更舒适。首先是培养对旅客的同理心。在空乘培训课程中开展很多活动模拟体验旅客的乘机流程，去真切感受旅客在搭乘航班时的真实心情。

在服务手册中也要求乘务员必须善于观察、在旅客开口前就能发现旅客所需、对旅客的请求做出迅速回应以及注重服务的细节。例如，靠窗口位置的旅客在航班中睡着，乘务员要及时为旅客拉下遮光板。

4. 开拓的

开拓创新是迪拜这一城市的发展精神，阿航的发展同样体现这一精神，从公司大手笔购入 A380 打造豪华机队，到各种创新的客舱服务产品，例如建立空中淋浴间和空中电话等。

在客舱服务中，鼓励乘务员在公司服务标准之内进行创新服务。例如，公司规定为蜜月夫妇提供蛋糕、香槟和拍立得照相，乘务员在提供这种服务产品的时候，可以自由大胆设计摆盘的方式和制作贺卡。有创意的乘务员甚至能用机上的机供品制作出玫瑰花。

总而言之，阿航鼓励员工在服务过程中大胆创新，提供让旅客觉得超出预期的服务，使他们的空中旅行体验更加丰富多彩。

5. 全面的

在服务行业中，细节决定一切。阿航对客舱服务的每一个细节都设立有严格的标准，从安全到服务的各个环节，从每一次的航前安全检查、舱门操作到餐饮服务的每一个环节，都体现着对细节的一丝不苟。在乘务员客舱培训手册中明确要求确保每一个航班服务质量的一致性与系统性。

在阿联酋航空明确的品牌定位和鲜明的服务理念之下，服务营销应该根据其理论具体采取怎样的策略呢？

（三）服务营销8要素分析

服务营销8要素简称"8P"，代表着在一个竞争的市场环境里为了满足顾客需求制定可盈利的持续性战略所必备的要素。其中"8P"指 Product（产品）、Price（价格及成本）、Promotion（促销）、Place（渠道）、Process（流程）、Participant（人员）、Physical environment（实体环境）、Production（生产效率及质量）。阿联酋航空的成功离不开成功的"8P"策略。

1. Product（产品）

服务产品是一个企业营销战略的核心，其中核心产品用来满足顾客的主要需求。航空公司的产品则是提供从甲地到乙地的转移，企业产品差异很小。

1）核心服务

提供安全运输是航空公司的核心服务。在迪拜建造的新航空学院已在2007年8月启动，先进的设施每天可为多达2500名学员提供航空安全与服务的专业培训。例如，学院内就有一个专为A380客机机舱服务员而设的紧急疏散训练机，模拟万一发生紧急状况时，该如何争取在90秒内协助乘客逃生；同时阿航还拥有一支技术过硬的飞行和机务维修技术队伍（海湾航班维修）。因此，阿航凭借其极高的飞行安全性进入2015年全球十大最安全航空公司名单。

使用舒适而现代化的机队是阿联酋航空为打造世界一流的、安全、高效、高质量的航空服务招牌的策略之一。目前，阿航使用清一色的宽体客机，运营106架A380飞机以及163架波音777，是世界上A380和波音777规模最大的运营商。现代化的机队是飞行安全以及创新客舱设施的必要前提。

客舱布局直接决定了每位旅客的可用空间，是舒适性最为关键的一项指标。客舱布局包括座舱等级的数量、座椅的宽度及前后间距和客舱内饰的设计与色彩。阿航机队的客舱布局，一般采取三种舱位等级，即经济舱、商务舱和头等舱，以满足不同消费群体的需要。阿航把经济舱作为差异化营销的服务产品之一，服务口号是升级旅客的旅途体验。在经济舱中，座椅都配有皮质头枕，座椅空间确保欧美地区身材高大的旅客也能舒展双腿，拥有比较舒适的个人空间。经济舱的内饰采用颇具中东风情的香槟色调，营造平和的舱内

氛围。在商务舱和头等舱都设有平躺式座椅，旅客有宽阔的个人空间。头等舱采用封闭式套间设计，犹如飞行的酒店客房。

2）支持服务

阿航的支持服务又可分显性支持服务和隐性支持服务。以显性支持服务为例，航站服务是支持服务中的重要一环。目前北京首都国际机场3号航站楼总面积达890平方米的贵宾休息室，沿袭了阿航全球航线网络上所有机场休息室的标志性元素。阿航北京机场贵宾休息室可同时容纳152位乘客，阿航头等舱和商务舱乘客以及金卡会员均可享受该休息室的尊贵服务：3个标准淋浴室、89个皮质沙发椅、9个脚凳、42英寸等离子电视机、因特网接入设备和Wi-Fi网络。乘客同时还能享受众多冷热美食饮品，以满足各国乘客的不同需求。在隐性支持服务方面，阿航重视技术创新和服务创新。阿航花费225.8万美元改进技术，推出机上移动通信服务，从而成为全球率先提供这种服务的航空公司。乘客既可以使用座内卫星电话与家人或同事保持联系，也可使用屏幕短信和电子邮件服务发送消息。

空中配餐的质量和标准能够在一定程度上影响航空公司品牌形象。近年来，由于运营成本压力不断增大，欧美很多传统网络航空公司开始减少餐饮服务标准或取消免费餐饮服务。但阿航在差异化服务中突围而出，不遗余力保证空中餐饮的高质量、高标准。针对不同航线，分别提供地域特色鲜明的餐饮选择。而且餐食分量足，选择多。对于6小时以上的航班，在经济舱一般会提供正餐服务及便餐服务，保证旅客不会在旅程中感到饥饿。另外，航班还提供品种繁多的酒精饮料，在经济舱也能品尝到鸡尾酒、红酒和白葡萄酒。在商务舱提供20种以上烈酒和经典名酒。

此外，阿联的空乘人员在起飞前的服务阶段为低龄儿童旅客派发毛绒玩具。对于年龄段稍大的儿童，阿航与《孤独星球》（儿童版）合作，推出教育类书籍杂志，填图画册，还有火箭模型。而机上的娱乐系统，也专门提供儿童娱乐频道，让小旅客的旅程不会枯燥，能轻松度过飞行旅程。另外，针对2至12岁的儿童，家长可以在航班上预订多种选择的儿童餐。对于婴儿，航班上提供婴儿配方奶粉和奶瓶。航班上专为儿童设计的服务产品，不仅丰富了孩子的旅程，同时减轻了家长的负担，使他们能更好地享受飞行。

3）附加服务

附加服务的作用在于增加乘客感知服务价值，在此企业可以有充分的想象空间和创造空间制造差异，从而形成竞争优势。阿航是第一家提供实时BBC新闻的航空公司，以及第一家装备空中无线E-mail和短信服务系统的航空公司。阿航在特选机型的头等舱中提供了更舒适的私人套间。在头等舱、商务舱提供睡椅以及平躺式座椅。乘客可在座位上收发短信或电子邮件、拨打或接听电话。以阿航的北京—迪拜往返航班机型波音777-200LR为例，该机型配备有头等舱私人套间，商务舱座椅可平躺成床，同时先进的机上娱乐系统可提供1000多个频道的节目供乘客欣赏，还有近40款游戏。除此之外，阿航还为头等舱和商务舱乘客提供免费专车接送服务，可直接将乘客送达酒店、会议地点等。

2. Price（价格及成本）

由于阿航目标定位为中高端消费市场，主要瞄准商务旅客和政务官员客户群，所以并不以价格取胜。但阿航除了高端市场，对低端市场也给予了高度重视，配置了足够的硬件资源。以波音777-300为例，最少的座位数量达到364个，最多的甚至达到442个，同样的机型，世界其他航空公司设置的座位数量在300个左右。比竞争对手更多的座位设置，使得阿航也有机会提供更富竞争力的价格，吸引大量的中低端客源。

3. Promotion（促销）

阿航集团主席将赞助活动视为公司市场营销战略的中流砥柱，他说："我们相信赞助活动是与乘客进行沟通的最好方式之一，这种方式让我们能共享并支持乘客的兴趣爱好，并与他们建立更紧密的联系。"阿航一直是欧洲多家顶级足球俱乐部的主要赞助商，赞助的球队包括西班牙的皇家马德里足球俱乐部、英国的阿森纳俱乐部等。还赞助了英式橄榄球、澳式足球、板球、高尔夫球等项目。阿航于2007年正式成为国际足联的全球合作伙伴，在2010南非世界杯和2014巴西世界杯上，阿航都成功地利用比赛在全世界推广了自己的品牌，在人们心目中打造了自己全球化的形象。

4. Place（渠道）

阿航是第一批使用直连服务的航空公司，即目前只能在阿航官网上购票，采用网上直销系统，客人可以在网上选位置、订餐食。而阿航总裁也表示正在开发自己的分销系统，届时该系统能使航空公司更好地掌控票价及基于顾客数据的定制化价格。

5. Process（流程）

阿航的服务流程堪称完美，以网上预订为例：登录官网后即可预订航班，同时可以预约租车，预约成功后可在线办理登机手续，随时查看航班状态，输入乘坐航班号即可查看航班上的服务和设施。而在线下体验中，阿航也将顾客体验放在了最高地位，着重于服务流程中的有形因素。以迪拜候机室为例，迪拜候机室以奢华著称，有各种自助美食、点餐服务和新鲜果汁，甚至可以花些时间享受舒适的水疗、按摩或美容护理，而且头等舱旅客和阿航Skywards白金卡会员还能在私人酒窖中选购独一无二的葡萄酒佳酿。

6. Participant（人员）

阿航在迪拜和全球各地拥有超过7.5万名员工，其中超过1.2万名员工任职超过十年，有将近3000名员工任职超过二十年。阿航的飞行员队伍由来自80多个国家的飞行员组成，这样一支跨国队伍极力强调文化理解的重要性。总部在迪拜的阿航为机组人员提供国际化的生活方式，工资免税，还包括免费的高质量住宿及与多文化团队工作的共赢机会（配齐空调、家具、厨房的两房公寓，无须负担市内电话费、水电费、煤气费和洗衣费）。为机组人员提供具有竞争力的工资待遇和有吸引力的旅游津贴以及良好的职业发展机会。

7. Physical environment（实体环境）

阿航的机队是全球较年轻的机队之一，主要以空客 A380 和波音 777-300ER 为主，其运行效率比波音 141 要高 20%。到 2016 年底，在完成旧机退役和新机接收之后，阿航机队的平均机龄将达到 5~6 年，大大低于全球平均水平。阿航总裁表示："阿航将进一步提升机队燃油效率，在降低机龄方面继续引领航空业，并继续将服务水平提升至新高度，以满足乘客的期望。"

8. Production（生产效率及质量）

不断创新是阿航全球发展战略的核心，阿航认为飞机型号越新，性能越可靠，运行越高效，因此不断致力于机队的更新换代以提高效率和声誉。与此同时，阿航凭借其 ice 机上娱乐系统连续第 13 年荣获 Skytrax "世界最佳航空公司机上娱乐"大奖。

阿航的成功并不在于与其他航空公司的竞争，而是专注于自己的服务品质与创新进步，其硬件软件同时创新。硬件上机队的更新换代，包括从 1992 年在所有座椅后背安装个人电视屏幕到 2013 年直播电视，再到 2014 年在客机中推出免费 Wi-Fi 服务，其技术创新不断给顾客带来更高的满意度。而软件中仅空中服务一项就力压所有竞争者，其他比如为年幼乘客提供特别关照，包括设置特别的家庭乘客登机手续办理柜台，确保家庭乘客优先登机。在迪拜机场可以挑选一辆免费提供的婴儿车等，都体现了阿航的创新性和差异化服务。另外，阿航的机上抽奖活动、机上机票拍卖活动等，都是创新性的吸引乘客的服务，使乘客有下一次乘机的期待。

（四）不断创新

1. 阿联酋航空推出 VR 体验

2018 年 7 月，阿联酋航空在其网站上增加了 3D VR 体验，让参观者可以查看其 A380 的内饰。用户可以在 3D 渲染的飞机经济舱、商务舱和头等舱以及豪华的休息室和淋浴间漫步。

他们还可以坐在每个区域的各个座位上查看视图和功能，此外还可以打开和关闭机舱灯等通常乘客不允许做的事情。

阿联酋航空公司高级副总裁 Alex Knigge 表示："我们很高兴成为世界上第一家推出这种先进网络虚拟现实技术的航空公司，为客户提供了一个沉浸式机会，让他们在登机前了解更多有关阿联酋航空体验的信息。"

2. 阿联酋航空再度开启"啤酒节"狂欢

阿联酋航空每年 9 月都会开启"啤酒节"狂欢，德国啤酒节的专属菜品将仅在往返德国的航线上供应。阿联酋航空在其标志性的 A380 机上行政酒廊内，为乘客供应保拉纳啤酒，并使用传统啤酒杯或德国啤酒杯盛放。保拉纳啤酒 200 多年来一直是啤酒节上耀眼的明星，为啤酒节发展起到积极的推动作用。如今，保拉纳啤酒仍是仅有的六家啤酒节专供酿酒商之一，将在四万英尺高空的阿联酋航空航班上，为乘客提供极为正宗的啤酒节专享。

在供头等舱和商务舱乘客使用的A380机上行政酒廊内，乘客还可享用到众多巴伐利亚点心和精美小食，如德国椒盐卷饼、年轮蛋糕、李子蛋糕、林兹蛋糕和萨赫蛋糕。为了让乘客获得地道的德国啤酒节体验，阿联酋航空专为乘客特别提供综合口味三明治系列，其中包括椒盐卷饼夹蛋黄酱和西芹，以及面包夹火鸡肉，搭配Obatzda奶酪或鸭油蘸料。

搭乘头等舱和商务舱的中国乘客，在从迪拜前往德国的各条航线上，可以享受到纽伦堡鸡肉肠配土豆泥、酸白菜和芥末的节日菜单礼遇。这份特别的啤酒节餐食将在照常供应的区域性菜单的基础上为乘客提供。为经济舱乘客供应的鸡肉配蘑菇酱和巴伐利亚泡菜也同样值得期待。

在可供头等舱和商务舱乘客，以及阿联酋航空Skywards金卡、白金卡会员在飞行前放松休息的德国机场休息室，也会在菜单上增加特别的啤酒节菜品。在啤酒节期间，除了常规菜品外，阿联酋航空专属休息室内还将提供德国牛肉馅饼、巴伐利亚牛肉肠和白香肠，以及椒盐卷饼和Obatzda奶酪。

3. 阿联酋航空推出A380"迷你货运"包机服务

2020年11月，阿联酋航空SkyCargo货运部启用其A380客机用于部分货运包机业务。首架阿联酋航空A380"迷你货机"已成功经阿联酋迪拜在韩国首尔与荷兰阿姆斯特丹之间运送了医疗物资。通过与阿联酋航空工程和飞行运营团队的紧密合作，SkyCargo货运部优化了空客A380的货运能力，成功实现每架飞机通过腹舱载货安全运送约50吨货物。

据悉，阿联酋航空SkyCargo货运部推出由A380客机执飞的货运服务，目的在于满足全球范围内激增的关键物资紧急空运需要，包括向部分地区运送抗疫医疗物资。

4. 阿联酋航空携手华为提升用户体验

阿联酋航空宣布正式与华为建立合作，双方将面向阿联酋航空乘客和华为手机用户带来更多实用和便捷的体验。自2020年1月起，阿联酋航空官方App已在华为"应用市场"正式上线，为乘客规划旅行提供丰富功能。近日，阿联酋航空与华为将合作进一步扩展共享平台，包括智能卡融合功能，为身在中国内地和阿拉伯联合酋长国的阿联酋航空App用户提供便捷的机票预订选择，同时使得乘客能够轻松便捷地了解旅行和航班预订信息。据悉，在合作的下一阶段，阿联酋航空与华为计划将阿联酋航空App与华为钱包整合，扩展应用功能。新功能将为阿联酋航空Skywards会员提供把会员信息及里程积分、登机牌和打折券存储进华为钱包的可能。此外，在不久的将来，阿联酋航空乘客只需在全球任一机场休息室门口轻触其华为手机即可步入室内休息。

第三节　小结与思考

一、小结

在经济全球化不断深入的情况下，航空运输方式具有的长距离、速度快、方便舒适的特点，使其在现代经济发展中的推动作用不断增强。因此，发展航空运输业已成为一个国家调整经济结构、实现产业优化升级、寻求经济再增长动能的重要抓手。对于我国航空公司而言，面对多元主体和多层面的竞争态势，唯有在服务中不断创新，紧密贴近消费者的实际需求，才能够赢得生存和发展空间。

阿联酋航空清晰的品牌定位，明确的服务理念，具体的服务营销8要素策略，以及不断推陈出新的产品，为阿联酋航空持续盈利奠定了坚实的基础，为我国航空公司提供了良好的借鉴。

二、思考题

1. 阿联酋航空公司是如何根据其品牌定位形成服务理念的？
2. 阿联酋航空公司在实施其服务营销8要素时如何体现其差异化？
3. 阿联酋航空公司在产品服务创新方面如何实现与时俱进？
4. 参考阿联酋航空公司案例中的创新，请结合当前的国内外形势，为我国航空公司设计一种创新型服务产品。

思考题答案

第十四章
厦门航空：应对行业竞争，提升服务质量

学习重点：
1. 了解竞争模型。
2. 掌握战略管理理论。
3. 了解服务质量管理理论。

学习难点：
1. 掌握战略分析。
2. 掌握管理理论的实践运用。

第一节 引 言

随着人民生活水平的提高，越来越多的旅客选择航空运输作为主要交通方式，我国民航业发展迅速。通过学习本案例，可以了解厦门航空发展的政府政策、社会经济和技术进步等外部环境，以及行业的主要竞争者和航空服务替代品的情况，进而能对厦门航空面临的挑战和机遇做出有效分析；了解和分析厦门航空如何通过加强服务质量管理，进行服务质量实践，来应对行业机遇与挑战，并实现连续34年盈利。

第二节 案例解析

一、案例摘要

本案例描述了厦门航空公司服务质量的提升,并对其竞争环境进行了多方面分析和介绍。厦门航空通过建立服务质量管理体系,提高管理质量实践水平,从而在竞争激烈的民航领域生存并逐渐壮大起来,实现34年连续盈利。

关键词: 厦门航空　航空竞争　服务质量

二、案例背景

厦门航空有限公司(简称"厦航")成立于1984年,是中国首家按现代企业制度运营的航空公司。截至2021年4月,厦门航空的三大股东为中国南方航空股份有限公司、厦门建发集团有限公司、福建省投资开发集团有限责任公司,股份分别为55%、34%和11%。截至2020年1月,机队规模达到206架,平均机龄6年,是世界上较年轻的机队之一。厦航是中国民航业保持盈利最长的航空公司,实现34年连续盈利。在全球航空公司金融评级中,名列中国航空公司之首。厦航现拥有总资产超过550亿元,净资产超过170亿元,资产负债率约为67%。在国际航协240多家成员航空公司中,厦航的利润总额名列前20位,收入利润率更是进入前10位。多年来,厦航在保证航空安全、提升服务品质方面做出了不懈的努力,并于2012—2019年被旅客评为中国内地服务"最佳航空公司"。厦航荣获第二届中国质量奖,成为中国服务业首家获此殊荣的企业,同时也是中国民航业唯一获此殊荣的航空公司。

三、案例正文

(一)航空发展,带来行业机遇

1. 市场定价逐步开放,政策利好航空发展

改革开放以来,国家逐渐出台了一系列有关民航的法律法规和政策,如《公共航空运输企业经营许可规定》《国内投资民用航空业规定》等,丰富航空企业的类型,扩展资本流动范围,将更多的民用航空推到一线运输上。在多年的发展中,政府对民航业的管制逐渐放宽,尤其在政策上最为显著。现阶段所应用的政策与市场状况表明,在未来,我国航

空公司将进一步丰富公众出行的选择。那么对于民航企业来说，政策的放宽要求其加强机务与空乘等队伍的建设，完善科学的管理模式，从而获得持续的生存与发展。

2016年2月，中国民用航空局（简称"民航局"）印发《关于国内航空旅客运输销售代理手续费有关问题的通知》，严禁销售代理企业向旅客额外加收客票价格以外的任何服务费，该举措有利于压缩分销成本、提高直销比例，进而降低航空业总体的销售费用。2016年8月，民航局发布了《关于加强新设航空公司市场准入管理的通知》，明确指出要提高市场准入条件。2016年9月，中国民用航空局、国家发展改革委发布《关于深化民航国内航空旅客运输票价改革有关问题的通知》，规定，800公里以下航线和800公里以上部分和高铁动车组列车形成竞争的航线的票价将由航空公司依法自主制定。同时航空公司制定、调整市场调节价航线的具体票价种类、水平、适用条件，至少提前7日向社会公布。在全票价基础上，航空公司各航线票价上调幅度累计不得超过10%，每航季票价上调航线不得超过10条。2017年3月，上海机场、深圳机场发布公告，收到民航局下发的《关于印发民用机场收费标准调整方案的通知》（民航发〔2017〕18号），新收费标准自4月1日开始实行。

2019年5月初，民航局出台《关于统筹推进民航降成本工作的实施意见》，明确将向航空公司收取的民航发展基金征收标准，在现行基础上下调50%；要降低航空煤油销售价格；暂停与飞机起降费相关的收费标准上浮，下调货运航空公司机场收费标准。

总体来看，随着国内航线市场定价逐步开放，加大了航空公司自主定价的范围，有利于更好发挥市场在资源配置中的决定性作用。燃油附加费征收政策随着油价波动而变化，有利于航空公司转嫁成本。未来，民航发展基金的减半征收将会使民航运输公司直接受益。

2. 民航改革进一步推进，带来发展机遇

2021年1月，全国民航工作会议、全国民航安全工作会议召开，提出"十四五"期间民航整体工作思路：践行一个理念、推动两翼齐飞、坚守三条底线、构建完善三个体系、开拓四个新局面。其中，践行"发展为了人民"的理念，推动公共运输航空和通用航空"两翼齐飞"，坚守飞行安全、廉政安全、真情服务三条底线，这些成为我国民航发展的基本原则，必须始终牢牢坚持，不能动摇。"构建完善三个体系"是"打造三张网络"的升级版，分别为构建完善功能健全的现代化国家机场体系、系统布局效率运行的航空运输网络体系和安全高效的生产运行保障体系。"开拓四个新局面"指民航产业协同发展有新格局、智慧民航建设有新突破、资源保障能力有新提升、行业治理体系和治理能力有新成效。

2021年3月，民航局印发《关于"十四五"期间深化民航改革工作的意见》，明确了完善航空安全管理体系、宏观调控体系、市场管理体系、生产运行体系、政策法规体系、科教创新体系、应急管理体系、国际合作体系、行政管理体系和文化价值体系等十个方面的49项改革任务。改革的总体目标是，在推动"十四五"期间民航高质量发展的进程中，进一步完善行业治理体系、提升行业治理能力。到2025年，在安全监管模式转型、资源要素有效配置、提升行业比较优势、科学把握运行标准、管理制度创新、智慧民航建设、提升应急处置能力、中国民航标准国际化、强化民航基层治理能力、"三个敬畏"植根一线等十个方面取得新突破。

随着民航"十四五"规划等纲领性文件的出台，将要求提高民航智能水平，不断增加和丰富航线网络，加强基础设施的保障能力，重视行业治理水平，为行业内运输质量与效率确定统一标准，提高在行业市场或国内外市场中的竞争优势，使民航业能够在国家综合交通运输体系中发挥更大作用，为厦门航空等航空公司提供更多的发展机遇。

3. 社会经济持续增长，航空消费后续有力

近几年，我国实行的供给侧结构性改革，促进了国民经济的高速发展。2020年，尽管突发新冠肺炎疫情，我国GDP总量仍达到了101.6万亿元，成为在全球主要经济体中唯一实现经济正增长的国家，人均国内生产总值为72447元，经济运行总体平稳、人民生活水平稳步提高。2015年以来，我国经历着转型期必然会产生的问题，尽管经济发展增速逐步放缓，但从经济发展的整个环节来看，仍呈稳中向好的趋势。

随着我国经济的持续快速增长，人均可支配收入逐年提高，国内居民总收入增长较为明显，个人财富得到快速积累。相关数据显示，2020年全年全国居民人均可支配收入32189元，比上年增长4.7%，扣除价格因素，实际增长2.1%。全国居民人均可支配收入中位数为27540元，增长3.8%。按常住地划分，城镇居民人均可支配收入43834元，比上年增长3.5%，扣除价格因素，实际增长1.2%。城镇居民人均可支配收入中位数40378元，增长2.9%。农村居民人均可支配收入17131元，比上年增长6.9%，扣除价格因素，实际增长3.8%。农村居民人均可支配收入中位数15204元，增长5.7%。人民生活水平也在不断提高，2016—2017年的增速最快，一年时间提高了1个百分点，而在2017年以后的两年时间里增速缓慢，但仍呈现正增长态势。总体来看大众收入仍在不同程度地提高，在很大程度上拉动了航空业消费。

宏观经济的进步使得民航业的增速不断加快，《2019年民航行业发展统计公报》（由于2020年突发公共卫生事件，数据截至2019年）显示，2019年，全行业完成运输总周转量1293.25亿吨公里，比上年增长7.2%。国内航线完成运输总周转量829.51亿吨公里，比上年增长7.5%，其中港澳台航线完成16.90亿吨公里，比上年下降3.5%；国际航线完成运输总周转量463.74亿吨公里，比上年增长6.6%。

全行业完成旅客周转量11705.30亿人公里，比2018年增长9.3%。国内航线完成旅客周转量8520.22亿人公里，比上年增长8.0%，其中港澳台航线完成160.46亿人公里，比上年下降2.8%；国际航线完成旅客周转量3185.08亿人公里，比上年增长12.8%。

2019年，全行业完成旅客运输量65993.42万人次，比上年增长7.9%。国内航线完成旅客运输量58567.99万人次，比上年增长6.9%，其中港澳台航线完成1107.56万人次，比上年下降1.7%；国际航线完成旅客运输量7425.43万人次，比上年增长16.6%。

截至2019年底，我国共有运输航空公司62家，比上年底净增2家，按不同所有制类别划分：国有控股公司48家，民营和民营控股公司14家。在全部运输航空公司中，全货

运航空公司9家，中外合资航空公司10家，上市公司8家。截至2019年底，民航全行业运输飞机期末在册架数3818架，比上年底增加179架。

4. 技术进步，助力行业发展

近年来，随着科学技术的进步与更新，新材料、新结构加工、成型技术等不断改进，飞机制造技术正在革新。2017年5月，首架国产大飞机C919在上海试飞成功，我国正式进入了国产客机领域，自有飞机制造技术进入世界先进水平。C919的成功研制和试飞，对于各航空公司来说，意义重大。下一阶段，国产大飞机的生产和销售将会有力降低国内各航空公司购买飞机的成本，进而提升其盈利能力和经营效益。至2020年，航空航天技术出现了多个亮点，高速、自主性、人工智能、氢动力等多种技术的发展和逐步应用，将对航空业产生重大影响。

随着科学技术的进步与发展，诸多技术在民航业中实现了新的应用，最具代表性的是电子客票、自助值机、人脸识别等。信息技术应用领域的延伸，加快了民航运输同旅游等第三产业的融合和民航业改革的步伐。另外，借助信息系统，航空公司能够减少运营成本的投入，提升工作效率。

同时，互联网获得了飞速的进步与发展，许多行业开始应用"互联网+商业"的电子商务模式。民航业已经有许多航空公司将目光放在了以网络直销为主的电子商务模式上。同时，在会员方面也逐渐实现了线上与线下相结合的发展模式，借助微博、微信等网络媒体获得浏览量，提升客户黏性和信赖感。

（二）群雄逐鹿，行业面临巨大挑战

1. 国内航空三强为主，市场竞争空间有限

由于航空运输业投资巨大，资金、技术、风险高度密集，投资回收周期长，政府对航空运输主体资格限制较严，市场准入门槛高，加之历史原因，使得航空运输业在发展过程中形成自然垄断。目前，中国航空运输业呈现"三强为主、地方为辅、外航渗透"的格局。按照控股股东背景区分，国内航空公司可以分为中央控股、地方控股和民间资本三大类。中央控股公司实力最为雄厚，机组规模大，获取的补贴及财政支持力度大，且在新增航线航权资源获取方面具有突出的相对优势。代表企业为中国航空集团有限公司（简称"国航集团"，下辖国航股份）、中国南方航空集团有限公司（简称"南航集团"，下辖南航股份）和中国东方航空集团有限公司（简称"东航集团"，下辖东航股份），简称"三大航"。

在航线资源分布上，国航集团以国航股份为主体，航线网络以北京为枢纽，以长江三角洲、珠江三角洲、成渝经济带为依托，连接国内干线、支线，对国际航线形成全面支持。通过加入星空联盟，截至2018年末，国航股份航线网络可覆盖193个国家1317个目的地，所经营的客运航线达到754条，航线覆盖全球六大洲，其中国内航线589条，国际航线138条，地区航线27条；通航国家（地区）42个；通航城市184个，其中国内115个，国际66个，地区3个。南航集团以南航股份为主体，航线网络以广州、北京、乌鲁

木齐、重庆枢纽航线为核心，其中国内航线占其航线的69.05%；广州白云机场为其重要的运营基地。东航集团以东航股份为主体，航线网络以上海为核心，以西安、昆明为两翼，在上海、昆明、西安等核心市场具有较强的影响力，在北京市场的竞争力也不断增强。自2012年6月加入天合联盟后，截至2018年末，其航线已延伸至全球范围内的175个国家（地区）1150个目的地。总体来看，三大航在机队规模及航线资源方面均处于行业前列，反映出民用航空领域的高度垄断格局。

国内民航市场主要由8家传统公司以及以海航为首的各地方航空公司占据，其中传统公司主要包括国航、东航、南航、川航、深航、山东航空和厦航。地方航空公司主要包括海航系公司以及青岛航空、春秋航空、瑞丽航空、吉祥航空等。

如表14-1所示，2019年，我国各航空公司普遍呈增长态势，除川航外，其余航空公司的净利润都有所增长。国航、东航及南航以相对较高的净利润处于前列，但行业整体利润率偏低，进一步表明企业利润空间收窄。表14-2展示了7大航空公司运力情况，从可用座公里、旅客周转量和货邮周转量来看，南航、国航、东航仍排在前三位，是行业的领先者，厦航以774.37、653.62和7.23的数值处于中等水平。

表14-1 2019年国内主要民航公司机队规模和利润表

公司	机队规模（架）	营业收入（亿元）	净利润（亿元）	净利润率（%）
国航	423	1132	60	5.3
东航	362	1208.6	31.95	2.6
南航	602	1543.22	26.51	1.7
川航	160	258.4	−9.02	−3.5
深航	218	318.8	11.56	3.6
山东航空	124	189.9	3.61	1.9
厦航	206	326.12	7.85	2.4

表14-2 2019年国内主要航空公司运力对比

公司	可用座公里（亿座公里）	可用座公里增长（%）	旅客周转量（亿人公里）	货邮周转量（亿吨公里）
国航	2877.88	5.19	2331.76	47.79
东航	2701.61	10.3	2215.57	29.63
南航	3440.62	9.43	2849.21	75.83
川航	499.43	10.52	551.79	6.31
深航	620.7	5.6	507	6.21
山东航空	448.12	2.02	376.54	—
厦航	774.37	7.15	653.62	7.23

2. 高铁、公路发展形成产品替代

1) 高铁运输

2019年，我国高铁"四纵四横三个城际"主干网络基本形成。当运距小于750公里的时候，高铁在航运与陆运竞争中比较占有优势；当运距大于750公里而小于1050公里的时候，两者之间的竞争最为激烈，尤其是当两者之间的运输距离大于800公里而小于900公里的时候，各自所占的市场比例几乎均为50%；在运距超过1050公里时，民航在两者的竞争中比较占有优势。

虽然飞机运行速度比高铁快，运行时间上占有优势，但是除了交通工具的运行时间外，还要考虑地面手续耗时和往来接驳交通耗时。在地面手续耗时方面，飞机飞行安全性要求高，乘机手续、安检手续等地面流程耗时比高铁多。有行李需要托运的旅客必须到值机柜台办理值机手续和行李托运手续，旅客需要排队等候办理，办理时值机员要核对旅客信息并安检托运行李。旅客通过机场安检时，由于航空安检严格，不符合安检要求需要开箱检查以及再次安检的行李比率高，要花费较多时间通过安检。厦门出港的航班值机柜台关闭时间为航班起飞前30分钟，登机口在航班起飞前15分钟关闭，所以搭乘飞机的旅客至少需要提前1小时到达候机楼，办理相关手续，通过安检，到达登机口，如此才能保证不误机。而搭乘高铁则相对便捷得多，乘车手续也比搭乘飞机简单，旅客无须取票，凭身份证进站和上车；安检手续简单快速；检票口在高铁发车前5分钟关闭，比登机口关闭时间晚；高铁检票口离进站口的距离较近。在往来接驳交通耗时方面，由于飞机起降和停靠需要较大的占地面积，所以大部分机场地处较偏远，往来机场需要耗费更多的时间。

运距小于750公里，虽然高铁比航空运行时间多1.25~2.6小时，但是算上往来接驳交通的时间、办理地面手续的时间、过安检和到达登机口的时间，在总的时间耗费上，航空在此运距内与高铁相比并不存在时间优势。运距大于750公里，航空运输比高铁的旅途总时间优势逐渐增加。

2) 公路运输

这一运输方式的优势在于十分灵活和便利，能够通往农村和山区等区域；缺点在于能耗大、运输成本高，交通事故发生概率大，易于形成公共危害。近年来，全国高速公路网络日渐完善，除去客运，顺丰、邮政等快递业快速发展，也极大地冲击了航空日常货物运输，然而从鲜活易腐的特种货物角度，很难找到有效替代者。

3. 环境不确定性增加，压缩盈利空间。

1) 油价走势是航空公司盈利的最大不确定因素

航油也是航空公司的最大成本，占运营总成本的30%~50%。2014年下半年以来，随着美国宽松量化政策缩减以及全球经济减速导致对化石能源需求量不高，以及石油供给增加等多方面因素影响，国际原油价格出现急剧下降的趋势，原油价格的下滑导致航油价格相应下降，在短期内有助于缓解航空公司的成本压力。2017年，受OPEC减产、需求回升及库存下滑等影响，原油供给过剩缓和，国际油价温和上涨。由于国际原油需求增长

及 OPEC 与非 OPEC 区域减产执行率的提升，2018 年国际油价震荡上行。因航油价格上涨，2018 年 6 月 5 日至 2019 年 1 月 5 日，航空公司启征燃油附加费，在一定程度上缓解航油成本压力。2019 年 1—5 月上旬，国际油价呈波动上涨态势，2019 年 5 月下旬，国际油价呈波动下降态势。2020 年以来，由于受新冠肺炎疫情影响，以及部分地区国际政治局势趋于紧张，国际油价呈上涨趋势。

2) 受人民币利率和汇率波动的影响

航空业属于资金密集型行业，因此航空公司的资产负债率一般较高，其融资成本很大程度上受到利率水平的影响。航空公司在境外购买和租赁飞机、在国外机场采购航油等业务时，通常都以外汇结算，这些支出会直接受到人民币汇率变动影响。对于经营国际航线的航空公司，由于机票销售涉及多种货币，这部分收入也会受到汇率影响。2018 年以来，人民币兑美元呈波动贬值态势，但在当前中国货币政策转向结构性宽松，去杠杆暂缓，国内经济形势平稳，中美贸易摩擦情绪性影响边际减弱的情况下，人民币下跌空间有限。

3) 突发事件以及安全意外事故影响

航空运输业易受战争、恐怖事件、安全事故、公共卫生等突发事件的影响，面临的不确定性较多且风险因素分散。美国"9·11事件"及中国非典疫情均曾对所在国航空业产生较大的冲击。2014 年以来，受马航 MH370 航班失联事件、马航 MH17 航班坠机事件、阿尔及利亚航空 AH5017 航班坠毁事件、亚航失事事件等重大空难影响，国际航空业的运输安全问题受到普遍重视。部分涉事航空公司业务及航权受到较大影响。飞行安全是航空公司正常运营的前提和基础，一旦发生飞行安全意外事故，将对航空公司生产运营及声誉带来不利影响。

（三）从服务质量入手，打赢市场战

1. 完善厦门航空质量管理体系

1989 年，厦航开始借鉴美国波音公司的先进管理经验，率先以航线维修为试点推行规范化基础管理，建立工卡制度，这是厦航规范化管理与作业的雏形。1990 年，厦航乘务队负责乘务员培训和服务质量管理工作，编写了中国民航首本客舱乘务员操作手册《厦航乘务员手册》，随后又编写了《厦航乘务员训练大纲》《厦航乘务员广播词》等约 14 万字的乘务规范手册。1994 年，厦航推行标准化、程序化、制度化的规范化管理，开创了民航之先河，编写了《营运总册》。为确保厦门航空有限公司的航空运输达到飞行安全、航班正常和服务优质的总体要求，依据《质量管理体系要求》（GB/T 19001—2000 idt ISO 9001：2000）标准，结合厦门航空具体实际建立起服务质量管理体系。公司管理者始终以顾客为关注的焦点，认为公司的成功取决于理解并满足顾客及其他相关方当前和未来的需求和期望，并争取超越这些需求和期望。为此，要求在管理者的带领下确保做到以下几点。

（1）通过市场调研、预测或与顾客及相关方的接触等与顾客有关的过程，确定顾客的服务需求和期望。

（2）将顾客的需求转化为对公司的要求。这些要求包括服务特性要求、服务提供过程要求和质量管理体系要求等，只有完全满足这些需求和期望时，顾客才能满意。

（3）确保转化的要求得到满足。公司必须满足法律法规及强制性国家和行业标准的要求，顾客的需求和期望，法律法规及强制性国家和行业标准会因情况变化而修订，因此，公司已转化的要求及已建立的质量管理体系也应通过管理评审或文件控制随之更新。

厦门航空服务质量管理由隶属于地面服务保障部的二级机构厦门航空质量管理部负责。质量管理部下辖业务处、服务质量处、地面代理管理处、品牌管理处四个三级机构。

2. 厦门航空服务质量监督体系

厦门航空为落实"领导为员工服务，机关为一线服务，地面为空中服务，全员为顾客服务"的全员服务理念，强化服务质量管理工作常态机制建设，增强核心竞争力，争创国内一流服务质量，打造优质服务品牌的目的，制定了厦门航空服务质量监督体系。厦门航空服务质量监督体系由三个层次构成（见图14-1）。第一层次为公司服务质量领导小组；第二层次为公司服务质量管理机构及各分公司服务质量管理机构；第三层次为服务质量监督员。

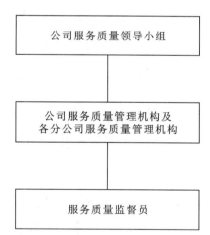

图14-1　厦门航空服务质量监督体系三级网络图

厦门航空服务质量领导小组人员组成如下。

组长：公司总经理。

副组长：分管服务、营销、品牌、信息及资源的公司级领导。

成员：各分子公司、基地、各二级职能部门的相关工作人员。

主要职责如下。

（1）根据公司发展战略需要，制定公司服务品牌规划，指导并组织各分子公司、基地。

（2）指导并组织各分子公司、基地、部门，客运营销委落实国家以及民航行业相关航空运输服务方针、服务政策、服务规定和服务标准。

（3）研究行业发展趋势，优秀航企和竞争对手的服务举措，指导并组织各分子公司、基地、部门、客运营销委实施服务提升，完善服务流程，优化服务标准，创新服务产品。

（4）制定公司服务质量目标和服务工作计划，指导各分子公司、基地、部门，客运营销委完成质量目标。

（5）指导并组织公司服务质量内部审核，确保公司服务质量管理体系的有效性。

（6）提高全员服务意识，追求内外部顾客满意。

（7）指导并组织公司服务质量工作中的总结、整改、评定、奖惩等工作，对存在争议的服务质量责任归属进行最后裁定，研究批准重大有效投诉、群体性投诉事件的补偿（赔偿）决定。

厦门航空服务质量管理机构设在地面服务保障部（分公司服务质量管理机构设在安全质量部）负责承办日常具体事务。主要职责如下：

（1）收集国家及民航行业服务信息，提出有关建议。

（2）负责服务质量领导小组例会的组织工作。

（3）根据公司服务战略规划，制定年度服务重点工作项目分解方案，定期统计发布各项目标完成情况。

（4）根据服务质量领导小组的要求，具体组织公司服务质量内审工作的开展。

（5）收集公司服务质量信息（含二级管理人员内部监督及社会监督员外部监督），开展顾客满意度调查（含局方开展的旅客专项服务评价活动），定期统计发布公司顾客满意度情况。

（6）履行公司顾客投诉管理职能，处理顾客对公司服务质量的建议和投诉，有权批准权限范围内的投诉补偿（赔偿）。

（7）开展公司服务质量内外部监督工作。

（8）对各分子公司、基地、部门履行服务质量职能的安全质量专员进行服务质量业务指导。

（9）配合局方、行业协会做好顾客满意度测评工作。

（10）承办服务质量领导小组决定的质量奖惩事宜。

（11）履行服务质量管理职能，配合公司有关部门做好有关奖项的申报工作。

服务质量监督员：各部门（分公司、运行基地）履行服务质量职能的安全质量处、安全质量专员。其主要职责包括：配合各单位负责人组织、协调本单位服务质量管理工作，配合公司服务质量管理职能部门开展公司服务质量内审、目标管理、服务质量检查、顾客满意度测评、顾客投诉处理、服务质量考核和群众性服务质量管理工作。公司聘任的服务质量监督员由各分子公司、运行基地、营业部及部门推荐，自荐并经地面服务保障部质量管理分部审核聘用的人员，参加由地面服务保障部质量管理分部统一安排的服务质量检查。

服务质量外部监督员。服务质量社会监督渠道主要来自新闻媒体、消费者协会、行业协会、12135、旅客、货主、外请服务质量监督员等社会团体或个体的意见反馈。

（四）厦航卓越质量管理实践

在多年质量管理的探索与实践中，厦航融合美国卓越绩效模式、中国质量奖标准等先进管理理念和方法，创建了"双引擎四系统立体交互"质量管理模式。该模式创造性地结合了飞机构造及飞行原理。"文化引擎"和"机制引擎"是保持企业高质量、高效益发展的两台"发动机"，两者相辅相成，任何一台"发动机"出现故障，另一台完全有能力独立支撑公司安全、平稳、正常运转。双发驱动，为厦航质量发展提供更加强劲的动力，确保企业质量持续提升。"安全、运行、服务、效益"是厦航的四大质量系统。"安全、效益"系统，使企业永续经营的机身恒久保持生命力；"运行、服务"系统，使企业展翅高飞的机翼不断产生上升力。它们立体关联、交互作用，在"双引擎"的驱动下，推动厦航走上卓越绩效经营之路，促进形成顾客、企业、社会、相关方共赢发展的良性循环。中国质量奖评审专家认为："该模式拥有较完整的理论体系，体现航空运输企业特点，达到行业领先水平，树立了标杆，具有可复制性和推广性。"2014年，厦航质量管理模式在子公司河北航空复制推广后，扭转了其3年亏损11亿元的局面，次年即首次实现盈利。2016年利润总额1.34亿元，为2015年的9.4倍，2017年机队规模实现翻番。目前，该模式正在植入另一家子公司江西航空。

2000年，习近平在福建工作时曾专门视察厦航，他指出：厦航之所以有口皆碑，一是依靠改革；二是舍得投入；三是服务规范；四是以人为本。因此企业路子对，员工素质高，经营效益好，为省市的发展做出了积极的贡献。厦航在提高服务质量上，始终坚持发挥文化引擎、机制引擎的双发驱动作用，以安全质量为命脉、运行质量为支撑、服务质量为核心、经营质量为引领，建立全员、全过程、全方位的质量管理体系，逐步成长为中国民航质量管理的领先者。

1. 以文化价值为导向，凝聚崇尚质量共识

厦航从第一任总经理开始，就秉承"党的事业、民族自尊、国家形象、企业精神"的信仰，树立"以安全求生存、以优质求发展"的质量理念，从领导班子到中层领导以及基层员工上下同心，全员参与质量管理，在多年的发展历程中形成了独具特色的企业核心价值观，打造持续提升质量的"文化引擎"。这是厦航成功的原动力和软实力。

2. 以机制建设为依托，形成以质取胜动力

厦航是福建省与民航局合作创办的国内首家按现代企业制度经营的航空公司。作为中国民航改革的先行先试者，通过摸索，厦航形成了适合自身发展的机制和管理模式，共同铸造了持续提升质量的"机制引擎"，达到"上下联动、左右平衡、创新发展、规避风险"的科学状态，成为厦航持续健康发展的硬实力。

3. 以质量安全为命脉，筑牢持续安全根基

航空公司最大的质量是安全。厦航前董事长车尚轮逢会必讲安全，首讲安全。他常说，安全不是一切，但没有安全就没有一切。厦航始终以问题导向抓安全，以底线思维保

安全,正确处理安全与效益、安全与正点、安全与服务、安全与发展的关系。目前,中国民航运输航空人为原因事故征候万时率的标准不超过0.14,厦航的标准不超过0.107。2010年以来,中国民航实际发生的人为原因事故征候万时率为0.038,而厦航近7年的数据为0.004。2016年,世界民航运输航空百万架次重大事故率十年滚动值为0.43,中国民航为0.036,是同期世界平均水平的1/12,厦航连续飞行33年未发生飞行安全事故。世界民航的安全标准远高于其他行业,中国民航的安全标准处于世界领先水平,而厦航的安全标准和管理水平更是高于全民航。厦航是中国民航唯一获得"金鹰杯""金雁杯"三连贯的航空公司,也是首家获颁SMS(安全管理体系)运行规范的航空公司。在国际公认度最高的航空安全全球标准IOSA(国际航空运输协会运行安全审计)中,厦航6次以零不合格项通过。2018年,厦航从全球421家航空公司中脱颖而出,首家荣获"IOSA杰出成就奖"。

4. 以精密运行为支撑,赢得旅客真心认可

航班正常是航空公司最核心的服务、最实在的营销、最具价值的品牌。厦航克服福建地区台风天气频发及地理位置的特殊限制,一直坚持"保安全、控风险、谋正常、促创新",成为民航业内唯一实现航班正常"三连冠"的航空公司,因公司自身原因造成的延误比例常年保持中国民航最低。该航空公司在本行业率先实行资源集中管控的"大运行"管理,狠抓航班运行各个环节,打造了享誉民航的"厦航八大速度"。厦航成功研制出我国第一套具有自主知识产权的航班运行控制系统(FOC系统),打破了国外技术的长期垄断;全面升级运行保障系统,有效提升航班运行效率;联合阿里云举办AI大赛,开展"航班智能恢复课题",利用大数据和人工智能提升顾客体验。面对航班延误,厦航充分考虑到旅客的利益,根据延误时间长短,制定差异化空地航延服务标准。

5. 以优质服务为核心,打造超值旅行体验

厦航坚持"以诚为本、以客为尊",倡导"领导为员工服务、机关为一线服务、地面为空中服务、全员为旅客服务"的大服务理念,将"六勤五心四美三不怕"内化为服务精神,真诚服务旅客,真心留住旅客,真实回报旅客,真情感动旅客,实现从规范服务到精致服务,再到体验服务的迭代升级,从而塑造"精尊细美"的服务品牌。厦航首创服务质量委员会,统筹资源,整体联动,形成服务质量管理体系从规划、布置、执行、检查、整改到绩效评价的完整闭环,提出服务创新"最先一公里",消除服务盲区"最后一公里"。"十三五"期间,厦航不断优化地空服务,树立民航"真情服务标杆"。如以全球首架联合国特殊涂装飞机——"联合梦想号"为载体,推出空地主题活动,传播联合国可持续发展目标。开通41个境内外通程航点,积极推进"通程航班",建设"海丝"国际航空枢纽,推出"60分钟中转"服务品牌。升级"白鹭俱乐部",创新五级会员服务,实现该集团会员的统一运营,共同构建高端会员体系。开发"云端"系列产品,配备机上环保用品,打造绿色客舱。基于中国质量奖"双引擎四系统立体交互"质量管理模式,深化质量管理模式的应用,建成服务质量智能管控模式,实现服务质量管理系统动态监控。截至2020年,在CAPSE航空服务奖评选中,厦航已连续7年夺得"年度最佳航空公司奖",同时,连续30季度获评内地服务"最佳航空公司"。

6. 以提质增效为引领，推动企业转型升级

厦航所处的外部环境，对生产经营带来了极大挑战。厦航坚持精抓细管争效益，坚持精打细算控成本，向管理要质量，向管理要效益，在竞争激烈的航空运输市场中脱颖而出。在资源条件完全处于劣势的情况下，以"十二五"期间为例，厦航座公里收入达0.497元，比竞争对手高9%；主营收入利润率为11.1%，比三大航平均高7.1个百分点，比世界民航前50强平均高2.9个百分点，全球排名前十。2011—2017年，厦航利润总额是前25年利润总额的3.5倍，一度以行业4%的市场份额赢得了15%的利润份额，创造了业内世界少有、国内唯一的连续30多年的盈利纪录。

2020年，厦航进一步履行企业责任，突出表现在以下几个方面。在"持续安全"方面，将2020年定为"安全基础年"，以"精进工程"为抓手，全面推进"三基"建设，以"核心风险分级管控"为主体项目，开展"创新型风险防控体系"建设工作，全年安全起落23.1万架次，安全飞行52.5万小时，累计安全飞行593万小时，被中国民航局正式授予"飞行安全五星奖"。在"低碳运行"方面，推动节能减排，倡导绿色出行，成立专门的可持续发展委员会，推进落实各项工作，通过减少APU使用、飞机减阻减重、飞发性能维护、航线截弯取直、科学制订飞行计划、飞行操作节油等项目，实现全年节油7.6万吨，减少碳排放24万吨，荣获"民航打赢蓝天保卫战先进单位"称号。在"绿色出行"方面，避免食物浪费，减少一次性纸制品和塑料制品的使用，加强内部服务制度规范，优化投诉处置流程，推动服务质量改进138项，促进服务质量提升108项，将天际茶道与山区好茶相结合、研发特色鸡尾酒单、推出天际绅士服务、新增天际瑜伽项目，为客户群体提供更健康、绿色、温暖的服务。对外践行大国国企责任担当，联动更多的机构、企业、组织构建和谐社区，与宁德等地方政府签署战略协议，打造"厦航农庄"，创新"政企联合"，推动乡村产业振兴等。

第三节　小结与思考

一、小结

2020年，厦门航空公司安全飞行42.4万小时，起落18.4万架次。历史累计飞行593万小时，起落285万架次。从2020年7月开始，该航空公司连续多月盈利，成为2020年全球唯一盈利的骨干航空公司，并创造了连续34年盈利的业内奇迹。

质量强则国家强，质量兴则民族兴。面对航空业的激烈竞争与挑战，厦航人以大国质量为己任，践行"中国速度向中国质量转变"，对标国际一流标准，不断推动质量管理创新，正在逐步把厦航打造成"国际化、网络化、现代化"的航空集团。

二、思考题

1. 厦门航空公司有哪些竞争优势？
2. 厦门航空公司服务质量管理模式与其他几大航空公司有何区别？
3. 厦门航空公司的质量管理实践有何特点？

思考题答案

第十五章
南方航空：特色服务创新提升服务体验

学习重点：

1. 了解航空服务创新模式。
2. 掌握航空服务质量的内涵。

学习难点：

1. 如何进行航空服务创新产品设计。
2. 航空服务创新如何实现服务质量的提升。

第一节 引 言

新时代，人民对美好生活的追求日益迫切，航空运输服务也正由提供空间位移服务向提供美好出行体验转变。从当前航空工业的发展来看，我国航空服务质量有待提高。通过本案例，可以了解南方航空服务创新，借以思考如何在竞争激烈的民航客运领域通过提升服务质量赢得先机。

第二节 案例解析

一、案例摘要

本案例描述了南方航空公司服务创新现状,通过推出服务创新产品"木棉系"客舱服务、"行李到家"服务产品、"亲情服务360"以及"亲和精细"的创新服务定位提升服务品质,实现全新的旅客服务体验。

关键词: 南方航空 服务创新 服务质量

二、案例背景

南方航空公司(简称"南航"),总部设在广州,成立于1991年2月初,同民航广州管理局共同执行"一套机构、两块牌子"的管理模式。2002年10月11日,南方航空与北方航空、新疆航空整合重组,建立起南方航空集团公司,一跃成为中央下辖三大航空公司之一。集团总部位于广州,以航运业务为主,以房地产、传媒广告、金融、进出口贸易和飞机发动机维修等业务为辅。2017年11月16日,公司更名为南方航空集团有限公司,公司性质由私营转为国有。

南航是中国运输飞机最多、航线网络最发达、年客运量最大的航空公司,拥有厦门、河南、贵州、珠海等8家控股公共航空运输子公司,新疆、北方、北京等20家分公司,在杭州、青岛等地设有23个境内营业部,在新加坡、纽约、巴黎等地设有51个境外营业部。

南航以"阳光南航"为文化品格,以"联通世界各地,创造美好生活"为企业使命,以"顾客至上、尊重人才、追求卓越、持续创新、爱心回报"为核心价值观,大力弘扬"勤奋、务实、包容、创新"的南航精神,致力于建设具有全球竞争力的世界一流航空运输企业。

2019年,南航旅客运输量达1.52亿人次,连续41年居中国各航空公司之首,年旅客运输量居亚洲第一、世界第六,货邮运输量居世界第八。截至2019年12月,南航运营包括波音787、777、737系列,空客A380、A330、A320系列等型号客货运输飞机超过860架,是全球首批运营空客A380的航空公司。南航每天有3000多个航班飞往全球40多个国家和地区、224个目的地,航线网络1000多条,提供座位数超过50万个。通过与美国航空、英国航空、卡塔尔航空等合作伙伴密切合作,南航航线网络延伸到全球更多目的地。

近年来,南航全力打造广州—北京"双枢纽",通过新开和优化航线网络,致力于建设两大综合性国际航空枢纽。在广州,南航持续10年稳步建设"广州之路",服务"一带一路"和粤港澳大湾区。截至2019年末,南航在广州白云机场的通航点达132个,其中国际及地区通航点51个。南航广州枢纽已成为中国内地至大洋洲、东南亚的第一门户。广州与国内、东南亚主要城市形成"4小时航空交通圈",与全球主要城市形成"12小时航空交通圈"。

南航积极响应国家号召,为"一带一路"建设添砖加瓦。"一带一路"沿途广泛涉及亚洲其他区域以及南太平洋地区,公司国际航线重复覆盖这些区域,无论是航线数、目的地数,还是日均航次和载运量均排在我国第一,是我国与"一带一路"相关国家航空联通的领军人。迄今为止,在"一带一路"沿线,公司航线遍及国家和区域累计38个,目的地城市共计68个,开通航线合计172条,年载运量累计1500万人次。至2019年1月底,公司在线会员逾4000万人,里程频次与累计增速显著高于其他航空公司。

南航拥有独立培养飞行员的能力,目前在职专业飞行员逾万人,旗下珠海翔翼模拟机训练中心是亚洲规模最大、机型最全、国内历史最悠久的训练中心之一;与德国MTU共同投资国内最大、维修等级最高的航空发动机维修基地;自主研发的飞行运行控制系统和发动机性能监控系统双双获得国家科技进步二等奖,是国内航空业极先进的IT系统。旗下南航物流公司以广州和上海为枢纽,拥有16架货机,为中国内地最大规模大型货机机队。

"在手机上就能看到行李实时动态,可以少等待、少排队,'零负担'出行。"2020年12月10日,经常往返于北京和广州之间的南航会员旅客张先生接受记者采访时说,"南航服务很棒,乘坐南航飞机很省心。"12月9日上午,张先生因为赶时间就在南航手机App上提早预订了"行李到家"服务。广州下机后,张先生直接离开了机场,当天就在家中收到了自己的行李。让乘客如此满意得益于南航以旅客为中心的"阳光南航"文化和"亲和精细"服务的创新。

南航以旅客为中心,不断丰富"阳光南航"文化品格内涵,完善服务管理组织架构,积极利用智能化手段提升旅客服务能力。为了在众多的民航企业中实现差异化、提供更优质的服务,吸引更多旅客加入南航,南航将进一步为旅客提供全流程"亲和精细"的航空服务,全力打通营销服务全链条,努力提升旅客满意度。

三、案例正文

(一)"木棉系"客舱服务创新产品

面对日益增长的旅客数量,不断提升的顾客需求,客舱空中服务要继续坚持真情理念,为旅客提供环境美、语言美、动作美、形象美、笑容美的一流体验,才能突出重围。南航针对旅客需求进行深度分析和谋划,结合客舱服务现有服务产品,归纳总结、推陈出新,进行南航特色"木棉系"客舱服务创新产品的研究和开发。

1. "视听味嗅"四个角度

南航坚持真情服务、顾客至上,以实现国际一流客舱服务品牌为主线,打基础、创亮点、提能力,从视觉、听觉、味觉、嗅觉四个角度开展"木棉系"客舱服务产品创新。

1)视觉方面:木棉国际,美丽客舱

一是以"美丽客舱"为主题,围绕"形象、语言、礼节、举止、出行"五个环节外塑南航乘务员高端职业形象,提升南航乘务员队伍辨识度;二是全面施行"木棉国际",打造有辨识度的南航国际化服务;三是围绕主要传统节假日营造佳节航班客舱服务氛围,开展特色鲜明的航班活动;四是针对生日旅客推出"木棉心意"贺卡,传递南航的声声问候;五是推行"木棉童飞"项目,给无陪儿童旅客家里送上一份安心。

2)听觉方面:木棉花语,温馨问候

实施微笑广播,传递"南航声音",为旅客送上暖心的问候;定制南航登离机音乐,温暖出行路。

3)味觉方面:木棉特饮,温暖旅途

结合节庆、时令特色、中医养生理念研发"木棉四季"系列饮品;木棉空中茶苑将中式茶艺和西式下午茶深度融合,展示国际化传统特色;木棉空中酒窖将世界各地美酒带进客舱。

4)嗅觉方面:木棉香薰,在你身边

推行客舱香薰,定制化客舱气氛,体验统一的南航味道。

2. 十个产品项目

南航"木棉系"客舱服务产品创新共包括10个产品项目,具体施行情况及服务效果如下。

1)美丽客舱

南航以"美丽客舱"为主题,围绕"形象、语言、礼节、举止、出行"五个环节外塑南航乘务员高端职业形象,全新设计和升级了乘务员在各服务场景的职业形象标准,做到知行合一,对外形象美丽且统一,铸造"行为美、心灵美、形象美、环境美、团队美、业绩美"的新时代客舱形象。

2)木棉国际

为打造国际一流空中服务品牌,南航在国际航线上施行"木棉国际"精品航线,创新服务产品、升级软性服务标准、搭建精品航线飞行团队,通过建设一批服务形象佳、服务口碑好、国际化程度高的精品航线,发挥其先锋导向作用,带动南航客舱服务能力及国际化意识再上新台阶。

3)木棉佳节

围绕春节、中秋节等14个主要传统节假日,南航开展一批具有示范性、统一性,并兼顾特色性、标签性的节假日航班活动,营造祥和温馨、积极向上的南航航班节日氛围,

第十五章　南方航空：特色服务创新提升服务体验

将具有浓厚民族文化、属地特征的饮食、服饰、语言等地域元素融入客舱服务各环节，从客舱内饰、主题活动、节庆服饰等方面进行整体化设计，为旅客呈现北国南粤、东海西域的精彩乘机体验，拓宽客舱与旅客间的沟通互动平台，提升旅客满意度及美誉度。

4）木棉心意

针对生日旅客推出南航定制"木棉心意"贺卡，贺卡呈心形，展开呈蝴蝶形状，展现南航客舱人的温馨、真情。贺卡折页展开形似蝴蝶，带来有别于传统贺卡的生动气息，传递南航的声声问候。同时，在贺卡内印有中英文祝福语，兼顾中外生日旅客，契合南航国际化发展需求，创造南航客舱服务亮点，打造独具特色的差异化服务品牌，提升客舱服务质量。后续将进一步拓宽贺卡范畴，创造惊喜服务。

5）木棉童飞

南航针对无陪儿童实施全流程关注，乘机小旅客佩戴南航木棉童飞标识牌，并拍小旅客客舱照片提供给家长，在国际远程航线给儿童提供玩具大礼包，并于近期研发给家长的一封家书。

作为南航儿童服务品牌，开发"木棉童飞"儿童餐产品，针对不同年龄段旅客的用餐需求，特别根据 2~6 岁儿童的用餐习惯、口味偏好以及成长需求，精心研制了家长可提前 24 小时致电 95539 客服热线、直属售票处或者通过销售代理预订。还推出儿童飞机餐短信邀约预订服务，带给旅客全新的服务体验。

6）木棉花语

南航实施微笑广播，传递统一标准的"南航声音"，让旅客在南航航班上感受到一致的机上广播；根据不同时段定制南航登离机音乐，让旅客出发和到达都带着轻松愉悦的心情。

7）木棉四季

结合节庆、时令特色、中医养生理念研发"木棉四季"系列饮品，目前南航已推出"木棉新禧""木棉迎春""木棉送爽""木棉金秋""木棉暖冬"等 5 款特制饮品，每款特饮产品均根据时令特点挑选不同原材料调配，为旅客传递南航味道。自推出以来提高了南航客舱服务品牌辨识度和影响力，呈现南航特色高端服务，得到广大旅客好评和点赞。

8）木棉空中茶苑

南航在机上提供大红袍、正山小种、金骏眉等 14 种茶叶，并提供茶艺演绎展示，将传统差异文化通过航班带到国际舞台上。

9）木棉空中酒窖

搭建木棉空中酒窖，为南航国际远程旅客提供来自欧洲、澳大利亚、美国等地的 29 款葡萄酒，提供 XO 等 9 款烈性酒，并在机上提供鸡尾酒调制服务，将地面酒窖在空中演绎。

10）木棉香薰

南航还通过在国际远程航线客舱洗手间挂香片，旅客登机前在客舱环境喷南航定制香水，让客舱环境统一呈现南航木棉香薰味道。

为丰富客舱服务"木棉系"产品内涵，搭建起成熟的客舱特色航班重要载体，在客舱系统范围内开展一批具有示范性、统一性，并兼顾特色性、标签性的节假日航班活动，以营造祥和温馨、积极向上的南航航班节日氛围，提升旅客满意度和美誉度。2018年，以"木棉佳节"为主线，在南航客舱系统范围内统一在全年15个主要节假日开展航班活动，从节日客舱布置、主题互动活动、节庆服饰等方面整体设计，实现传统重大节假日期间航班活动的系统化、特色化、常态化和规模化，并指导各分子公司结合当地地域特色和航班特点，突出、丰富航班活动的地方性和民族性特点，并得到各级媒体共69篇报道。

通过客舱系统内建设"木棉国际"服务品牌，建设一批服务形象佳、服务口碑好、国际化程度高的精品航线，以国际远程航线及国内重点航线为平台，发挥精品航线飞行团队先锋导向作用，带动全体乘务人员服务能力及国际化意识再上新台阶。至2018年底，已覆盖所有国际远程航线，形成了具有一定规模的南航精品航线品牌，为下阶段进一步固化南航国际一流空中服务品牌，带动提升整体服务质量打下基础。客舱全面施行"木棉系"客舱服务创新产品，获得了消费者的认可，并先后获得CCTV13新闻频道、辽宁卫视、民航资源网等共计80余篇媒体正面报道。有效宣传了南航服务品牌形象。

3. 后续发展

南航"木棉系"客舱服务创新产品后续将从其品牌性、特色感、体验度三个角度进行横向、纵向延伸和拓宽，树立"大木棉"的空中服务产品概念，实现国际一流空中服务品牌的长期目标，在国际化道路中砥砺前行。

1）品牌性

南航"木棉系"客舱服务创新产品通过持续深度研发，并针对消费者反应进行优化更新，逐步发展成有灵魂、有个性、有特征的品牌，在消费者印象中形成有具象、感知充分的品牌形象。

2）特色感

服务产品创新的根本目标是创造差别，通过差异化的创新产品来形成在消费者认知中的品牌个性。差异化战略是未来需求市场的主战场，在消费者品牌认知上形成清晰的特色感知，对于品牌的维护和价值创造都至关重要。

3）体验度

在消费者充分认知南航客舱服务品牌的基础上，要让其在多种感官体验（视觉、听觉、味觉、嗅觉）上逐步形成独特记忆，旅客充分体验并形成记忆，才能转化为产品品牌效益。

与此同时，南航实现了全面优化现行职业形象标准，规范空勤人员不同时间节点、不同场景中，对于妆容、行为、语言等方面的具体要求，强化员工自觉维护南航整体形象意识，全面开展职业形象标准规范引导。编写制定"美丽客舱"空勤人员形象规范，围绕"形象、语言、礼节、举止、出行"五个主题，提出"五个规范"具体要求，升级空勤人员职业形象及礼仪规范，同时制作培训视频课件，加大宣贯力度。为确保"美丽客舱"形象规范要求有效落地，每月根据专项检查单进行全方位检查，及时发现问题、提醒、督促整改。

（二）"行李到家"创新服务产品

为方便旅客出行，南航于 2019 年推出行李推送、行李代寄、行李保险等"行李轻松行"基础服务项目。为进一步丰富和发展"行李轻松行"品牌内涵，南航联合中航信广州公司在 2020 年研发推出了"行李门到门"服务产品的第一期项目，也就是此次上线的"行李到家"服务产品，让旅客行李提取零等待、航空出行零负担。

2020 年 12 月 6 日起，南航在广州白云机场、北京大兴机场、深圳宝安机场和武汉天河机场上线推出"行李到家"服务产品。乘坐目的地是以上 4 个机场的南航旅客，均可在南方航空手机 App 线上预约，或在南航行李查询柜台下单购买该项服务。旅客无须在转盘处等待行李，只需办理手续，行李就能快递到家。

"行李到家"服务产品是南航联合中航信广州公司基于南航手机 App 联合研发，与京东快递共同打造的"行李门到门"服务产品。旅客办理该服务项目后，南航工作人员依据预约订单信息代为提取旅客行李，信息核对无误后与京东快递工作人员面对面交接行李，京东快递工作人员按照旅客需求将行李送至指定地点。该项服务的优势在于省去了旅客乘机到达后等待、搬运行李的不便，同时旅客能通过南方航空 App 实时了解行李配送全流程各个节点的信息，省时省力又安心。

"行李到家"服务可提供同城当日达与同城次日达服务，中午 12 点前与京东快递交接的行李可实现同城当日达，晚上 8 点前与京东快递交接的行李可实现同城次晨达，晚上 8 点后与京东快递交接的行李可实现同城次日达。为了让行李"安全到家"，在为每件行李购买基本保险服务的基础上，南航工作人员在行李配送交接前为旅客行李添加"保护层"，做好行李包装的多重防护，实现了旅客行李安全运输、全程无忧。

接下来，南航将陆续上线"行李门到港"服务产品、与此次上线的"行李到家"形成完整的闭环链条，实现真正的"行李门到门"。南航将借助自身航线网络优势与中航信平台实现强强联合，快速在更多的机场与航空公司推广服务。通过加强跨界合作，共享客户需求资源，构建一个服务串联、数据并联的航空服务生态圈，创新推出更多"亲和精细"服务和"硬核产品"，让旅客出行更轻松。

（三）"亲情服务 360"创新服务产品

2019 年，南航客舱系统推出两舱"亲情服务 360"产品，以"亲和力＋精细"为抓手，在服务上持续创新。10 月 22 日，南航客舱系统"心致行美·亲和精细——'亲情服务 360'"产品正式启动。"亲情服务 360"紧密围绕"亲和力＋精细"服务定位，即"3"次亲和沟通、"6"个细节呈现、"0"距离情感连接，旨在以亲和沟通、精准换位思考、精致细节呈现，为高端旅客提供更加亲切、更加精准的空中服务体验。

南航集团公司总经理、党组副书记马须伦和副总经理程勇出席启动会，强调深入理解"亲和力＋精细"，抓好"亲情服务 360"产品落地，推动南航空中服务迈向新征程。

一是明确"亲和力+精细"服务定位,打造具有鲜明特色的南航品牌形象。客舱系统要做好推广落实,深化亲和力认识,切实提升乘务人员服务亲和力,使服务对象有"宾至如归"的感觉;要不断提高服务精细化水平,把握不同客户群体的服务需求。

二是打造高素质两舱服务队伍,共同铸就一流服务品牌。要创新方式方法,抓好乘务长及两舱乘务员队伍建设,做到"三到"服务;服务系统各单位要加强协同配合,围绕旅客关注的空中、地面、线上线下产品和服务,加大改进力度,形成整体合力;要全力维护好品牌,南航每一名员工都是南航品牌的建设者、传播者、体现者和维护者,要处处维护好自己的形象、维护南航形象。

三是保持良好发展势头,持续做好客舱服务管理。客舱系统要牢固树立"安全第一"思想,加强安全能力建设,坚决守牢客舱安全底线和红线,在此基础上全力提升服务;要保持前进势头,继续按照公司总体战略部署,结合新形势新要求,进一步推进客舱系统一体化管理,提高劳动生产效率,推动空中服务品牌目标实现。

从认识层面看,"亲和力"更侧重于源自内心的外在服务表现,"精细化"则是内在管理和服务提升的核心。从操作层面看,要围绕客舱服务全过程,追求精细化管理和更具亲和力的服务效果。标准流程方面,结合旅客需求,确保服务标准精细合理。人员服务方面,通过高质量的培训提升能力,确保人员服务到位、亲和规范。服务投入方面,将服务成本用在旅客核心需求上,确保服务投入产出最大化、投入引起的旅客反响最佳。

12月,南航客舱系统还组织技能大赛和培训师集训,着力提升旅客乘机满意度。除了客舱服务,近几年南航还在智能化出行、地面服务、客舱清洁、航空餐食等方面,苦练内功,打造有"亲和力"的服务品牌。

1. 数字化服务转型让旅客出行再升级

"南航e行"是南航近年来全面实施数字化转型、打造世界一流航空运输企业的战略举措与重要抓手,旨在通过南航开发运营的移动端官方平台,为旅客及合作伙伴提供全流程电子化服务。"南航e行"将移动互联网和航空出行全流程服务结合起来,整合航空旅游上下游行业资源,构筑一站式服务的南航移动应用平台,可为旅客提供出行门到门的卓越服务体验,实现"一机在手,全程无忧"。

随着"南航e行"的深入推进,南航无纸化登机、机票全渠道退改、VR选座和行李全流程跟踪等数字化服务再次升级旅客出行。与此同时,南航App专享特惠功能可实现"千人千面",为旅客推荐个性化机票优惠。包括会员日会员专享特惠机票、度假套餐秒杀等个性化出行产品,可让用户拥有更多选择,为用户创造更多价值。

2. 亲和精细服务+特色空中美食

亲和、精细的客舱服务,美味可口的机上餐食,是一家航空公司优质服务的标志。近年来,南航通过打造"亲和精细"的客舱服务,不断提升"木棉系"客舱服务品牌的美誉度。南航"木棉系"客舱服务创新产品荣获CAPSE(民航旅客服务测评)2018年度航空服务奖—创新服务奖。2019年,南航客舱系统共开通195条"木棉国际"精品航线,实现国际远程航线及区域重点航线全覆盖；围绕主要节假日，开展330班"木棉佳节"主题航班活动，为旅客出行营造温馨节日氛围。

此外，南航还以"时尚化、智能化、个性化、精细化"为核心，结合旅客的饮食偏好与营养需求，打造南航极具特色的空中餐饮服务品牌，引领航空配餐新潮流。以粤菜融合地方特色，研制的大碗面、煲仔饭、功夫汤、大肉包、南联月饼等广受中外旅客的欢迎和喜爱。

3. 打造国内"最干净飞机"

2019年的评选中，南航获得的"最佳客舱环境奖"格外引人注目。随着人们航空出行次数的增多，对飞机客舱环境要求也越来越高。近些年，南航持续加强飞机客舱深度清洁工作，采取多项措施做好客舱和飞机外表清洁工作。

在客舱清洁方面，南航通过开展系统培训，建立系统的业务操作指南，成立专门清洁质量提升小组，不断提升客舱清洁服务质量。在飞机外表清洁方面，为适应环保要求，南航在全公司范围内推行飞机干洗技术，保证飞机清洗频率，确保飞机外表清洁质量，树立国内"最干净飞机"服务品牌。针对新疆、黑龙江等分子公司冬春季飞机清洗困难的问题，南航建立了广州和三亚冬春季飞机清洗支援基地，对在广州和三亚过夜的北方地区的飞机进行清洗，确保全南航机队不因气候原因造成飞机外表清洁水平下滑。

（四）"亲和精细"创新服务定位

2020年6月19日，南航集团召开推进大服务建设工作启动大会，正式启动大服务建设工作，致力于打造国际一流服务品牌，坚持以人民为中心，将"构建一流品牌服务体系"作为全年八场硬仗之一，自觉担当起建设民航强国的历史重任，通过推动"大服务"来提升旅客的获得感和幸福感，使旅客享受从出行规划、机票订购、前往机场到抵达目的地的全流程、规范化、一致性的服务体验，拥有更多获得感、幸福感、安全感。

公司计划利用5年左右的时间，努力打造以"亲和精细"为服务定位，同时符合国际化标准、体现中华文化元素，兼具南航特色的一流服务品牌，塑造国内优势领先、国际广泛认可的一流服务形象，实现"顾客首选、员工喜爱、品牌公认"目标，为加快建设世界一流航空运输企业提供有力支撑。

1. 打造"亲和精细"国际一流航空服务品牌

南航"大服务"覆盖全范围、全链条、全流程，主要特征是坚持以旅客为中心，服务链条各节点衔接紧密、运转高效，服务营销实现深度融合。其中，"亲和精细"是南航大服务最主要的特征定位，将情感融入到服务和产品中，实现服务态度"亲和"，服务管理"精细"，增强品牌辨识度和旅客黏性，给旅客更亲和精细的服务感受。

南航大服务建设，将打破南航营销服务、地面服务、空中服务、餐饮服务、信息服务等各系统和部门间的壁垒，建立责权明晰的管控模式和工作机制，进一步提升服务资源的配置效率和价值创造力，最终实现全链条、系统性、一体化的服务管理。

从旅客体验看，南航大服务建设将使旅客获得全流程、规范化、一致性的服务体验。其中全流程就是为旅客提供出行规划、机票订购、前往机场、飞行体验、到达机场、行程结束等全流程服务；规范化就是通过行为规范、形象规范、语言规范、标识规范、流程规范，形成特色鲜明、专业规范的服务印象；一致性就是通过统一品牌形象、统一服务产品、统一服务标准，形成一致性的服务感受。

2020年5月8日，110名中国留学生旅客计划乘坐南航CZ308航班从阿姆斯特丹回国，但衔接回国的前段航班延误近4个小时。为了保障中转旅客顺利回国，南航阿姆斯特丹营业部、运行指挥中心等各部门第一时间迅速联动、畅通信息、积极协调外航，仅仅不到40分钟就保障110名旅客顺利中转回国。学生家长特意给南航送来了四面锦旗，称赞南航的努力付出帮助学生们顺利回国，表达对南航的感谢和支持。在这个航班的背后，体现出的正是南航大服务"协同高效""以旅客为中心"的服务理念，留学生们顺利回国的故事也获得了10万多名网友转发点赞。

2. 搭建"八大体系"，重点打造六张服务名片

建设大服务，南航将重点完成"建立健全高效运转的服务管控体系""建立规范一致的国际化服务标准体系""建立创造价值的服务产品体系""建立具有南航特色的品牌形象体系""建立全方位服务保障体系""健全国际化人才建设体系""构建共享智能的信息支撑体系""完善以旅客评价为核心的考核讲评体系"等"八大体系"搭建工作。

为此，南航将围绕"亲和精细"的服务特征定位，对标世界一流航空公司，对现有服务标准进行梳理和修订。根据公司品牌定位，设计符合国际主流、体现中国文化、具有南航特色的整体服务形象规范，并形成"服务提升委员会决策、业务运营单位建设、分子公司和营业部落实"的服务管控格局，通过不断提升服务资源的配置效率和价值创造能力，为客户提供更多多元化、个性化的服务产品。

同时，南航还将重点打造6张服务品牌名片，包括"南航e行"名片，"一机在手，全程无忧"，在选座、机票退改、升舱、餐食预订、付费行李、休息室预售等网上自助或选购项目基础上，不断完善线上服务。事实上，南航是国内第一家推出电子客票、第一家推出"网上订座"服务、第一家推出电子登机牌、第一家提供人脸识别登机服务的航空公司。"客户尊享"名片，专属客户经理按照旅客的个性化服务需求，提供一站式尊享服务。"行李优享"名片，持续推进行李全流程跟踪项目，实现起飞前、落地后实时提供精准的行李信息；实现行李服务线上办理，提供行李门到门服务，让旅客出行更轻松。"中转畅享"名片，优化中转产品设计，推行中转管家服务，提升广州、北京枢纽中转服务效率，让南航中转成为美好的出行体验。"亲情服务360"名片，夯实两舱"心致行美"服务，持续打造空中"亲情服务360"产品，强化两舱高端服务水平及竞争力。"食尚南航"名片，围绕四季养生、不同的目的地、不同的航线特点，打造南航食尚，力争实现"我的口味我做主"，全面提高餐食服务。

以"亲和精细"为服务定位，打破南航营销服务、地面服务、空中服务、餐饮服务、信息服务等各系统和部门间的壁垒，实现全链条、系统性、一体化的服务管理。结合人机交互、人工智能、大数据等新技术，南航在行业内首创100%预选座位项目，为旅客提供

自助值机、自助行李托运、自助通关、刷脸登机以及机器人智能问答等全流程自助服务，提升旅客智能化便捷出行体验。

（五）践行"亲和精细"的服务，给旅客特别的温暖

1. 南航大连分公司

2020年春运于1月10日启动，至2月18日结束。其间，南航大连分公司执行航班超过4120班，运输旅客达59.5万人次，同比增长2.4%。2020年春节，南航大连分公司日均运送旅客量约达1.5万人次。

春运期间，国内热门航线主要为北上广深及中南地区的返乡航线，以及大连至海南的候鸟航线等，国际方面主要为往返日韩等旅游航线。为满足春运期间旅客出行需求，南航在大连计划增加航班超90班次、执行航班总数超过4120个。国内增加航班主要是大连至广州航线，国际增加航班主要是大连至首尔、济州航线。

针对入冬以来大连地区频发大风天气以及偶有的雨雪，南航分公司"大运行"现场运行中心（GOC），将利用南航先进的飞行跟踪系统、动态控制系统，密切关注天气、飞机、机场和航路对安全运行的影响。依托南航自主开发的增强型气象情报系统，各气象网站加强气象研判，关注重要天气信息和恶劣天气预警，及时与飞行人员进行天气会商，为运行决策和航班放行提供支持，有效降低天气因素对航班运行的影响。同时，大连GOC加强与南航总部沟通，协调总部进行运力和机组资源支持，依托南航庞大的机队资源，提升航班运行效率。

除了体验全流程无纸化登机，南航推出越来越多的"黑科技"，让旅客出行体验更加丰富有趣。上线360°全景虚拟现实（VR）选座服务，旅客通过南航App、移动网页和南航官网等平台，无须借助专业设备即可自行切换VR选座模式，直观地了解所搭乘航班的客舱布局、机载设施、舱位和座位空间等信息。

全面落实"亲和精细"服务工作要求，使旅客春节返乡、出行之路更舒适、更顺心。在大年三十、初一的所有客运航班上开展"木棉新禧"主题航班活动，南航乘务员将以春节元素装饰客舱，登离机时播放春节主题音乐，为旅客送上温馨祝福。2月8日，南航继续开展"木棉元宵"主题航班活动，与所有旅客共同在云端之上庆祝传统佳节，感受浓厚的节日氛围。

2020年9月17日，南航大连分公司圆满完成了中国肢残人协会暨全国脊髓损伤者关爱联盟会议的服务保障工作。南航大连分公司以南航大服务"亲和精细"为准则，提供亲和、专业和有温度的地面服务，保障肢残旅客顺利出行。大连市残疾人联合会赠予大连分公司"真心助残、情暖滨城"锦旗，称赞南航的努力付出，表达对南航的感谢和支持。

在这面锦旗的背后，体现出的正是南航大服务"亲和精细""协同高效""以旅客为中心"的服务理念。为给残疾旅客提供更有温度的服务，南航大连分公司采取请进来、走出去的方式，开展"残疾旅客服务需求大讲堂"，邀请残联负责人为员工授课，让全员从真正意义上了解并理解残疾旅客的服务需求，从而更好地为其提供服务。

为了给盲人旅客提供更贴心的服务,南航大连分公司开展与导盲犬基地的深度合作,通过基地参观,深度了解导盲犬的工作和习性,与盲人旅客开展有效的沟通交流,用心感受他们的出行需求,制定更加完善合理的航空畅行方案,让南航成为盲人旅客出行时首选的航空公司。

针对老年旅客,南航大连分公司开展"温暖之旅"专项行动,持续为轮椅旅客提供"爱心坐垫",重点关注航延或临时取消航班中的老年旅客及团队,安排专人服务,引导、协助旅客办理客票签转。正如南航的乘务员所说,在具体的工作中,比如像咱们爷爷奶奶辈的那一代人,以前条件不好受过很多苦很多累,手脚不是很利落,再者坐飞机出行不是很频繁,所以在飞机上我们得注意这些老年旅客,告诉洗手间的位置,在登机时主动接过手里的行李,引导他们去座位上,系好安全带,餐饮服务时详细清楚地介绍餐食种类,下飞机的时候嘱咐他们把行李带全,别落东西。乘务员这个职业给予了我们很多为人处世之道,每天都要接触不同的人,解决不同的事情,所以我们对待事情要细心,对待旅客要温暖亲和。

针对儿童团队,南航大连分公司做好座位预留及信息传递沟通,确保航班信息准确、保障顺畅,并针对无陪儿童推出"木棉花开、阳光相伴"等服务举措。

南航大连分公司紧密围绕旅客需求,打造"亲和+人性化"服务,使旅客享受从出行规划、前往机场到抵达目的地的全流程、规范化、一致性的服务体验。

2. 南航贵州分公司

2021年"五一"小长假,国内疫情防控趋势总体平稳向好,民航客流量激增,热门航线持续火爆。4月29日至5月6日,南航加大运力投入,计划总投入超过2万个航班,最高日均达2800班次,比2020年同期增长两倍多,其间南航贵阳航班客座率最高峰预计达到95%左右。

针对旅客和群众普遍关心的行李运输、孕妇、老人、儿童等特殊旅客,晚到旅客改签,以及不正常航班服务等问题,南航贵州分公司于贵阳机场航站楼开设特殊旅客服务柜台,为有需要的顾客提供"健康码"代办代查、人工咨询指引等关爱服务。通过联动贵阳机场,制作特殊旅客"爱心标识"等举措,让需要帮助的旅客享受快速值机、快速过检、航站楼内免费摆渡、优先登机等多项便民措施。其间,一线人员成立党员先锋队,每日现场开展协助旅客扫码、托运行李及特殊旅客服务引导等活动。

运行方面,南航贵州分公司对节日期间天气进行重点监控,精准掌握航路、目的地、机场、备降场的天气状况和发展趋势,提前做好运行预案与分析提示,做好航班调配,及时向机组通报信息,做好风险预警,确保航班平稳正常。

机上特色活动方面,"五一"期间,南航在部分航班上推出"木棉荣光"和"木棉青春"主题航班活动,通过客舱内主题装饰、形式多样的互动活动,与旅客在万米高空话党史、共庆"五一"国际劳动节,学党史、颂党恩、跟党走,弘扬劳模精神和"五四"精神,营造良好节日氛围。

提升出行感受方面,南航在机上持续推出"家乡味"地道美食,持续打造"食尚南航"品牌。同时南航正式升级"绿色飞行"责任品牌,在业内率先推出"绿色全旅程"服务，倡议旅客低碳简约出行。旅客在出行前 6 个小时，可以通过南方航空 App、微信、客服热线等渠道，提前选择不用餐，并可获得一定数额的南航里程奖励。旅客出行前可通过南航 e 行小程序、南方航空 App 等官方平台关注航班动态，以"亲和精细"服务保障旅客安全、顺畅出行。

第三节　小结与思考

一、小结

面对当前的民航业竞争现状和南航的服务现状，南航仍需努力。一是服务品牌性有待加强。要提升辨识度，以服务旅客为先，以争创一流为主，以打造品牌为重，创新业务管控、转变发展理念、提升工作能力，打造一支能够凸显南航品牌、客舱特色的高质量空中服务队伍。二是国际化步伐要全面提速。未来空中服务的竞争是国际化水平的竞争，比拼的是国际化理念牢不牢、国际化语言精不精、国际化技能专不专，提升国际化认知、储备语言人才、提升服务技能势在必行。

二、思考题

1. 南方航空创新服务产品的意义何在？
2. 南方航空创新服务产品定位对其服务质量会产生何种影响？
3. 南方航空的服务创新对其他服务企业有什么借鉴意义？

思考题答案

第十六章
澳门航空：现代信息技术助推提升服务体验

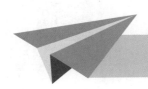 学习重难点

学习重点：

1. 了解航空服务产品传递。
2. 了解服务体验。

学习难点：

了解如何在航空服务产品传递的过程中提升顾客的服务体验。

第一节 引 言

随着现代智能信息技术的发展和应用，航空运输市场也面临新的挑战，那就是如何利用现代信息技术来改善并提升旅客的飞行体验，实现服务产品传递，在日益激烈的市场竞争中获得竞争优势。通过本案例，可以了解澳门航空借助信息技术提升服务营销水平的发展历程，借以思考如何在竞争激烈的航空领域实现服务创新，分析航空业在新时代的发展前景和挑战。

第二节 案例解析

 一、案例摘要

本案例描述了澳门航空公司如何利用现代信息技术实现服务产品传递。澳门航空公司作为澳门民航业中的一员，承载着澳门建设"世界旅游休闲中心"的支撑角色作用，通过利用现代信息技术创新服务营销活动，在民航业激烈竞争中得以发展并占据一席之地。

关键词：澳门航空　现代信息技术　顾客服务体验

 二、案例背景

澳门航空股份有限公司（简称"澳门航空""澳航"）于1994年9月13日正式成立，1995年11月9日投入商业飞行。澳门航空提供到中国内地、中国台湾、东南亚与东亚的航线。主要枢纽基地是澳门国际机场。澳门航空是澳门本地的交通运输名片，成立至今已连续安全运营20多年，拥有22架全空客客机的年轻机队。截至2021年1月，澳门航空共运营国内外航线30条，航线覆盖中国内地、中国台湾、东南亚和东亚，航空飞抵的航点包括北京、天津、南宁、台北、高雄、首尔、曼谷、岘港、河内、东京、大阪和福冈等25个国内外城市。自澳门航空创立以来，在海峡两岸扮演着不容忽视的角色，是海峡两岸唯一一家提供"一机到底"服务的航空公司，并且这个市场占据着澳门航空大约70%的业务。秉持着"厚载文化、用心飞翔"的精神，澳门航空一直致力于为旅客提供优质运输服务，持续不断地提升企业活力和服务水平，扩大机队规模，增强竞争优势，协助将澳门地区打造成为世界旅游休闲中心，并以澳门（中国的南大门）为中心，利用航线网络将中国与世界各大城市连接起来，推动澳门发展为商业旅游中心，努力使澳门航空发展成为亚洲较受欢迎的航空公司。

珠三角地区是中国经济较繁荣的地区之一，同时也是航空业竞争较激烈的地区，在不到200平方公里的土地上，拥有香港、广州、深圳、珠海和澳门五大机场和众多的航空公司。随着2017年横跨珠江入海口，绵延50公里的港珠澳大桥建成，这一地区交通高度一体化，"一小时生活圈"范围将进一步拓展，各机场、航空公司间的竞争愈趋激烈。与此同时，对内地游客严重依赖的澳门支柱产业——博彩业从2014年起持续呈下滑趋势，访澳高端游客减少，给澳门经济及澳门航空带来严重影响。面对现存的危机和未来的挑战，澳门航空如何应对？公司总经理陈洪胸有成竹地告诉记者，两个因素决定着澳门的长远发展，同时也影响着澳航的未来。一是内地经济继续保持稳定发展；二是澳门"一个中心""一个平台"的定位，指引澳门向"经济适度多元化"的方向发展。"一带一路"倡议的提出,以及横琴新区的设立,都给澳门航空的持续发展带来新机遇。

随着现代智能信息技术的发展和应用,航空运输市场面临一种新的挑战,那就是如何利用现代信息技术来改善并提升旅客的飞行体验,进而在日益激烈的市场竞争中打造出具有鲜明特色的服务产品。在航空旅游逐渐成为一种大众化的出行方式之际,针对不同的旅客群体来设计差异化的服务产品,提升顾客满意度,不但是航空公司采用的客户营销方式,而且是巩固市场竞争地位的需要。澳门航空如何确保其优势地位,进一步拓展营销服务以提升顾客满意成为公司的重要课题。

乘坐澳门航空的飞机,乘客可以享受米其林星级机上餐食、机上免税品网上购物、机上Wi-Fi、网上值机、机场自助值机等服务。面对航空市场的竞争压力,澳门航空从2010年到2019年连续盈利,处于一种良性的经济状态。陈洪认为:"一个企业也好,一个行业也好,它必须有一个良性的经济状态,它除了有速度,还得有质量,才能可持续健康发展。澳门航空公司通过股权改造,通过引入专业人才,通过调整市场定位,让澳门航空的市场和澳门经济的这种发展特征更加贴近。澳门的航空也还是要和国家的战略、大湾区战略,还有澳门经济的定位密切相关,要顺着这种脉搏、这条思路去发展,还是要贴着休闲旅游中心这种建设,我们是一个运输载体,也是一个文化载体。"

 三、案例正文

(一) 现代信息技术导入提升公司服务"软实力"

1. 借助线上营销方式提升服务品质

澳门航空于2007年4月正式启动旅游产品电子商务,这种电子商务适用于澳门航空的机票、机票加酒店套装产品以及团队业务,乘客可以在网站端或各地分站自选产品,这些都有利于乘客的购买。当时澳门航空推出的电子商务主要包括五大内容,其中对于线上营销平台来说,表现在Early bird和last minute客人可以在网上购买机票。由于早期互联网没有全面普及,营销方式的单一化也有利于顾客印象深刻并促进购买。借助线上营销平台,澳门航空通过数据分析了解平台上的用户是什么样的人、具有什么样的特性、喜欢购买哪些航线的机票、票价如何、乘机频次如何等。与此同时,在明确了电商平台的目标客户群体的基础上,通过各种渠道吸引新用户、维系老用户,保持与用户之间的黏性。电商平台,能为用户带来的直接价值就是机票。澳门航空则给用户提供一张不一样的机票,价格更低,包含更多的服务,如优先选座、快速安检等,以为用户带来差异化价值。

2. 线上线下值机服务提升乘客体验

2012年11月,澳门航空面向网上购票客人开设的网上商城("机上免税店")投入运营,首批投入服务的是澳门—北京、澳门—上海航线。乘客在网上购买这两条航线的机票时，可同时选购由皇权免税品店（澳门）提供的免税商品，线上即时付款，航班上提取商品。公司会员还享有额外的优惠。与此同时，澳门航空向由澳门出发的乘客推出网上值机服务，所有从澳门出发的乘客，前一天下午二时至航班起飞前三个小时，都能够通过点击澳航官网的"网上值机"栏目选择自己心仪的座位。出发时，乘客只需到澳门机场相关值机柜台查验旅行证件、领取登机牌、办理交运行李即可。澳门航空副总经理杨建华说，为搭乘澳航的客人提供个性化服务，是公司提高服务质量的一个重要内容。网上值机服务使客人在出发前二十四小时就能够在家中选择自己心仪的座位。机上免税店则为喜爱网购客人提供旅途中享受网购乐趣的平台。两项服务自上线以来，系统运行顺利，吸引了越来越多的乘客使用。

为了使客户服务更上一层楼，澳门航空于 2013 年选用了来自消费者交易技术全球领导厂商 NCR 公司的自助值机方案。NCR 公司的技术让旅客出游更加方便，免除排队办理登机手续的不便，节省大量宝贵时间。杨建华表示："澳航率先在澳门国际机场启动自助值机服务，是为旅客缔造非凡服务体验的重要一步。NCR 公司不只在全球旅游行业享有领先地位，其在整个设备安装过程中所表现出来的本地服务支持能力及专业经验，足以证明我们做了一个正确的选择。"

NCR 公司全球旅游行业副总裁兼总经理 Tyler Craig 表示："澳航其实是经另一家航空公司向其推荐起用 NCR 公司的方案，能够赢得客户如此难能可贵的支持，我们深感荣幸，并将珍惜这份信任。每一天都与澳航紧密合作，助其业务在未来的日子继续茁壮成长。"通过采用 NCR 公司的技术，澳航旅客可以自行办理登机手续、查询航班资料、选择座位和打印登机牌，让旅途变得更轻松。NCR 公司的航空自助值机亭是运行于通用自助服务平台（CUSS）上，该平台让其他结盟会员航空公司的应用都可以在自助值机装置上兼容共享。NCR 公司提供的现场支持服务也确保最大的开机率。同时，NCR 公司的专利热敏纸技术不仅使登机牌及收据的纸张成本可最多降低 40％，同时也大大减轻了工作人员加纸的工作量。

从 2018 年 7 月 14 日开始，澳门航空乘客可轻松方便地通过官网在线自助申请航班延误及取消证明。凡搭乘澳门航空的航班发生航班延误两个小时或以上、航班取消等情况时，乘客即可登录澳门航空官网自助申请开具航班延误/取消证明。

为进一步提升旅客电子化便捷旅行体验，顺应全球民航服务业的发展趋势，2019 年 3 月 11 日，在澳门民航局、澳门国际机场的支持下，澳门航空 CUSS 于澳门国际机场出发大厅正式投入使用。两位准备前往上海的客人幸运地率先体验了这一服务。他们表示该平台操作简便，使用过程流畅，极大地简化了登机手续，缩短了办理时间，对此十分满意。

3. 实现机上 Wi-Fi 服务满足乘客娱乐体验

随着移动互联网浪潮的发展，旅客越来越离不开手机、平板电脑等移动设备。希望乘坐国内航班也能时刻享受丰富的娱乐体验，有看不完的新闻、新鲜出炉的电影和电视节目、爆款游戏、时尚潮流资讯等。然而，目前国内提供客舱 Wi-Fi 服务的航班还很少，所以有广阔的市场值得开拓。2018 年 12 月 10 日，Ameco 成都分公司经过精心的准备、施工与调试，严格按照工作单施工，顺利完成了澳门航空首架A320飞机的客舱Wi-Fi娱乐系统加装与测试，也是最新一代客舱Wi-Fi娱乐系统首次在国内航空公司A320飞机上加装完成。

而后，为提升旅客的机上体验，顺应全球民航服务业的整体发展趋势，澳门航空机上Wi-Fi功能于2019年面向广大乘客进入试运营阶段。面对互联网高速发展的时代，机上Wi-Fi是大势所趋。澳门航空历时半年，并通过一系列的硬件改装、认证、软件开发、媒体节目甄选、跟机测试等阶段工作，现已成功完成4架飞机（B-MBM，B-MCB，B-MBA，B-MCI）的机上Wi-Fi改装。旅客可在这4架客机上，使用自己的电子设备按步骤进行连接，即可享用澳门航空提供的机上娱乐。机上娱乐内容包括电影、电视片、儿童天地、悦读、多彩澳航等。每月更新内容包括精彩的影片、热播的电视剧与综艺节目，以及休闲益智的动画片。不仅有时下流行的元素，也有百看不厌的经典。旅客可随心所欲选取适合自己的内容，享受"飞悦之旅"。

4. App正式上线，轻松旅行服务

澳门航空官方手机App于2020年12月正式上线，包含会员账号、优惠信息、自助值机、航班资讯、特殊餐食及机上免税品预订等六项服务，在原有网页服务的基础上，旅客可以通过手机按照个人行程适时适地完成航班预订、自助值机等业务，使得旅行更便捷、更轻松。

（二）现代信息技术导入提升公司服务"硬实力"

澳门航空于2019年6月13日获民航局批准，成为澳门机场首批获准运行RNP-AR进近程序的航空公司，也是该程序的启动使用者。澳门航空积极回应澳门民航局倡议，于2017年成立飞行运行专题工作小组，加入澳门民航局RNP-AR课题研究小组，全力配合课题研究小组要求完成该技术验证过程的各项工作，助推澳门机场16号跑道进近程序升级，该程序经澳门民航局严格审查，于2019年5月23日正式生效。澳门航空成为该程序初始运行阶段的首个用户。澳门航空将继续稳妥推进相关训练及运行保障措施，积极推广和运用此项先进航空技术，致力于提高飞行运行安全标准和运行品质，为乘客提供更加优质便捷的航空服务。

在发展智慧机场方面，澳门国际机场积极推行虚拟化机场的发展战略，构建虚拟化候机楼平台系统并不断完善机场电子商务和在线服务。同时配合"城市中机场"的概念，延伸信息和服务至大湾区城市群；注重旅客流程优化，建成机场自助值机平台，进一步提升旅客体验。基于机场数据中心打造"私有云"，为大数据分析和共享奠定基础。机场的这些信息化建设，为澳门航空提升服务水平提供了助力。

对于民航业来说，服务是魂，安全是根。安全作为航空公司最重要的工作，不仅包括飞行安全、运行安全，还包括网络信息安全。2021年，澳门航空成功签约360织语，双方将携手构筑移动应用平台，助力澳门航空打破信息壁垒、进一步推进信息化建设。360织语将为澳门航空提供移动应用平台解决方案，解决内部高效沟通协作问题，加速澳门航空数字化转型的进程，助力其提质增效。在此次移动应用平台项目中，360织语不仅满足了澳门航空对移动办公平台的需求，突破了时间和空间的限制，让员工随时随地进行沟通协作，更提供了多语言环境支持，移动应用平台可进行中英文切换，支持无缝隙沟通和协作。在360织语的帮助下，澳门航空的各种应用系统今后也将统一集成进入自有应用中心，延续已有信息化投资。在360织语打造移动应用平台的同时，还将秉承一直以来所坚持的高安全设计和强稳定性，为澳门航空提供全方位的信息安全保障。360织语将从安装部署开始，在数据传输、消息存储、后台管控等各个环节打造一整套的五层安全保障体系。通过合作，澳门航空将进一步提升其管理效率，为用户提供高效安全的服务。

移动应用平台的使用，将开启澳门航空"数字化、网络化、智能化"工作的新篇章。

（三）线上营销平台寻求各方合作力求产品和服务创新线

1. 多平台产品推广

近年来，澳门航空公司越来越重视线上营销平台建设，例如"凤凰知音"常旅客计划、B2B代理、小程序等等。澳门航空公司于2015年1月1日加入"凤凰知音"常旅客计划，公司为常旅客提供多项会员服务和优惠。"凤凰知音"常旅客计划包含诸如国航、深航、山东航空、北京航空、澳门航空等一系列航空公司，致力于实现在同一常旅客计划平台的运营。依托星空联盟，"凤凰知音"会员目前可以方便快捷地到达193个国家和地区的1317座机场。"凤凰知音"拥有近40家航空合作伙伴及近500家非航空合作伙伴，服务资源遍及全球主要城市和地区，专门为会员设计的遍及世界的奖励计划，像纽带一样联合众多伙伴，为乘客提供优质便捷实惠的服务。搭乘"凤凰知音"常旅客计划包括的所有国航系航空公司航班，所累积的里程均可兑换诸如机票、升舱等奖品；在签约伙伴（银行等异业合作方）处，也可累积积分兑换异业奖品。这在很大程度上可吸引并留住顾客。

从2017年开始，机加酒产品全线丰富起来，澳门航空通过签约一批B2B代理，各航站工作人员只需对代理实行培训、走访。而C端客户可以自主在官网上购买到自己定制的机加酒产品，并有多种酒店档次和附加值可选择。线上线下、传统渠道和直客同时售卖，两条腿走路，使得澳航假期产品越来越稳定，匹配市场对于自由行的需求。澳门航空还借助澳门本地免税商品的天然优势，与免税店签订协议，在航班上和线上网站都可以实现提前以及航程中订购免税商品，实现提前订购，航班上免费取货。因抵达澳门的乘客大都有丰富的购物需求，机上免税店的推出受到乘客极大欢迎，并且成为公司增收盈利的补充部分。2019年5月27日，澳门航空小程序正式运行上线，运用该小程序，可以实现自助购票、查询航班动态、特殊餐食申请、遗失物登记、延误证明开具等一系列功能，大大方便顾客的使用。

2019年上半年，澳门航空加大了线上推广力度，创新推广活动。1—6月澳门航空公司的广告促销预算使用情况如下：线下推广30%，线上推广28%，地推活动19%，产品推介会及新航线新闻发布会18%，媒体考察团5%。线上推广占比位居第二，由此可见澳门航空越来越重视线上推广给公司带来的价值。

为了线上平台的快速发展，积极寻求各方合作。2019年4月，澳门航空成都营业部开展"澳门你好"线上推广活动，线上媒体流量达到225万。4—6月搭乘澳门航空的，成都前往澳门方向的旅客，同比去年共增加约5650人次（增幅47.8%）。同年6月，澳门航空贵州营业部通过线上方式为地推活动进行预热和宣传，线上媒体流量达到851万。在6月22—23日活动当天，超过300人扫码关注官方微信公众号并参与互动，2天共有近1000人入场参加活动。通过线上和地推宣传，进一步激发了人们对澳门旅游的热度，使7—9月搭乘澳门航空前往澳门的旅客同比增加300~400人，3个月的增加总数突破1000人。自2019年起，澳门航空大幅增投日本航线运力，扩大日本市场。营销措施方面，一是与核心代理合作推广机票/度假产品，二是积极参与线上线下澳门目的地宣传活动。营销推广方式主要有三种：一是目的地形象与产品推广相结合；二是机票与度假产品相配合；三是直销与分销推广方式并进。在扩大航线的同时，澳门航空不断优化日本官网功能，提升用户体验，力求刺激IBE（官网）销售比例。2018年，IBE销售占日本区总体营收的16%；日本官网自2017年7月自营以来，IBE销售增长平稳；完善、优化官网功能，提升用户体验，配合全年定期IBE促销活动及线上广告投放工作，提升IBE销售量。

为了线上平台的快速发展，力求产品和服务的创新。澳门航空南京营业部挖潜突破、赋能创新，于2019年2月组织人力，应用技术，重新配置资源，不断追求产品创新和服务创新，探索符合当地市场需求的产品及服务。为追求突破，南京营业部主动与江苏卫视、途牛等合作。第一阶段是承接2019年江苏卫视跨年演唱会的承运和服务工作。为了做好此次江苏卫视跨年演唱会的承运工作，9月网收部申请元旦加班，并且积极协调北京、上海等地出发航班安排。地服部、乘务部在座位安排以及机上服务方面也给予多项便利，赢得江苏卫视的广泛赞誉。第二阶段是参与2019年途牛323旅游节，借之前跨年演唱会的合作，向途牛争取到了价值15万元的推广费。323途牛旅游节通过途牛网在线推广、微博、微信、途牛会员精准营销及第三方平台广告，并向华东五市（上海、南京、合肥、常州和青岛）投放产品，在强势宣传的同时，更能增加销量。第三阶段是与南京电视台18频道联合打造特色澳门主题行程，宣传旅游线路产品。18频道主持人带队宣传，跟拍制作旅游体验游记。每档专题5分钟，安排在《标点旅游》节目播出5档。而《标点旅游》栏目则邀请澳航嘉宾走进演播室，深度解析和推荐线路产品。澳门航空南京营业部还与江苏省的7个地级市的金鹰门店合作，其中包括徐州、盐城、扬州、泰州、淮安、宿迁、镇江等地，利用场地资源做澳门旅游和航空产品的推介，以金鹰门店在当地的影响力集结当地的"大V"，招募"澳门试睡员"，为南京—澳门航班增加第二排航班，提前做好宣传活动的准备工作。另外，澳门航空南京营业部还举办澳门回归20周年推广活动。以澳门回归20周年为主线，前期通过5名旅游、时尚、美食达人赴澳门旅拍，在微博、微信传播，让更多受众多角度了解"澳门回归20年""澳门美食""澳门文化""澳门历史"等主题，深化澳门的城市特质。并且开通抖音号同步推送，进一步扩大澳门回归20周年的主题效应。

2. 拓展更多创新渠道与促销方式

2016年5月31日，澳门航空公司在阿里旅行平台开设的澳门航空官方旗舰店正式上线,开放国内至澳门全航段、全舱位机票销售,为内地旅客提供更为可靠和便利的购票方式。此举不仅完善了澳门航空的营销网络,也开启了阿里旅行与澳门航空的全面合作。通过此次牵手,澳门航空与阿里旅行双方将共同致力于为中国消费者提供更实惠的机票、更优质的产品与更完善的服务。

此次合作,主打中转联程及登机牌优惠。澳门航空将陆续在阿里旅行旗舰店推出一系列优势产品,帮助旅客一站式采购港澳台及东南亚、东亚的旅游服务。澳门航空一程多站中转联程独具特色:持护照经澳门的中转旅客,7日内无须二次办理港澳通行证。此举大大方便了出境游客经澳门中转前往目的地。

借助澳门航空官方旗舰店,澳门航空将实现创新渠道与传统销售渠道的无缝链接。2016年6月1—7日,澳门航空在旗舰店推出夏季特惠促销活动,中国14个始发地旅客前往澳门可享受999元起往返特惠价格。并且,阿里旅行用户凭澳门航空登机牌可免费获得澳门当地娱乐消费券150～200元澳门币惊喜礼包。

阿里旅行具有大量优质流量,并且保持开放性,在加强直销、打造品牌的互联网时代,阿里旅行已经成为全国航企较重要的自营直销渠道之一。包括澳门航空在内,目前已经有超过30家国内航企、超过20家境外航企和境外资源商在阿里旅行开设旗舰店,直接面对消费者,提供官方的优质、可靠、实惠服务。

而阿里旅行作为平台,与航空公司直接对接,提供了标准化的"放心飞"服务,如一键退改签,为平台消费者解决了大量的后顾之忧。借助阿里平台的大数据,双方也会在精准营销、会员互通等方面进行更加深入的合作。此外澳门航空旗舰店开业次日,2016年6月1日起,阿里旅行联合多家境内外航空公司开展六一大促。例如:与儿童同行,成人国内机票可减至半价;国际机票满1000元可减100元等旗舰店让利优惠活动。

2020年疫情之下,澳门旅游业拓展了直播形式吸引消费者。澳门航空航线规划及收益管理部总经理吴文坦表示,疫情最严峻时期,业务下跌99.8%,顺应政策逐步开放和政府扩客源计划,澳航在飞猪大力推出买一送一优惠活动,并透过直播进行营销。他形容这种营销模式"低成本、高流量",效果比过去理想,"就算以前市场好的时候大概也只有几百张,现在一天就有2000张(机票)"。

除了促销带来的成果回报,吴文坦还对消费者洞察颇有感触:"我们从飞猪收获的20至40岁人群占比最高,这与我们之前主力人群在40岁以上的情况完全不同;而且女性比例也更高,我们拓展了更广泛的消费者,飞猪数据还有助于我们的航班规划以及精准营销。"吴文坦表示,航空业是一个传统行业,疫情让航空公司不得不进行变化。他直言:"一旦变化,就感觉真的不错,如果是这样的话,为什么还要回到传统上呢?"

(四)未来发展

澳门特别行政区成立以来,民航业发展规模不断扩大,基本与澳门经济和社会发展规模的需求相适应,机场更加与本地经济融为一体,成为澳门联系世界的窗口。对外交通是建设世界旅游休闲中心的重要支撑,民航业扮演着承载各地客流和物流的重要角色,为澳门提供了对外直接联系和经济长足发展的动力。如今,澳门已成为国际知名的旅游目的地。澳门被赋予建设成为世界旅游休闲中心的发展定位，既符合当前的宏观经济发展大势，亦契合特区政府推动经济适度多元化的发展策略。澳门旅游业发展的愿景，应该是将澳门提升到成为一个世界级的旅游目的地，提供优质的旅游产品和丰富的休闲体验。而澳门民航业作为建设世界旅游休闲中心的主要角色，长期担当着承载境内外旅客、交通联系、物流中转等重要任务。

2021年1月，澳门民航局宣布，澳门航空25年专营合同在2020年底期满后，将不再享有独家专营权。可以说，澳门民航业的专营模式即将完成历史使命，澳门民航业将实现市场期待已久的、具有某种意义上的"开放天空"。在符合经济规律下开展的航空市场竞争，除了有利于提高航空业服务质量及增强澳门航空业的价格竞争力外，对开拓更多中短途航线的国际旅客市场、优化澳门旅游产业结构都大有裨益。

令市场期待的"开放天空"即将到来，这时应该思考的是，澳门需要什么样的新锐航空公司？什么样的航空公司才能进一步助推澳门的经济发展？

毋庸讳言，与旅游业发展息息相关的民航业市场狭小问题，在航空专营权结束后仍需继续面对。突破这一限制，认清制约其发展的客观事实，从而发挥澳门一向"小而精""便捷而灵活"的特色，将是旅游业和民航业共同努力实现的目标。为突破客观条件制约，发挥澳门国际机场在澳门建设世界旅游休闲中心及更加积极主动融入粤港澳大湾区中的作用。

2020年7月5日，广东省发布《关于贯彻落实〈粤港澳大湾区发展规划纲要〉的实施意见》，明确提出分"三步走"推进粤港澳大湾区建设，到2035年，形成以创新为主要支撑的经济体系和发展模式。要推动"广州—深圳—香港—澳门"科技创新走廊建设，打造创新要素流动畅通、科技设施联通、创新链条融通的跨境合作平台。

巧合的是，澳门特区政府旅游局局长文绮华近日在接受采访时也提到，如今澳门旅游除了拥有"多元化""休闲""美食"等关键词以外，"创意"将是接下来的一个重要发展方向。

显然，粤港澳作为中国当前最具创新活力的领域之一，正释放出磅礴的发展动能。而澳门，在这条科技创新走廊上，也将扮演十分重要的角色。

在技术创新、产业融合、政策助力的新形势下，原先围绕基础设施建设和按照标准操作程序提供服务的航空运输业，正迎来新的机遇期。换句话说，在当前的政治、经济、科技等条件下孕育和发展起来的航空公司，从一开始就应当带着"数字化"和"科技创新"的基因——对于粤港澳大湾区的航空企业来说尤为如此。

随着5G时代来临，云计算、人工智能等技术成为大趋势，手握大量数据的传统航空公司迎来变革的机会：数据对航空流程的再造、数据挖掘产生的价值，值得每一个航空公司重视，也为航空公司的创新服务提供了更多的可能。

第一，新技术的到来使乘坐飞机的便利性大大提升，旅客的预订和出行更加便捷。现在，一部智能手机＋几个常用的旅行App就可以搞定从购票到前往机场、值机、安检、登机、购买机上附加产品或服务、离开机场转乘地面交通、酒店入住等环节。

第十六章 澳门航空：现代信息技术助推提升服务体验

鉴于此，新时期的航空公司，有必要打造一个以客户为基准的产品和解决方案，将所有合作商整合到一个平台，使用户免于切换；将每一个旅客ID与其背后吃、住、行、游、购、娱等所有的商旅路径联系起来，最后进行统一结算，商旅人士只要凭借任何一个预订号，比如出租车预订号、酒店预订号，就可以开始一段完整的旅程。

第二，新的科技环境下，航空公司高质量的服务不再是唯一目标，航空公司应该思考，旅客真正需要的是什么，而不是因循守旧，提供只是看起来"很好"的服务。数字化的目的就是从宏观和微观上提高效率。对繁忙的商务人士来说，航空公司必须预测其消费需求并为其节约时间。航空公司可以通过分析旅客飞行历史数据，构建用户画像，了解用户偏好，或者通过预订系统提前掌握旅客到达目的地后的地面交通、酒店入住等需求，在航空运输开始之前或之中，向旅客推荐对应的个性化旅游产品和方案，让旅客从"无从选择"或"选择困难"，迈向"精准获取"时代。

第三，利用大数据实现产业联动。澳门的新航空公司应当更加关注地区经济发展，融合旅游服务全要素。航空业每天产生无数的数据，利用这些数据，航空公司可以通过精准的计算，与相关产业逐步打通数据接口，优化产品和服务，提高旅客的满意度，构建起流畅的产业联动闭环，与相关产业协同发展。总而言之，在澳门的经济适度多元化发展过程中，航空业应发挥更为积极的服务引导作用。未来，随着澳门国际机场有序扩建、澳门世界旅游休闲中心定位日趋完善、粤港澳大湾区科技创新高速发展，澳门航空业将迎来融差异化、数字化为一体，与澳门经济紧密结合的创新型航空公司——无论旅客从世界的哪一个角落登上飞机，其拥有的不只是一张到达澳门的电子客票，而是整个澳门，甚至整个粤港澳大湾区。

陈洪说："澳门，尤其是在回归后打造世界旅游休闲中心的过程中，有独特的经济发展模式，就是人员的流动，旅客的流动，必然会加速交通运输业的需求和发展。澳门是一个全球非常有名的聚集地，也是一个中西方文化交融、充满约400历史的地方。怎样把澳门的旅游元素，把澳门的中西方文化，让来到澳门的游客，从踏上澳门航空的飞机开始，就有这种体验或感觉，是澳门航空这么多年来不懈努力想去做的一件事。'厚载文化、用心飞翔'，是澳门航空成立以来的理念。现在澳门航空承载着澳门休闲旅游中心建设，还有多元文化建设的很重要的角色，'用心飞翔'是讲的我们的一种情怀也好，理念也好，都是我们航空人应该具备的。所以我们希望把这种文化传递到我们每一个员工，把这种'用心飞翔'理念传递到每一个员工，同时也扩展到社会，扩展到我们的旅客。"未来，澳门航空将继续秉持"根植澳门、服务澳门"的理念，积极落实粤港澳大湾区发展战略，紧密围绕特区"一个中心、一个平台、一个基地"的发展定位，坚定不移推进澳门航空产业战略，以实际行动助力澳门的繁荣发展，为祖国的民航战略提供助力。

第三节 小结与思考

 一、小结

依托现代信息技术的导入，澳门航空实现了服务"软实力"与"硬实力"的提升，创新开发出更多的服务产品，实现服务产品传递的差异化，为不同层次的旅客提供更好的服务体验。5G、云计算、人工智能等"数字化"要素也将进一步助推航空公司的未来发展，为航空公司的创新服务提供更多的可能。

 二、思考题

1. 澳门航空如何利用信息技术实现服务产品传递？
2. 结合服务营销组合理论，分析澳门航空如何利用信息技术实现其服务营销活动。
3. 澳门航空在信息技术利用上对其他服务企业有什么借鉴意义？
4. 信息技术发展对于服务营销的未来发展将会产生何种影响？

思考题答案

参考文献

[1] 泉琳. C919,逐梦蓝天 [J]. 科学新闻,2018 (1):25-26.

[2] 吴光辉,孙洪康. 玉汝于成——C919大飞机研制历程 [J]. 档案春秋,2018 (2):4-9.

[3] 李洋. 大飞机蓝天逐梦 [J]. 创新世界周刊,2019 (5):96-99,7.

[4] 孙玉敏. 每一步都是填补空白——访中国商飞上海飞机设计研究院院长郭博智 [J]. 上海国资,2016 (1):44-46.

[5] 余建斌,喻思娈. 首飞成功的C919大型客机,全面进入研发试飞和验证试飞阶段——解码中国大客机 [N]. 人民日报,2017-05-22 (17).

[6] http://www.comac.cc/gywm/gsjj/.

[7] 詹·卡尔森. 关键时刻MOT(白金版)[M]. 韩卉,译. 杭州:浙江人民出版社,2016.

[8] http://travel.sina.com.cn/news/2012-04-05/1518171830.shtml.

[9] https://www.chinairn.com/news/20200316/135211843.shtml.

[10] 刘清贵. 韩亚航空OZ214航班事故告诉我们什么?[N]. 中国民航报,2013-07-15 (4).

[11] 肖静. 韩亚航空旧金山事故的几个焦点问题 [J]. 中国民用航空,2013 (9):81-83.

[12] https://baike.baidu.com/.

[13] https://www.flyasiana.com/C/CN/CH/index.

[14] 罗欣,李丹阳. 美国西南航空公司价值链应用分析 [J]. 全国流通经济,2020 (30):43-45.

[15] 顾乡. 那个敢说"顾客第二"的人去了——美国西南航空创始人赫伯·凯莱赫(Herb Kelleher)的传奇 [J]. 大飞机,2019 (2):70-73.

[16] 徐帅,潘明喜,张明智. 从战略和战术两个层面实现成本领先——美国西南航空公司的实践和启示 [J]. 财务与会计,2015 (23):69-71.

[17] 史羿. 解析美国西南航空公司的低成本经营之道 [D]. 北京:对外经济贸易大学,2007.

[18] 王尚来. 美国西南航空：员工第一 [J]. 当代电力文化, 2013（5）：95.

[19] 王兰云. 企业战略、企业文化与人力资源管理的一致性效应分析——以美国西南航空公司为例 [J]. 现代管理科学, 2007（10）：39-41.

[20] 杜晓琳. 企业文化影响下的招聘模式——美国西南航空公司的特色招聘 [J]. 商业文化（学术版），2007（7）：100，97.

[21] 李宝元. 美国西南航空公司的团队整合力 [J]. 中国中小企业, 2003（11）：19-21.

[22] https://www.doc88.com/p%2D956219131705.html.

[23] https://www.southwest.com/.

[24] 付豪. 京东物流航空枢纽选址研究 [D]. 北京：中国民航大学，2020.

[25] 郑智维. 京东物流的航空战略 [J]. 民生周刊, 2019（13）：26-28.

[26] 京东获批首个国家级无人机物流配送试点企业 [J]. 空运商务, 2018（2）：8-9.

[27] 京东获批首个国家级无人机配送试点 率先试水无人机规模化商用 [J]. 电子世界，2018（4）：208.

[28] 徐翔. 疫情之下，航空货运的迅猛发展 [J]. 中国储运, 2021（10）：35.

[29] 金子宽人. 日航的现场力 [M]. 周征文, 译. 北京：东方出版社, 2020.

[30] 大田嘉仁. 日航的奇迹 [M]. 曹寓刚, 译. 北京：东方出版社, 2019.

[31] 引头麻实. 日航重生：稻盛和夫如何将破产企业打造为世界一流公司 [M]. 陈雪冰, 译. 北京：中信出版社出版, 2014.

[32] http://blog.sina.com.cn/s/blog_8d1b89bf0101fh81.html.

[33] https://www.managertoday.com.tw/articles/view/50435.

[34] https://www.avicnet.cn/.

[35] http://www.cinn.cn/gyrj/201909/t20190904_217970.html.

[36] 宋大鹏. 大型企业数字化采购平台开发实践 [J]. 中国管理信息化, 2020, 23（21）：49-53.

[37] 魏君. 从榜单看全球航空产业新格局——《2020世界航空航天产业百强榜单》解析 [J]. 大飞机, 2020（11）：41-45，40.

[38] 吕景舜, 李志阳. 中航工业资本运作案例分析与启示 [J]. 卫星应用, 2014（5）：48-54.

[39] 林左鸣. 中航工业战略变革之道 [J]. 中国制造业信息化, 2012, 43（10）：10-13.

[40] 合肥江航飞机装备股份有限公司. 军工企业推进混合所有制改革的实践与思考, 中国企业改革发展优秀成果2019（第三届）[C]. 2019：561-570.

[41] 书僮. 中航重机：从一味做大到专心做强 [J]. 国防科技工业, 2021（5）：78-80.

[42] https://www.avic.com.cn/upload/resources/file/2021/05/21/39790.pdf?PC=PC.

[43] 方炜, 唐路路, 孙泽华, 等. 新型举国体制下大飞机产业科技创新动力机制研究 [J]. 中国科技论坛, 2021（7）：57-65.

[44] 张亚豪, 李晓华. 复杂产品系统产业全球价值链的升级路径：以大飞机产业为例 [J]. 改革, 2018（5）：76-86.

[45] 韩霞. 推进我国在大飞机领域研发国际合作的对策分析 [J]. 中国科技论坛, 2010 (10): 156-160.

[46] 徐康宁. 中国大飞机产业化的市场约束与进入条件 [J]. 中国工业经济, 2007 (6): 113-120.

[47] 路风. 我国大型飞机发展战略的思考 [J]. 中国软科学, 2005 (4): 10-16.

[48] 高俊, 黄武. 学习新加坡成功经验 做大做强厦门航空产业 [J]. 空运商务, 2018 (2): 10-13.

[49] 新加坡航空宣布将于10月开通全球最长商业航班 [J]. 空运商务, 2018 (6): 11.

[50] 王水莲, 刘莎莎. 新航: "夹在中间"的商业模式 [J]. 企业管理, 2014 (7): 66-69.

[51] 张燕. 东南亚航空市场整体低迷 新加坡航空公司因何"一枝独秀"? [J]. 中国经济周刊, 2015 (32): 72-73.

[52] 李飞, 马燕. 服务型品牌低价定位点的形成机理——基于美国西南航空和沃尔玛的案例研究 [J]. 技术经济, 2016: 35 (9): 35-42.

[53] 许庆瑞, 刘景江, 苏军, 等. 新加坡航空公司 (SIA) 的战略制胜及其启示——以顾客为导向, 以核心能力为基础的战略管理 [J]. 科研管理, 2001 (5): 84-90, 63.

[54] 杨婧. 春秋航空: 低成本的力量 [J]. 中国企业家, 2007 (Z1): 62-67, 8.

[55] 股市动态分析, 南方汇金. 春秋航空: 两单两高两低模式 领跑低成本航空 [J]. 股市动态分析, 2018 (49): 18-19.

[56] 郭珂珂. 我国廉价航空盈利模式分析——以春秋航空为例 [D]. 成都: 四川师范大学, 2020.

[57] 股市动态分析, 南方汇金. 春秋航空: 管理能力优异 经营利润为正 [J]. 股市动态分析, 2021 (3): 19-21.

[58] https://baike.so.com/doc/.

[59] https://www.ch.com/.

[60] 鹿警支. SD航空公司营销策略优化研究 [D]. 哈尔滨: 哈尔滨工程大学, 2021.

[61] 武一洋. 浅析在后疫情时代如何快速恢复航空公司的经济效益 [J]. 老字号品牌营销, 2021 (8): 73-74.

[62] 李强, 苑飞, 贾祝平, 等. 航空公司数字化转型探索 [J]. 民航管理, 2022 (2): 27-31.

[63] https://baijiahao.baidu.com/s?id=16899461273554254216&wfr=spider&for=pc.

[64] https://new.qq.com/rain/a/20201208A0HQWJ00.

[65] https://m.sohu.com/a/446844682_114988/.

[66] 丛维, 张梦瑜. 探秘"土豪"航空的服务之道——阿联酋航空服务营销分析设计 [J]. 智富时代, 2016 (4): 82.

[67] 罗晓妍. 解密阿联酋航空服务品牌建设成功之道 [J]. 空运商务, 2019 (7): 39-72.

[68] https://baike.baidu.com/item/阿联酋航空公司/1869882?fr=aladdin.

[69] https://www.emirates.com/cn/chinese/.

[70] 樊俐君. 厦门航空应对高铁竞争的策略研究——基于4P分析框架 [D]. 厦门：厦门大学，2019.

[71] 李园. 厦门航空公司服务质量研究 [D]. 厦门：厦门大学，2019.

[72] 王宇飞. SH航空公司竞争战略研究 [D]. 大连：大连海事大学，2020.

[73] https：//www. xiamenair. com/zh-cn/home. html.

[74] 陈毅真. 质量大道 真情至上——厦航服务质量提升经验介绍 [J]. 上海质量，2018（2）：14-17.

[75] https：//www. xiamenair. com/brandnew_CN/upload/files/2021/7/1013ca17d3377546. pdf.

[76] 陈大洲. NF航空服务质量管理研究 [D]. 广州：广东工业大学，2020.

[77] http：//news. carnoc. com/list/487/487419. html.

[78] https://mp. weixin. qq. com/s?__biz=MzA4MDIwNjEwNg==&mid=2650808438&idx=1&sn=24c530187b2a4f543450c3c062687447&chksm=84534003b324c9152efc7746971f4e6d84d031faab22aebf9c3efe655f130877d3dcb04021b5&scene=0&xtrack=1#rd.

[79] http：//www. csair. com/cn/about/news/news/2020/1edqstk9j593. shtml.

[80] http：//www. ce. cn/xwzx/gnsz/gdxw/202001/10/t20200110_34099166. shtml.

[81] https：//www. 163. com/dy/article/G8T8FC6N0534UVCU. html.

[82] 崔阳. 线上营销服务质量对顾客满意度影响分析——以M航空为例 [D]. 郑州：华北水利水电大学，2019.

[83] http：//news. carnoc. com/list/499/499895. html.

[84] 邓军. 澳门国际机场运营第25周年 小舞台上演大戏 [N]. 中国民航报，2019-12-20.

[85] http：//www. caacnews. com. cn/1/6/201212/t20121203_1124223. html.

[86] 苏宁. 扎根本土 翱翔蓝天——写在澳门航空首航20周年之际 [N]. 人民日报，2015-11-12.

与本书配套的二维码资源使用说明

本书部分课程及与纸质教材配套数字资源以二维码链接的形式呈现。利用手机微信扫码成功后提示微信登录，授权后进入注册页面，填写注册信息。按照提示输入手机号码，点击获取手机验证码，稍等片刻收到4位数的验证码短信，在提示位置输入验证码成功，再设置密码，选择相应专业，点击"立即注册"，注册成功。（若手机已经注册，则在"注册"页面底部选择"已有账号？立即注册"，进入"账号绑定"页面，直接输入手机号和密码登录。）接着提示输入学习码，需刮开教材封面防伪涂层，输入13位学习码（正版图书拥有的一次性使用学习码），输入正确后提示绑定成功，即可查看二维码数字资源。手机第一次登录查看资源成功以后，再次使用二维码资源时，只需在微信端扫码即可登录进入查看。